Carmen Rohrbach

Auf der Insel der Gletscher und Geysire

Carmen Rohrbach

Auf der Insel der Gletscher und Geysire

Meine Zeit in Island

Mit 24 Seiten farbigem Bildteil
und einer Karte

MALIK ■ NATIONAL GEOGRAPHIC

www.cpibooks.de/klimaneutral

Mehr über unsere Autoren und Bücher:
www.malik.de

Der Verlag dankt für die Genehmigung zum Abdruck aus dem Werk
Isafold, Reisebilder aus Island von Ina von Grumbkow, hrsg. von
Marion Malinowski, Verlag LiteraturWissenschaft, Marburg 2006.

Bibliografische Information der Deutschen Nationalbibliothek
Die Deutsche Nationalbibliothek verzeichnet diese Publikation in der
Deutschen Nationalbibliografie; detaillierte bibliografische Daten
sind im Internet über http://dnb.d-nb.de abrufbar.

MALIK NATIONAL GEOGRAPHIC

Erstmals im Taschenbuch
1. Auflage Juni 2013
3. Auflage September 2016
© Piper Verlag GmbH, München 2012
Umschlaggestaltung: Dorkenwald Grafik-Design, München
Fotos: Carmen Rohrbach
Karte: Eckehard Radehose, Miesbach
Redaktion: Susanne Härtel, München
Satz: Fotosatz Amann, Memmingen
Papier: Naturoffset ECF
Druck und Bindung: CPI books GmbH, Leck
Printed in Germany   ISBN 978-3-492-40510-2

Das Papier wurde aus chlorfrei gebleichtem Zellstoff hergestellt.

Inhalt

Die Wolke aus dem Vulkan

In einem Boot schaukele ich übers Meer. Von einer Welle werde ich emporgehoben, stürze hinab ins Wellental, um mit der nächsten Woge wieder in die Höhe zu steigen. Ich fürchte mich, will um Hilfe schreien, aber kein Laut dringt aus meiner Kehle – da erwache ich aus meinem Traum. Es ist die Erde, die sich bewegt, sich hebt und senkt, stößt und pufft, nach oben drängt und wieder nach unten fällt. Ein Erdbeben!

Ich liege im Zelt auf einer Bergwiese in Island, weit unter mir im Tal fließt der Gletscherfluss Markarfljót. Vor Schreck bin ich wie erstarrt. In Südamerika habe ich dieses Gefühl der Ohnmacht schon einmal durchlitten, wenn die so fest und sicher erscheinende Oberfläche unseres Planeten aufbricht in Spalten und Risse. Ein Impuls rast durch meinen Körper, gibt mir den Befehl: »Nichts wie weg! Lauf um dein Leben!« Mein Verstand zwingt die Panik nieder. Zitternd vor Aufregung öffne ich den Reißverschluss am Zelteingang und schaue hinaus. Es ist drei Uhr in der Nacht und doch nicht wirklich dunkel. Im isländischen Frühling versinkt die Sonne nachts zwar noch für wenige Stunden, aber der Himmel bleibt diffus grau. Es ist hell genug, dass ich die Umgebung erkennen kann: das gelbe vorjährige Gras, dürre Sträucher, Steine und Felsen, den ansteigenden Hang. Nichts Bedrohliches also, und auch die Erde bebt nicht mehr.

Viel zu aufgeregt, um wieder einschlafen zu können, krieche ich aus dem Zelt. Als ich mich aufrichte, erschüttert ein Dröhnen und Donnern die Luft. Es pfeift und zischt, grollt, knallt und poltert. Und dann sehe ich sie aufsteigen – die Wolke. Dunkel, graubraunschwarz, himmelwärts quillt sie empor, immer höher. Wild brodelt sie und wirkt dabei weich wie Watte. Sie steigt aus dem Vulkan Eyjafjallajökull an der gegenüberliegenden Talseite. Als ich gestern ankam, reichte der Nebel bis zum Fuß des Berges, und ich konnte die Aschewolke nicht sehen, hörte aber das Donnergetöse des Vulkanausbruchs. In der Nacht schwieg er, jetzt verschafft er sich wieder lautstark Gehör.

Blitze zucken in der Wolke. Es sieht gespenstisch aus. Die Ascheteilchen reiben aneinander, dabei laden sie sich elektrisch auf und entladen sich im Blitz. Glühende Lavabrocken werden von einer gewaltigen Kraft aus dem Erdinneren emporgeschleudert, fallen zu Stein erstarrt wieder zurück, prasseln nieder auf den felsigen Kraterrand.

Der Anblick der Aschewolke ist furchterregend, zugleich aber bin ich wie verzaubert. Sie birgt Gefahr in sich und Zerstörung und ist doch ungewöhnlich schön. Seltsam, warum kann auf uns Menschen das Schreckliche so anziehend wirken? Wir fürchten uns bei Waldbränden, Hochwasser und reißender Flut und können dennoch unseren Blick nicht abwenden, erleben ein Gefühl zwischen Grauen und Faszination.

Am oberen Rand der dunklen Wolke sehe ich einen rötlichen Schimmer, der sich ausdehnt, als würde die Wolke von innen glühen. Es ist die aufgehende Sonne, die mit ihrem warmen Licht die wabernde Vulkanasche färbt. Eingehüllt in meinen Schlafsack hocke ich vor dem Zelt, bin wie gebannt. Donnernd stößt der Vulkan neue Wolken aus. Zuerst sind sie kompakt, dann dehnen sie sich aus, als würden Blumen sich öffnen, ähneln Chrysanthemen mit ihren großen Blütenblättern. Von nachdrängenden Wolken gestoßen, steigen sie immer höher, sieben oder sogar neun Kilometer, so hoch wie der

Mount Everest. Ich muss an das Märchen vom süßen Brei denken: Ein Zaubertopf kocht unaufhörlich, kocht und kocht, bis der Hirsebrei überquillt. Der Brei füllt zuerst die Küche, dann das Haus, ergießt sich in die Gasse, schließlich in das ganze Dorf und ist nicht zu stoppen. Ebenso pausenlos produziert der Eyjafjallajökull mit Donnergetöse seine Aschewolken, stößt sie aus dem Leib der Erde aus. Der Wind weht die Asche von mir fort nach Südosten.

Die Sonne steigt über den Horizont. Die Rotfärbung ist erloschen, die Wolke wirkt jetzt bedrohlich dunkel. Die Blitze sind im hellen Licht nicht mehr zu sehen und auch nicht das Glühen der emporgeschleuderten Lava.

Die Eisumschlungene

Aus dem Flugzeugfenster sehe ich unter mir das Wellengekräusel des Atlantiks. Noch ist der Himmel klar. Doch bald, lange bevor wir uns Island nähern, zieht sich ein dunkles Band durch das tiefe Blau. Hier ist sie, die berüchtigte Aschewolke, die so viel Ungemach verursacht. Im Moment weht der Wind sie in eine Richtung, die für unseren Flug ungefährlich ist.

Nach Island reise ich, weil der Name »Eisland« meine Phantasie schon als Jugendliche entzündet hat. Eisiges Land, geprägt von Gletschern und Vulkanen. Erst spät in der Menschheitsgeschichte wurde es besiedelt, allerdings nur entlang der Küste. Im Innern ist es wild und einsam. Kontraste ziehen mich an, ich mag Hitze und Kälte gleichermaßen. Wo kann ich mehr Gegensätze finden als auf Island?

Doch warum hat es so lange gedauert, bis ich meinen Jugendtraum endlich verwirklichte? Die Weichen stellten sich seit meiner Ankunft in Westdeutschland in andere Richtungen. Da war zunächst der Forschungsauftrag auf den Galapagos-Inseln, wo ich Spanisch lernte und wo sich danach Reisen nach Südamerika anboten. Dennoch verlor ich Island nie aus dem Blick, sammelte alle Informationen, die ich bekommen konnte. Irgendwann werde ich hinfahren, sagte ich mir, doch stets drängten sich mir andere Ziele in den Sinn: Mongolei, Namibia, Jemen, Patagonien, Ägypten. Eines Tages fiel mir das Buch *Isafold* in die Hände, die »Eisumschlungene«. So nannte Ina von Grumbkow die Insel. Was sie über ihre Reise im Jahr 1908 schrieb, war der letzte Anstoß, mich endlich auf den Weg zu begeben. Aber ich wollte nicht mit dem Schiff fahren wie die Schriftstellerin, die von Berlin über Kopenhagen, Edinburgh, die Orkney- und Faröer-Inseln nach Island reiste. Ich wähle lieber das Flugzeug. Von München mit Zwischenlandung in Kopenhagen dauert der Flug nur vier Stunden – kein Vergleich zu den zwei Wochen, die Ina von Grumbkow unterwegs war.

Sechs Tage vor meinem Flugtermin am 14. April brach der Eyjafjallajökull aus, sandte seine Aschewolke über den Atlantik und stoppte den Flugverkehr auf fast allen europäischen Flughäfen. Musste ich nun doch die Fähre nehmen? Zu meiner großen Erleichterung konnte kurzzeitig wieder geflogen werden, einen Tag später herrschte schon wieder Flugverbot. Bis zuletzt bangte ich, ob die Maschine wirklich starten dürfe. Erst als nach der Zwischenlandung in Kopenhagen das Flugzeug abhob, begann ich, an eine Landung in Island zu glauben.

Island verbirgt sich unter einer grauen Wolkenschicht. Beim Landeanflug öffnen sich Gucklöcher in den Wolken, und ich sehe einsame Täler, bedeckt mit Schnee, Eis und Felsen. Die Sätze, mit denen Ina von Grumbkow ihr Buch begann, kommen mir in den Sinn: *Fern im Norden erhebt sich aus den Wogen des Atlantik, der in ungebrochener Gewalt ihre schroffen Küsten umschäumt, die Insel Island – Isafold, die Eisumschlungene.*

Was mir nach der Landung sofort auffällt, ist das Licht. Es ist hell und leuchtend. Obwohl schon fast Abend, steht die Sonne hoch am Himmel. Ich hatte mir ein dunkles, düsteres Land vorgestellt.

Die Busfahrt vom internationalen Flughafen zur 45 Kilometer entfernten Hauptstadt Reykjavík führt durch 7000 Jahre alte Lavafelder. Sie sind überwachsen mit graugrünem Moos. Auf der einen Seite wird die erstarrte Lava vom Atlantik begrenzt, auf der anderen dehnt sie sich bis zum Horizont. Für alle Zeiten scheint der Boden mit dicken Schichten wulstigen Gesteins versiegelt. Dennoch ist es gelungen, eine breite, asphaltierte Schnellstraße anzulegen, an der sich Neubauten entlangziehen. Es ist dieser harte Kontrast zwischen wilder Natur und der von Menschen geschaffenen, modernen Welt, der so bezeichnend für Island ist. Gleich bei meiner Ankunft werde ich von diesem Gegensatz überrascht, der mich auf meiner Reise stets begleiten und immer wieder für Staunen sorgen wird.

Während wir uns Reykjavík nähern, der nördlichsten Hauptstadt der Welt, wird die Besiedlung immer dichter: Reihenhäuser, Bungalows, zweistöckige Wohnhäuser – alle aus dem bevorzugten Baustoff: Beton. In den letzten Jahrzehnten sind viele Menschen aus ländlichen Gebieten in die Hauptstadt abgewandert. Die Stadt und die umliegenden Gemeinden sind gewachsen und weitgehend miteinander verschmolzen. Von insgesamt 318 000 Isländern wohnen im Großraum Reykjavík weit über die Hälfte, nämlich etwa 200 000 Menschen.

Die Hauptstadt liegt im Westen Islands in einer Bucht der Reykjanes-Halbinsel. Die Stadt breitet sich an der flachen Küste aus, nur wenig über dem Meer. Weder Vulkane, noch Gletscher sind zu sehen, auch kein Gebirge im Hintergrund. Jahrhundertelang war die heutige Metropole eine ärmliche Siedlung gewesen mit aus Torf erbauten Gehöften, um 1900 lebten kaum 5000 Menschen in Reykjavík. Inzwischen ist die Stadt zum pulsierenden Mittelpunkt der Insel geworden, dynamisch und voller Leben. Die Peripherie mit ihren Hochhäusern und Betonbauten hat wenig einladend auf mich gewirkt, das Stadtzentrum jedoch mit dem liebenswerten Charme einer Kleinstadt hat es mir gleich angetan.

Die Jugendherberge »Reykjavík Downtown«, die ich mir als Quartier gewählt habe, liegt zentral und in einer Straße, die parallel zur Küste verläuft. Nach dem Einchecken spaziere ich durch die Stadt, um erste Eindrücke zu sammeln. Zwar ist es schon spät am Abend, doch ich bin viel zu neugierig und aufgeregt, um gleich schlafen zu gehen. Zum Hafen sind es nur wenige Schritte. Fischerboote schaukeln sanft auf den Wellen, in dem engen Hafenbecken scheint kein Platz für größere Schiffe zu sein. Es herrscht abendliche Ruhe, obwohl es trotz der späten Stunde noch taghell ist. Im Stadtzentrum sind die Häuser klein, meist einstöckig. Auf den Straßen ist fast kein Verkehr, die Geschäfte sind bereits geschlossen. In wenigen Minuten erreiche ich den Tjörnin, den Stadtsee. Dort streiten sich Möwen laut kreischend ums Futter. Das große Gewässer ist Zufluchtsort für zahlreiche Wasservögel. Über vierzig verschiedene Entenarten, Gänse, Singschwäne, Möwen, Küstenseeschwalben bevölkern ihn, bauen am Ufer oder auf Inselchen ihre Nester und ziehen die Jungen auf. Am Uferhang reihen sich Holzhäuser, die zum Schutz gegen die Witterung mit buntem Wellblech ummantelt sind. Auch die Dächer haben leuchtende Farben: Gelb, Grün, Blau und Rot. Eine farbenfrohe Kulisse, die mir gefällt.

Ein mächtiger Bau erhebt sich direkt am See – das Rathaus. Die Architektin Margrét Hardardóttir hatte für ihren Entwurf den ersten Preis gewonnen, aber die postmoderne Architektur löste heftige Proteste aus. Das Gebäude sei ein Störfaktor inmitten der historischen Altstadt, hieß es. Dennoch wurde das Bauwerk aus grauem, unverputztem Beton im Jahr 1992 gebaut. Es hat zwei tonnenförmige Dächer und wurde auf Stelzen in den See gesetzt. Gerade weil das imposante Rathaus nicht zu den zierlichen Wellblechhäusern am Ufer passt, entsteht durch den harten Kontrast eine interessante Spannung und Aufmerksamkeit wird erregt, und das ist es ja, was Kunst unter anderem bezweckt.

An diesem Abend spüre ich nicht das Flair einer pulsierenden Stadt, über das ich so viel gelesen habe. Kaum ein Mensch ist auf den

Straßen zu sehen. Erst im Sommer beginnen die langen Nächte, in denen es scheint, als würde keiner mehr schlafen gehen. Dann verwischen die Unterschiede zwischen Tag und Nacht.

Es ist immer aufregend, in einem unbekannten Land aufzuwachen, dabei ist es vertrauter Vogelgesang, der durch das offene Fenster hereinschallt. Kann das sein? Für einen Augenblick kommen mir Zweifel, ob ich überhaupt in Island bin. Da höre ich ihn wieder, ich habe mich nicht geirrt. Auf dem Dachfirst gegenüber zwitschert ein Star. Wie kommen Stare auf diese entfernte Insel? Stare gehören nicht zu den Zugvögeln, die weite Distanzen zurücklegen. Am liebsten überwintern sie im Mittelmeergebiet. Wie sind sie also in den hohen Norden gelangt? Fast tausend Kilometer beträgt die Entfernung von Norwegen nach Island, eine Strecke, die Stare nicht freiwillig übers offene Meer fliegen würden. Wurden sie von Stürmen hierhergetrieben? Jedenfalls sind sie noch nicht lange in Island, zum ersten Mal hat man sie vor einigen Jahrzehnten beobachtet. Seitdem brüten sie in Reykjavík, lese ich im Vogelbestimmungsbuch.

Wie kann man an einem einzigen Tag einen umfassenden Eindruck von einer Stadt bekommen und möglichst viel erfahren? Am besten auf einer Fahrradtour. Ich habe mich bei »Reykjavík Bike Tours« angemeldet, und Stefán hat für mich eine Extratour zusammengestellt. Ich treffe ihn unten am Hafen, wo er schon mit Fahrrad, Helm und roter Weste auf mich wartet. Mit seiner deutschen Lebensgefährtin Ursula hat er sich auf Fahrradtouren spezialisiert und organisiert Ausflüge in und um Reykjavík.

Stefán sieht so aus, wie ich mir Isländer vorgestellt habe: groß und blond. Nach einer knappen Erläuterung, worauf beim Fahrradfahren durch die Straßen Reykjavíks zu achten sei, schwingen wir uns auf die Räder, fahren aber nur wenige Meter. Stefán deutet auf einen Kiosk, wo Hotdogs verkauft werden. Unscheinbar duckt sich *Bæjarins beztu*, die stadtbeste Würstchenbude, zwischen die hohen Gebäude in der Nähe des alten Hafens. Mit vergnügt blitzenden Augen erzählt mir Stefán in perfektem Englisch eine lustige Anekdote: Als Clinton noch Präsident der USA war, sei er bei einem Staatsbesuch für kurze Zeit seinen Bewachern entwischt und habe hier einen Hotdog gegessen.

Zur *pylsa*, wie Wurst auf Isländisch heißt, kann man verschiedene Zutaten wählen: Ketchup, Remoulade, Senf, frische und geröstete Zwiebeln. Clinton wollte als Beilage nur Senf. Jeder, der seitdem seine *pylsa* mit Senf will, bestellt: »Eine Clinton, bitte!« Die Schlange der Wartenden, darunter viele Geschäftsleute, ist lang. An der Theke hängt noch immer der Zeitungsbericht, der den Besuch des amerikanischen Präsidenten samt Foto dokumentiert. Ich bestelle eine »Clinton«. Stefán trifft die bessere Wahl: *eina með öllu*, »eine mit allem«.

Nach der Stärkung steigen wir wieder auf die Fahrräder. Wenige Straßen weiter erreichen wir einen Platz, den Ingólfstorg. Zwei Basaltsäulen ragen dort empor, aus denen Dampf quillt. Der Wasserdampf soll symbolisch an Ingólfur Arnarson erinnern, den ersten dauerhaften Siedler, erklärt Stefán. Im Jahr 874 verließ Ingólfur mit Frau und Kindern, Gesinde, Vieh und Hausrat seine Heimat Norwegen, um Streitigkeiten mit dem norwegischen König aus dem Weg zu gehen. Als sich die Schiffe der isländischen Küste näherten, warf Ingólfur kunstvoll mit Schnitzereien verzierte Holzstelen ins Wasser, die nach dem Willen der Götter an Land treiben und den zukünftigen Wohnort anzeigen sollten. Nach dreijähriger Suche wurden die Hölzer beim heutigen Reykjavík gefunden, ohne zu zögern, beugte sich Ingólfur dem Ratschluss der Götter. Er verließ das Gebiet an der Südküste, wo er sich zwischenzeitlich niedergelassen hatte und das noch heute Ingólfshöfði-Kap heißt, und zog 300 Kilometer westwärts in die von Dampfschwaden erfüllte »Rauchbucht«, auf Isländisch Reykjavík. Der Dampf, dem die Stadt ihren Namen verdankt, quillt aus heißen Quellen, deren Wärme heutzutage zum Heizen der Wohnungen genutzt wird.

»Siehst du irgendwo rauchende Schornsteine auf den Dächern?«, fragt mich Stefán. Tatsächlich, die Luft ist frei von Abgasen fossiler Brennstoffe. Autos sind die einzigen Umweltverschmutzer in der Stadt. Als Stefán berichtet, dass die Gehsteige im Winter beheizt werden, lache ich und glaube an einen Scherz. Doch es stimmt. In der Innenstadt wurden Warmwasserrohre unter den Gehwegen verlegt, auch vor Schulen und anderen öffentlichen Gebäuden, um sie eisfrei zu halten. Das verhindert Stürze bei Glatteis und spart Schneeräumdienste. Nach dem Heizen der Wohnungen ist das Wasser aus dem Erdinneren immer noch warm genug, um den Schnee auf den Straßen zu schmelzen. Jahrhundertelang aber fehlten die technischen Voraussetzungen, die Erdwärme zu nutzen; erst im 20. Jahrhundert war man dazu in der Lage. Das erste Gebäude, das im Jahr 1930 so beheizt wurde, war eine Schule; inzwischen sind alle Häuser an das Warmwassernetz angeschlossen.

Wir radeln die Aðalstræti entlang, vorbei an einer an alte Zeiten erinnernden Brunnenpumpe zu einer archäologischen Fundstätte. Durch eine mit Glas abgedeckte Öffnung im Bürgersteig kann man ein paar Meter in die Tiefe blicken, wo Mauerreste aus der frühen Besiedlungszeit zu sehen sind. Möglich, dass es sogar Ingólfurs Gehöft war.

»Ohne Ingólfur und die Götter, die ihm den Ort zeigten, gäbe es Reykjavík vielleicht gar nicht. Aber dass die ärmlichen Bauerngehöfte und Fischerkaten sich zu einer Stadt entwickelten, verdanken wir ihm.« Stefán weist auf ein Denkmal. »Das ist Skúli Magnússon, der Vater Reykjavíks.«

Skúli war einst Stadtmagistrat. Mit seinen tief liegenden Augen, der gerunzelten Stirn, den schmalen, fest aufeinandergepressten Lippen blickt er ernst von seinem Sockel herab. Lange Haare umrahmen ein sorgenvolles Gesicht. In beiden Händen hält er eine Schriftrolle.

Jahrhundertelang war Island dänische Kolonie und wurde denkbar schlecht verwaltet. Beamte, die als Gouverneure zu der weit abgelegenen Insel mit ihrer armseligen Bevölkerung geschickt wurden, betrachteten ihre Berufung als Strafversetzung. Sie blieben nie lange, delegierten ihre Aufgaben an unwillige, oft korrupte Statthalter, von denen die Bevölkerung brutal ausgebeutet wurde. Skúli Magnússon war der erste Isländer, der im Jahr 1749 mit dem Amt des Stadtmagistrats betraut wurde. Er hatte eine Vision, träumte von freiem Handel, wollte die Lebensbedingungen seiner Landsleute verbessern. Der dänische König unterstützte zunächst die engagierten Bemühungen des Isländers. Von besser gestellten Untertanen versprach er sich höhere Abgaben, und so übereignete er Magnússon das Gehöft Reykjavík zum Ausbau. Der neue Stadtmagistrat begann, Manufakturen für die Fell- und Wollverarbeitung zu entwickeln, denn zuvor waren die Produkte unbearbeitet nach Dänemark verschifft worden. In Island entstanden nun neue Berufe und Arbeitsplätze: Spinnereien, Webereien, Färbereien, Gerbereien, Seilereien sowie Salz- und Schwefelgewinnungsanlagen. Auch die Landwirtschaft wollte Skúli Magnússon reformieren: feuchte Wiesen entwässern, Bäume pflanzen, Getreide und Gemüse anbauen, auch Kartoffeln, die Mitte des 18. Jahrhunderts auf der Vulkaninsel noch unbekannt waren.

Das Aufblühen der isländischen Wirtschaft kam den dänischen Kaufleuten, die um ihr Handelsmonopol fürchteten, gar nicht gelegen. Sie boykottierten die von den isländischen Manufakturen hergestellten Waren und intrigierten so lange, bis Magnússon seines Amtes enthoben wurde. Doch seine Bemühungen waren nicht vergeblich gewesen. Seine Ideen lebten fort, wurden später von anderen wieder aufgegriffen.

Stefán zeigt auf ein dunkles Holzhäuschen, eingezwängt in einer Gebäudezeile an der Aðalstræti. Es wurde 1764 gebaut und ist das älteste noch erhaltene Haus. Heute beherbergt es wechselnde Ausstellungen und Verkaufsräume. »Stell dir vor«, sagt Stefán, »bis zum 18. Jahrhundert gab es in Island nur Gebäude aus schnell vergänglichem Material wie Torf, Rasenstücken und Treibholz, deshalb ist auch so wenig erhalten geblieben.« Holz war von alters her Mangelware. Ursprünglich vorhandene Wälder waren in den ersten Jahrzehnten der Besiedlung durch die norwegischen Einwanderer abgeholzt worden.

Am Tjörnin, dem Stadtsee, herrscht jetzt am Tag reges Leben. Eltern und Großeltern gehen mit ihren Kindern und Enkeln spazieren und füttern die Wasservögel mit trockenem Brot. Modisch gekleidete Jugendliche sitzen auf den Bänken, lesen oder unterhalten sich. Ich sehe auffallend viele Menschen, die aus Asien, Afrika und Südamerika stammen. Spanische Worte dringen an mein Ohr, andere sprechen Englisch oder slawische Sprachen.

»Siehst du die Fontäne im See?«, fragt Stefán. »Der amerikanische Botschafter Rowohlt hat sie gestiftet. Wir Isländer haben dieses Geschenk als Beleidigung empfunden.«

»Warum denn? Weil sie so mickrig ist?«, vermute ich.

»Groß oder klein, das spielt keine Rolle! Aber was sollen wir mit einem lächerlichen Springbrunnen, wo wir doch unsere großartigen Geysire haben!« Stefán, der selten um einen Scherz verlegen ist und mich mit seinem trockenen Humor immer wieder zum Lachen bringt, wirkt plötzlich gar nicht mehr lustig. Verglichen mit anderen

Völkern ist Island eine kleine Nation, umso größer ist ihr Nationalstolz. Besonders ihre Freiheit ist den Isländern wichtig. Viele Jahrhunderte waren sie unterdrückt, zuerst von Norwegen, dann von Dänemark. Ihre Unabhängigkeit erhielten sie erst im Jahr 1944.

»Siehst du irgendwo Wachleute?«, will Stefán wissen, als wir mit unseren Rädern im sorgfältig gepflegten Garten des Parlaments anhalten. Isländer sind stolz darauf, dass sie ihre Politiker nicht schützen müssen und außer einem Pförtner kaum Sicherheitspersonal für offizielle Gebäude benötigt wird.

Wir sind an der verkehrsreichen Lækjargata angekommen, hier hat die Regierung ihren Sitz. Das weiße zweistöckige Haus wirkt unauffällig, keine Schilder oder andere Kennzeichen sind zu sehen. Nichts, rein gar nichts weist darauf hin, dass in diesem Gebäude die Regierung des Landes sitzt. Stefáns braungrüne Augen blitzen vergnügt, als er mir erzählt, dass es früher ein Gefängnis war: »Welches andere Land kann sich rühmen, seine Regierung einzubuchten?«

Die Straße, die rechts vom Regierungssitz bergauf führt, heißt Laugavegur, »Weg zu den Quellen«. Es ist noch nicht lange her, nur wenige Jahrzehnte, da gingen die Frauen zu den heißen Quellen im Laugadalur, dem »Quellental«, um dort ihre Wäsche zu waschen. Heute ist der Pfad zur Einkaufsmeile geworden. Geschäft reiht sich an Geschäft: Schmuck-, Mode-, Designer-, Woll- und Souvenirläden, Boutiquen, Cafés, Restaurants. Nichts für unsere Radtour, meint Stefán und fährt am Regierungsgebäude vorbei zu einer grünen Anhöhe, Arnarholl genannt, »Adlerhügel«. Dort erhebt sich, dargestellt als siegreicher Wikingerheld, ein Standbild von Ingólfur Arnarson, dem ersten dauerhaften Siedler an dieser Küste.

Ich freue mich, als wir in einen Fahrradweg einbiegen, der am Atlantik entlangführt. Endlich kann ich mit voller Kraft in die Pedale treten. Frischer Wind weht mir entgegen, die Luft ist klar und die Sicht weit. Im Norden, über hundert Kilometer entfernt, schimmert zart wie in einer chinesischen Tuschzeichnung der schneebedeckte, fast perfekte Kegel des Snæfellsnesjökull. Wesentlich näher im Norden liegt die Halbinsel Akranes mit dem einige Hundert Meter hohen Akrafjall. Nordöstlich ragen die steilen Hänge der Esja empor, des etwa tausend Meter hohen Hausberges von Reykjavík. Westlich reicht der Blick weit übers Meer, ein paar Inselchen reihen sich dicht vor der Küste auf. Wie malerisch doch diese Stadt gelegen ist. Ich kann mir gut vorstellen, hier zu leben.

Skulpturen säumen unseren Weg, darunter die verfremdete Darstellung eines Wikingerschiffes. Dann erreichen wir das Höfði-Haus, ein repräsentatives Gebäude aus dem Jahr 1908. Früher lag es am Stadtrand, inzwischen ist es längst vom Häusermeer umschlossen, doch die Grünflächen ringsum hat man unbebaut gelassen, und der Blick zur Meeresbucht ist frei. Wegen Baufälligkeit sollte es ursprünglich abgerissen werden, bis es in den Besitz der Stadt überging und restauriert wurde; heute dient es als Gästehaus für besondere Besucher.

»Gorbatschow und Reagan sind sich hier begegnet«, berichtet Stefán.

»Wirklich?«, frage ich überrascht.

»Hier im Höfði trafen sich die beiden zum ersten Mal, saßen sich Auge in Auge gegenüber, um über Abrüstung zu sprechen. Das war 1986, mitten im Kalten Krieg.«

»Deswegen sind sie extra nach Island gereist?«

»Genau! Welches Land wäre besser geeignet gewesen für ein Treffen zwischen Ost und West? Island gehört geografisch gesehen mit der einen Hälfte zu Amerika und mit der anderen zum eurasischen Kontinent. Die beiden Kontinentalplatten driften seit Jahrmillionen auseinander, und an der Bruchstelle ist neues Land entstanden: Island. Symbolisch gesehen war unsere Insel für beide Staatsmänner also neutraler Boden.«

»Hat Stefán dir den Elfenstein gezeigt?«, fragt Ursula nach unserer Rückkehr. Ursula, die aus Nürnberg stammt, hat sich vor sieben Jahren für ihre Wahlheimat Island und für Stefán entschieden. »Ein unglaublicher Zufall, dass wir uns getroffen haben. Irgendwie magisch.« Ursula lächelt. »Ich war im Süden bei Vík, wo es den schwarzen Strand gibt. Ich hatte mir ein Rad geliehen, bin zu einer Basaltgrotte geradelt, die vom Meer umspült wird, und dort wartete Stefán auf mich.«

»Wusste er denn, dass du kommst?«

»Nein, gar nicht, wir kannten uns ja nicht. Er stand einfach so da und blickte mir entgegen. Er arbeitete damals schon als Reiseleiter, hatte gerade eine Gruppe zur Grotte gefahren, und da kam ich. Es sollte einfach so sein.«

Mit Ursula hatte ich bereits von Deutschland aus Kontakt aufgenommen. Durch ihr Buch *Zwischen Licht und Dunkel* war ich auf sie aufmerksam geworden. Schon der Titel gefiel mir. Humorvoll und informativ berichtet Ursula vom »Abenteuer Alltag in Island«.

»Du hattest was von einem Elfenstein gesagt«, knüpfe ich an ihre vorige Frage an. »Es soll doch sogar eine Elfenbeauftragte geben, die beim Bau jeder neuen Straße eingeschaltet wird. Wenn sie feststellt, dass irgendwo in einem Felsen Elfen leben, baut man die Straßen in einen Bogen um diese Stellen herum, damit sie nicht gestört werden. Stimmt das denn?«

Ursula lacht. »Es kommt schon mal vor, dass Erla angerufen wird, aber den Begriff Elfenbeauftragte hat sich ein deutscher Autor ausgedacht. In der *Frankfurter Rundschau* hatte er einen Bericht über

Erla Stefánsdóttir veröffentlicht und sie als offizielle Elfenbeauftragte vorgestellt. Seitdem wird das in Zeitschriften und Büchern wiederholt. Du bist nicht die Einzige, die darauf hereingefallen ist. Das isländische Straßenbauamt kann sich natürlich nicht bei jedem Bauvorhaben um Elfenwohnorte kümmern. Aber Erla beschäftigt sich schon lange mit dem *huldufólk*, dem verborgenen Volk, hat Bücher verfasst, sogar eine spezielle Elfenlandkarte für den Hafenort Hafnarfjörður erstellt, wo es besonders viele Elfenwohnungen geben soll. Seitdem vermarktet sich der Ort erfolgreich als Elfenstadt, und es gibt sogar Führungen zu den Behausungen der geheimnisvollen Wesen.«

»Also alles nur Werbung für Touristen?«

»So einfach ist das nicht. Aber lass uns erst mal zum Elfenstein gehen. Er ist ganz in der Nähe.«

Schmale Gassen führen durch ein altes Viertel mit bunten Häuschen, umgeben von verwunschenen Gärten. Ursula zeigt auf einen großen Stein mit Löchern und Einbuchtungen in seiner rauen Oberfläche.

»Das Viertel war früher ziemlich verwahrlost, die Häuser sollten abgerissen und moderne Wohnungen errichtet werden. Die Einwohner aber wollten die Elfen nicht verärgern, diese zarten Wesen mögen Lärm gar nicht. Behutsam renovierten die Leute ihre Häuser selbst, und so blieb dieser idyllische Ort erhalten«, erzählt Ursula und fügt hinzu: »Ob es die Elfen nun gibt oder nicht, durch den Glauben an sie gehen die Menschen respektvoller mit der Natur um, was ihnen dann selber zugutekommt.«

Naturgeister haben ihre Wurzeln tief in der heidnischen Religion der ersten Einwanderer. Die auf der Insel waltenden Kräfte, unberechenbare Vulkane, brodelnde Schlammquellen, fauchende Geysire, überzeugten die Menschen, dass übernatürliche Wesen am Werk sein müssten. Lange nachdem die christliche Religion die alten Götter verdrängt hatte, führten das isolierte Leben auf abgelegenen Höfen, die dunklen Winternächte und die als übermächtig empfundene Natur dazu, den alten Volksglauben an Elfen, Trolle, Geister zu bewahren. Die Vorstellung, dass es mehr gibt als die sichtbaren Dinge, war tröstlich für die Menschen. Ob aber die Isländer heute noch an das verborgene Volk glauben? Umfragen zeigen, dass zehn Prozent dies als Unsinn abtun, während ebenso viele von der Anwesenheit der Naturgeister überzeugt sind. Und die restliche Mehrheit? Ihre Antwort bleibt unbestimmt und auf liebenswerte Weise selbstironisch: »Ich will nicht behaupten, dass es sie nicht gibt.«

Schwärzer als die Nacht

Einen Teil meiner Ausrüstung, die für ein halbes Jahr berechnet ist, lasse ich im Lagerraum der Jugendherberge zurück. Mein erstes Ziel ist der Vulkan Eyjafjallajökull. Ich will ihn sehen, solange er noch aktiv ist und seine Aschewolken in den Himmel spuckt. Auf der Ringstraße fahre ich mit dem Bus zum Ort Hvolsvöllur, von dort will ich in das Tal des Gletscherflusses Markarfljót wandern. Die Ringstraße heißt so, weil sie die Insel umrundet; erst 1974 konnte der »Ring« geschlossen werden. Immer wieder sind Reparaturen nötig, wenn Gletscherflüsse Teile der Straße und Brücken wegreißen.

Ich bin der einzige Passagier im Bus. Das wird sich in den Sommermonaten ändern, wenn mehr Touristen ins Land strömen, als Einheimische hier wohnen. Für Isländer müsste es dieses gut ausgebaute Busnetz nicht geben, das Reisende auch an weit entlegene Orte bringt. Selten habe ich sie in den öffentlichen Verkehrsmitteln gesehen, dafür stehen vor ihren Häusern ein oder mehrere Geländewagen.

Auf einer autobahnähnlich ausgebauten Schnellstraße fährt der Bus nach Osten, südlich von Reykjavíks Hausberg Esja hinauf auf das Plateau Hellisheiði. Nichts als Lavawüste bis zum Horizont, kein Baum, nur niedrige Sträucher, die sich zwischen moosbedeckte Steine ducken.

Der Kontrast zwischen Zivilisation und Wildnis ist stark. Eben noch war ich in einer modernen Großstadt, wenige Kilometer später umgibt mich eine lebensfeindliche Mondlandschaft. Beide Extreme liegen in Island so nah beieinander, wie ich es noch in keinem anderen Land erlebt habe.

Auf einmal steigt Dampf aus der dunklen Lava. Unwirklich wirken diese hohen, weißen Säulen, die Szene könnte aus einem Fantasyfilm stammen. Dann sehe ich dicke Rohre, die sich kilometerweit über die Lavafelder ziehen. Aus Ventilen entweicht zischend der Überdruck. Mit dieser Erdwärme werden Reykjavík und die Farmen der Umgebung versorgt, sowie Schwimmbäder und Gewächshäuser beheizt. Auf Serpentinen geht es vom Plateau hinab zur Küste. Zwischen Baumkronen erkenne ich rote Dächer.

»Das ist Hveragerði, die Gartenstadt«, antwortet der Fahrer in gutem Englisch auf meine Frage. Vom Bus aus kann ich mir kein Bild von den Gewächshäusern machen, zu dicht ist alles mit Büschen und Bäumen bewachsen. Immerhin sollen vierzehn Hektar von Glas überdacht sein; mit dem hier geernteten Gemüse und Obst kann der Bedarf der Inselbevölkerung zu einem Großteil gedeckt werden. Stolz verkündet der Fahrer, dass in den Treibhäusern sogar Bananen wachsen. Südfrüchte und Palmen nahe am Polarkreis, das gebe es nur in Island, meint er.

Weiter fahren wir durch flaches Weideland, ab und zu sehe ich Islandpferde auf den Wiesen. Sie sind gar nicht so klein, wie es in Reiseberichten oft heißt. Jetzt im Frühjahr tragen sie noch ihr dichtes, struppiges Winterfell. Ihren robusten Körpern sieht man an, dass sie das ganze Jahr im Freien verbringen. Mir fällt die Vielfalt der Fellfarben und Mähnen auf, es gibt alle nur denkbaren Varianten.

Nach gut zwei Stunden Fahrt habe ich mein Ziel erreicht und steige in Hvolsvöllur aus. Ein paar reizlose Betonbauten reihen sich entlang der Durchgangsstraße. Es ist keine historisch gewachsene Ortschaft, erst in den letzten Jahrzehnten ist die Einwohnerzahl auf etwa 800 Personen gestiegen. Ich halte mich im Ort nicht lange auf. Was ich unterwegs an Nahrungsmitteln benötige, habe ich aus der Hauptstadt mitgebracht.

Mein Weg führt mich ins Gebiet Fljótshlíð, wie die bergige Landschaft am Gletscherfluss Markarfljót heißt. Zuerst wandere ich auf einer schmalen Teerstraße, die bald zu einem Schotterweg wird. Vom Hang zu meiner Linken stürzen unzählige Wasserfälle herab, dazwischen liegt hin und wieder ein Bauerngehöft. Auf meiner rechten Seite fließt der Fluss in einem breiten Bett. Die Aschewolke des Vulkans auf der gegenüberliegenden Talseite kann ich nicht sehen, der Himmel ist bedeckt, und die Wolken reichen weit hinab. Nach ungefähr zwanzig Kilometern suche ich mir am Wiesenhang eine ebene Stelle und baue mein Zelt auf.

Der Uhr nach ist es schon später Abend, aber es ist noch immer taghell. Einmal höre ich den Vulkan grollen, es klingt, als würde ein heftiges Gewitter toben. Dann schweigt er wieder, und ich schlafe beruhigt ein.

In der Nacht weckt mich das Erdbeben, das mich wie in einem Kahn schaukelt. Erschrocken krieche ich aus dem Zelt, und zum ersten Mal sehe ich die Wolke, wie sie dunkelbraun hoch hinauf in den Himmel steigt. Gefesselt von dem ungewöhnlichen Anblick, bleibe ich wach und merke kaum, wie die Stunden vergehen.

Ein flötendes Trillern mischt sich am Morgen in das Donnergrollen des Vulkans. Ein brauner Vogel auf langen Beinen stakst durch das wintergelbe Gras. An seinem halbmondförmig gebogenen Schnabel erkenne ich den Regenbrachvogel. Sie sind also schon da, die ersten Zugvögel aus Afrika. Einen weiten Weg müssen sie zurücklegen, um in Island zu brüten. Noch scheint der Brachvogel ohne Partner zu sein. Die Austernfischer dagegen, die ich später bei meiner Wanderung entlang des Flusses beobachte, treten schon paarweise auf. Es sind schwarz-weiße Vögel von Kiebitzgröße mit rotem Schnabel und roten Füßen. Ihr Name ist irreführend – ihre Leibspeise sind nicht Austern, sondern Würmer.

In zahlreichen Windungen und Schleifen zieht sich der Markarfljót durch das breite Tal. Sein von Gletschern gespeistes Wasser ist eiskalt, was ich schmerzhaft spüre, als ich einen seiner Seitenarme durchwate, um ans andere Ufer zu gelangen. Ein Farmhaus mit Stallungen liegt dort am Berghang. Der Farmer und seine Frau stehen am Zaun, blicken zum Eyjafjallajökull hinüber und mustern sorgenvoll die Wolke.

»*Góðan daginn*«, grüße ich.

»*Sæl og blessuð*«, antworten sie freundlich, was so viel bedeutet wie »Sei gegrüßt«. In Island spricht man sich ausnahmslos mit Vornamen an und duzt sich. Selbst bei berühmten Persönlichkeiten wird keine Ausnahme gemacht.

Mein Isländisch ist noch mangelhaft. Ich habe zwar in Deutschland begonnen, die Sprache zu lernen, ohne viel Erfolg. Die fremdartigen Buchstaben sind keine große Hürde, denn ð und þ werden wie das stimmhafte und stimmlose englische th ausgesprochen und æ wie ei, auch die unregelmäßige Grammatik kann man sich mit viel Fleiß aneignen. Es ist der besondere Klang der Konsonanten, der Isländisch für mich so schwierig macht. Mal werden sie gedehnt, dann wieder gehaucht, was davon abhängt, mit welchen anderen Konsonanten sie zusammenstehen. Oft verändern sie sich auch ganz. So werden die Orte Höfn wie Höpn und Keflavík wie Keplavík ausgesprochen. Vatnajökull wird zu Vatnajöküdl. Diese Ausspracheregeln kann ich mir einprägen, aber wenn Landmannalaugar zu Landmannalöüchar wird, da gehorcht mir meine Zunge einfach nicht mehr. Zudem kann keine Umschrift wirklich wiedergeben, wie es richtig klingen muss.

Ich gebe mir besonders Mühe und stottere ziemlich, als ich versuche, etwas über den Vulkanausbruch zu erfahren. Die beiden lächeln verständnisvoll über mein Bemühen.

»Bis jetzt haben wir noch Glück gehabt«, antwortet der Farmer in perfektem Englisch. »Der Wind weht günstig und treibt die Wolke nach Süden hinaus aufs Meer. Doch er wird sich bald drehen, da bin ich mir sicher.«

Die Frau geht ins Haus und verabschiedet sich: »*Bless, bless!*« Der Mann bleibt noch eine Weile und unterhält sich mit mir. »Die Asche wird dann bei uns niedergehen«, setzt er seinen Gedanken fort. Es erstaunt mich, dass er die Bedrohung so nüchtern einschätzt, als unabwendbare Tatsache.

»Warum die Augen vor der Wirklichkeit verschließen?«, meint er. »Wir Isländer leben seit tausend Jahren mit den Vulkanen und wissen, wie gefährlich sie sein können. Ausbrüche hat es immer gegeben, das ist nichts Neues für uns.«

»Aber was tust du, wenn die Asche auf deinen Hof fällt und das Weideland vergiftet?«

»Da ist nicht viel zu tun. Die Schafe müssen dann im Stall bleiben, das ist das größte Problem. Denn bald werden die Lämmer geboren, und die Herde vervielfacht sich. Der Platz im Stall reicht nicht für alle, dann müssen wir schlachten. Für die anderen muss Heu gekauft werden, das wird teuer. Oder wir bringen die Herde mit Lastwagen in ein Gebiet, das frei von Asche ist. Dafür aber gibt es strenge Vorschriften. Wenn die Tiere unsere Region verlassen, dürfen sie später nicht mehr zurück, damit keine Krankheiten eingeschleppt werden.«

Der Mann nimmt sich Zeit für das Gespräch, und ich erfahre, dass er schon als sechsjähriges Kind mit seinem Vater zum Fischen aufs Meer hinausgefahren ist. »Später habe ich Fischereiwirtschaft studiert. Ich liebe die See, doch dann hat meine Frau diese Farm geerbt, deshalb musste ich umsatteln. Bereut habe ich es nicht. Am besten gefällt mir, wenn die Lämmer geboren werden«, erzählt er mir, und auch, dass der Eyjafjallajökull mitten in der Nacht ausgebrochen sei. Den Namen des Vulkans könne ich mir recht einfach merken: *Ey* bedeutet »Insel«, und *fjalla* ist der »Berg«, also Inselberg, und *jökull* ist ein »Gletscher«. Eyjafjallajökull heißt also Inselberggletscher.

»Um vier Uhr morgens am 14. April haben uns die Leute vom Katastrophenschutz geweckt«, berichtet er. »Wir wurden alle in der Schule im dreißig Kilometer entfernten Ort Hvolsvöllur untergebracht. Erst am Nachmittag durften wir zurück und die Schafe versorgen.«

»War der Vulkan dann nicht mehr gefährlich?«

»Na ja, Lebensgefahr bestand auch vorher wohl keine. Aber wer kann das so genau wissen? Glühende Lava ist nicht in die Täler gelangt, und auch die hochgeschleuderten Lavabrocken haben niemanden gefährdet. Es war die Flut, vor der sich alle gefürchtet haben.«

»Die Flut?«

»Der Gletscher ist teilweise geschmolzen, und plötzlich kam viel Wasser auf einmal heruntergeschossen. Der Markarfljót war wie ein wildes Tier. Das Hochwasser raste mit großer Gewalt heran, trat über die Ufer, riss alles mit sich. Eisblöcke, riesig groß, die keine Zeit hatten zu schmelzen, schwammen im Wasser. Jetzt sieht der Fluss wieder harmlos aus, aber ich sage dir, das war ein grauenvoller Anblick und dazu das Gepolter und Getöse. So stelle ich mir den Weltuntergang vor.«

»Menschen sind nicht zu Schaden gekommen?«

»Gott bewahre, nein, dank unseres Katastrophenschutzes. Wir sind gut vorbereitet.«

Ich verabschiede mich und wandere weiter nördlich des Tals durch die Berglandschaft zum »Gipfelberggletscher«, wie der Tindfjallajökull heißt. Auch dieser Berg ist ein Vulkan, was ausnahmslos alle Berge Islands Vulkane sind oder waren. Seinen letzten großen

Ausbruch hatte dieser vor etwa 52 000 Jahren. Vor 9000 Jahren gab es zwei kleine Eruptionen, nördlich und westlich des Zentralkraters, wie Vulkanologen festgestellt haben. Mit seinen 1463 Metern scheint er im Vergleich zu Bergen in den Alpen oder gar im Himalaja ein Zwerg zu sein, doch da sich Island fast am Polarkreis befindet, herrschen bei tausend Höhenmetern bereits alpine Verhältnisse. Auch der Gipfel des Tindfjallajökull ist vom Gletschereis bedeckt. Der Farmer hatte mich darauf aufmerksam gemacht, dass durch den Ausbruch des Eyjafjallajökull alle Gletscher in seiner Nähe jetzt schwarz sind, weil eine dicke Ascheschicht das Schneeweiß bedeckt. Da ich nicht wissen konnte, wie die Berge vor der Eruption aussahen, hatte ich vermutet, die schwarzen Gletscher seien Felsgestein.

Während ich aufsteige, rumort und donnert der Eyjafjallajökull südlich von mir. Nur wenn ich mich umdrehe, kann ich seine immer gegenwärtige Aschewolke sehen. Die Landschaft wirkt eintönig, ist noch von keinem Grün geschmückt. Tiere sind in der tristen Umgebung selten, aber einige Vögel sehe ich, Arten, die mir aus Deutschland bekannt sind. Neben Regenbrachvögeln und Austernfischern beobachte ich Bachstelzen, Uferschnepfen, Bekassinen und weiter oben in der Felsregion Schneeammern. Am Aufstiegspfad liegen drei Wanderhütten, die allerdings verschlossen sind. Beim isländischen Wanderverein hätte ich mir gegen Bezahlung den Schlüssel holen können, doch zu dieser Wanderung habe ich mich spontan entschlossen. Überhaupt liebe ich es, in meinen Entscheidungen frei zu sein, nicht an einer vorher festgelegten Route und gebuchten Berghütten festhalten zu müssen.

Seit Stunden wandere ich durch eine Ödnis aus Sand und Kies. Immer wieder ragt Lavagestein hervor, auf dem sich graue Moospolster ausbreiten. Je höher ich steige, umso heftiger weht der Wind. So hatte ich mir Island vorgestellt: kalt, rau und windig.

Als ich in der Ferne eine Bewegung wahrnehme, greife ich schnell nach meinem Fernglas und erkenne zwei Männer. Es verursacht mir immer einen leichten Schrecken, in einsamer Landschaft auf Menschen zu treffen. In Island muss ich sicherlich nichts befürchten, und so weiche ich einer Begegnung nicht aus. Mit schnellen Schritten kommen die beiden näher. Wir begrüßen uns auf Isländisch, und sofort befragt mich der Ältere auf Englisch nach meinem Weg. Es klingt weder neugierig noch anmaßend, er will mich nur warnen. Von einer Gipfelbesteigung rate er dringend ab. Sie selbst hätten ihre Tour wegen des Sturmes abgebrochen, am Gipfelgrat herrsche Orkanstärke. Ich versichere, dass ich ebenfalls umkehren und in der Herberge Fljótsdalur übernachten werde.

Im Verzeichnis der isländischen Jugendherbergen hatte ich eine Beschreibung von Fljótsdalur gefunden, die mich neugierig machte: eine einsame Hütte weitab jeder Ortschaft mitten in den Bergen. Was man an Nahrungsmitteln benötigt, muss man mitbringen, da kein Geschäft in der Nähe ist. Das ehemalige Farmhaus soll über hundert Jahre alt sein und ein Grasdach haben. Noch bis in die Mitte des letzten Jahrhunderts waren Häuser dieser Art nichts Ungewöhnliches auf Island. Einige hat man erhalten und restauriert, nun benutzt man sie als Herbergen, andere als Freilichtmuseum.

Schon von Weitem bin ich mir sicher, dass es sich bei dem kleinen Haus nur um die Jugendherberge handeln kann. Eng duckt es sich an den Hang, schwarz gestrichenes Wellblech schützt die Wände gegen die Witterung, dicke Grassoden bedecken das Satteldach. Es sieht lustig aus, diese Wiese auf dem Dach mit Gräsern und vielen Blumen. Im Garten überraschen mich Osterglocken und Narzissen neben dekorativ aufgereihten oder zu Kreisen geordneten Steinen. Ausgediente Wanderschuhe liegen als Erinnerung an anstrengende Touren neben dem Gartentor.

Die Tür ist unverschlossen, in der Hütte kein Mensch. Auf einer Holzleiter gelange ich unters Dach ins Matratzenlager, wo an den Giebelseiten je ein Fenster Licht spendet. Ich öffne beide Fenster, um durchzulüften, und kann mir einen Schlafplatz wählen, denn außer mir scheint so früh im Jahr keiner hier oben übernachten zu wollen. Zur Hauptsaison wird es so voll sein, dass man sich anmelden muss. Unten öffne ich die Tür neben dem Eingang und komme in die Küche, daran schließen sich ein Aufenthaltsraum und zwei Schlafräume mit Doppelstockbetten an. Gepäck und Schlafsäcke zeigen mir, dass hier Leute übernachten.

Im Gästebuch entdecke ich eine Eintragung von Birna Benediksdóttir. Sie schrieb, ihre Großmutter Þórunn Úlfarsdóttir habe einst hier gelebt. Birna bedankt sich für die Mühe, das Haus in seiner alten Form zu erhalten. Für sie werde so die Erinnerung an die Großmutter und ihre eigene Kindheit bewahrt. Andere Eintragungen im Gästebuch haben die einsame Lage dieser Herberge zum Thema. Das scheint für viele Menschen sehr ungewohnt zu sein. Nichts als Schafe gebe es hier, heißt es.

Wo sich heute eine breite Fensterfront erstreckt und den Blick direkt auf die Vulkanwolke freigibt, waren früher bestimmt nur winzige Fenster angebracht. Im Raum stehen ein langer Holztisch und hölzerne Bänke, in der Ecke ein Sofa und an den Wänden Schränke voller Bücher, fast alle auf Englisch, aber mit isländischen Themen.

Am Abend trifft der Herbergswirt Paul mit vier englischen Touristen ein, er selbst ist ebenfalls Engländer. Sie haben eine zwölfstündige Wanderung hinter sich. Erschöpft werfen sie sich in ihre Kojen. Paul befeuert inzwischen den Grill. Seit 38 Jahren arbeitet er jeden Sommer in dieser Herberge, erzählt er mir. Der Erste, der die Idee hatte, das alte Farmhaus zu restaurieren und als Wanderhütte zu nutzen, war der Engländer Dick Philipps. Schon im Jahr 1961 begann er, Gäste durch die isländischen Berge zu führen.

Die Wanderer haben sich inzwischen erholt und gruppieren sich hungrig um den drei mal drei Meter großen Grill, wo Kartoffeln in Folie, Zucchini, Paprika, Zwiebeln und Koteletts schmoren und köstlich duften. Die Engländer laden mich zum Essen ein, und während wir es uns schmecken lassen, blicken wir von der Feuerstelle direkt auf den rauchenden Vulkan.

Ein herrlicher Tag! Die Sonne steht hoch am Himmel, obwohl es erst sechs Uhr in der Früh ist. Ich verlasse die Herberge und wandere flussabwärts. Graugänse weiden auf den Uferwiesen, rufen schnatternd hinauf zu den über ihnen kreisenden Artgenossen. Wasserfälle rauschen frühlingsgrüne Hänge hinab. Bekassinen steigen in die Luft und lassen ihr seltsames Meckern hören, das ihnen den Namen Himmelsziege eingebracht hat. Uferschnepfen stochern im Schlick, und Bachstelzen flattern von Stein zu Stein, als wollten sie mir den Weg zeigen. Der Markarfljót glitzert silbern, verzweigt sich in unzählige Seitenarme, windet sich ähnlich einem Labyrinth durch das breite Tal. Was für ein schönes Land! Der Anblick berührt mich tief. Kein Wunder, dass Gunnar, der Held aus der Njáls-Saga, es nicht verlassen wollte.

Unvermittelt ragt aus der Ebene ein Berg mit gewölbter Kuppe empor, mitten im Flussbett. Mit seinen nur 178 Metern wirkt der Stóra Dímon im flachen Schwemmland recht hoch. Von seinem Gipfel aus kann man alles gut überblicken. Einen besseren Ort gibt es nicht, wenn man Feinden auflauern will, wie es die Söhne des weisen Njál in der Njáls-Saga taten. Die ganze Gegend ist Sagaland. Tausend Jahre liegen die sagenhaften Ereignisse zurück und sind doch immer noch lebendig im Gedächtnis der Isländer. Die archaischen Erzählungen von Liebe und Hass, Freundschaft und Feindschaft, Gewalt und Versöhnung spielen in den ersten Jahrzehnten der Besiedlung Islands. Von Generation zu Generation wurden die Sagas mündlich weitererzählt, dabei ausgeschmückt und verändert. Verwoben mit der poetischen Phantasie unbekannter Autoren wurden sie im 13. Jahrhundert niedergeschrieben, vermutlich von Mönchen in den Klöstern. Sie schrieben in Prosa und, obwohl in religiösen Zentren damals Latein üblich war, in isländischer Sprache, die sich trotz des langen Zeitraums verhältnismäßig wenig verändert hat. Deshalb können die alten Texte, wenn auch mit einiger Mühe, noch heute von Isländern gelesen werden. In epischer Breite werden die Ereignisse aufgefächert, kunstvoll sind wörtliche Rede und Dialoge eingeflochten, auch lyrische Einschübe in einer komplizierten Versform und in Metaphern, die nur jemand, der die nordische Mythologie kennt, verstehen kann.

Das Wort *saga* bedeutet »Geschichte« oder »Gesagtes«, und eine davon handelt von Gunnar und Njál, die um das Jahr 900 in dieser Gegend lebten. Während ich den Fluss entlangwandere, werden die Protagonisten der Saga für mich lebendig. Die Erinnerung an die Helden verewigte sich in den Flüssen, Bergen, Ebenen und Hügeln des Landes. Die Schauplätze tragen noch die Namen wie damals.

Es war eine Zeit blutiger Kämpfe, aber nicht um Land und Besitz, sondern um Ehre und Tapferkeit, vor allem aber um Rache für erlittene Beleidigungen. Schicksalhafte Verkettungen führten zu Tragödien. Die Freunde Njál und Gunnar versuchten, den erbarmungslosen Kreislauf der Gewalt zu durchbrechen, und gingen doch daran zugrunde. Die beiden konnten unterschiedlicher nicht sein. Gunnar war der strahlende Held: *Ein Mann von großem Wuchs und stark, der beste Bogenschütze, den es gab. Er traf alles, worauf er zielte, und war denen treu, die er sich zu Freunden gewählt hatte.* Njál dagegen war weder sportlich, noch erwarb er sich Ansehen als Krieger. Er galt als weise, besonnen und rechtskundig, einer, der mit Vernunft und kühlem Verstand der Gewalt Einhalt gebieten wollte. *Mit Gesetzen retten wir das Land, ohne Gesetze wird es verwüstet werden,* zitiert ihn die Saga.

Die Tragödie begann scheinbar harmlos mit einem Streit der Frauen. Gunnar hatte Hallgerður geheiratet, eine Schönheit, aber mit bösartigem, rachsüchtigem Charakter. Ähnlich wie in der Nibelungensage, in der Brunhild und Kriemhild darum streiten, welcher das Vorrecht gebührt, als Erste durch die Kirchentür zu schreiten, beginnt in der Saga das Unglück, als Hallgerður von Njáls Frau Bergþóra bei einem Festessen von ihrem Sitzplatz verwiesen wird. Wo jemand sitzen durfte, kennzeichnete von alters her den Rang einer Person. Es begann ein tödliches Revanchespiel zwischen den beiden Frauen. Zuerst ließen sie wechselseitig ihre Dienerschaft ermorden, am Ende richtete ihr Streit nicht nur ihre Männer, sondern ganze Sippen zugrunde. Blutig sind diese Geschichten, viele Menschen kommen ums Leben. Aber nicht die Lust an Grausamkeiten klingt in den Sagas an, sie zeigen vielmehr, aus welchen Nichtigkeiten Konflikte entstehen, die dann eine Eigendynamik entwickeln und Menschen in ihren Sog reißen, sodass sie unschuldig schuldig werden, wie Gunnar.

Von der Schotterpiste zweigt ein Weg zum Haus Hlíðarendi ab, wie schon damals Gunnars Hof hieß. Der ehemalige Bauernhof neben einer kleinen Kirche ist zu einem Wochenendhaus umgebaut. Ich klopfe, will mich erkundigen, ob die Bewohner mir etwas über die Geschichte ihres Hofes erzählen können, aber es scheint niemand zu Hause zu sein. Schmale, von Schafen ausgetretene Pfade führen weiter den Hang hinauf. Im Reiseführer lese ich, dass die Anhöhe Gunnarshangur heißt und nach Gunnar benannt ist, weil er vermutlich hier begraben liegt. Wenn es ein Grab gab oder Reste von Mauern und Gebäuden, sind sie längst überwuchert.

In Notwehr hatte Gunnar getötet. Aus dem Hinterhalt war er von seinen Feinden angegriffen worden, die den Streit der beiden Frauen zum Anlass nahmen, es dem von ihnen beneideten Gunnar heimzuzahlen. Auf dem Thing, dem Gerichtsplatz, wurde jedoch Gunnar als Angreifer dargestellt, worauf er zu einer hohen Geldstrafe und einer dreijährigen Verbannung verurteilt wurde. Zunächst beugte er sich dem Rechtsspruch, nahm Abschied von daheim, ritt den Berghang hinab, um an der Küste ein Schiff nach Norwegen zu nehmen. Plötzlich lösten sich Steine unter den Hufen seines Pferdes, es stolperte, und Gunnar, aus seinen trüben Gedanken gerissen, erblickte die vertraute Heimat auf einmal mit anderen Augen. Zu seinem Bruder, der ihn in die Verbannung begleiten sollte, sprach er: *Wie schön ist dieser Berghang, so schön, wie ich ihn noch nie gesehen habe, helle Äcker und gemähte Wiesen. Ich reite heim und gehe nirgendwohin.*

Wie er stehe ich auf der Anhöhe Gunnarshangur und sehe, was Gunnar damals sah: die herrliche Landschaft. Er hatte recht, sie ist einmalig schön mit ihren grünen Hügeln, den tosenden Wasserfällen, dem glitzernden Geflecht des Markarfljót, dem seltsamen Stóra Dímon, der einst eine Insel im Ozean war. Seit Gunnars Zeit wird sich kaum etwas verändert haben. Es ist ein großartiges Land, lieblich und gewaltig zugleich, ein würdiger Schauplatz für Heldensagen. Ich glaube aber, dass die Liebe zu seiner Heimat nur ein Vorwand war, gegen das Gerichtsurteil zu verstoßen. Der wirkliche Grund war sicherlich ein anderer: Gunnar fühlte sich zu Unrecht bestraft. Wenn er ins Ausland ginge, würde er dann nicht als Feigling dastehen? Seine Ehre war ihm mehr wert als sein Leben.

Weil Gunnar das Urteil nicht annahm, wurde er beim nächsten Gerichtstag für vogelfrei erklärt. Jeder konnte ihn töten, ohne bestraft zu werden. Seine Feinde ließen nicht lange auf sich warten und umzingelten seinen Hof. Gunnar schoss Pfeil um Pfeil, da riss die Sehne seines Bogens. Er bat seine Frau, die noch immer sehr schön war mit ihrem langen, blonden Haar, daraus eine neue Sehne zu drehen. Sie jedoch fragte nur: *Hängt etwas davon ab?* Gunnar antwortete: *Mein Leben hängt davon ab.* Vor einiger Zeit hatte er sie geschlagen, als sie immer schlimmer gegen ihre verhasste Feindin Bergþóra wütete, nun konnte sie ihm die Demütigung vergelten: *Nein, ich mache dir keine Bogensehne, wehre dich allein, so gut du kannst.* Den Tod vor Augen entgegnete er auf seine lakonische Art: *Ein jeder erntet Ruhm auf seine Weise. Die Bitte wird kein zweites Mal an dich gerichtet.*

Gegen die Übermacht seiner Gegner war Gunnar ohne seine Waffe wehrlos und wurde erschlagen.

Von Gunnarshangur kann ich weit blicken. Irgendwo in dunstiger Ferne beginnt das Meer, wo nahe der Küste im Flachland Bergþórshvoll lag, Njáls Hof. Ein moderner Betonbau trägt heute diesen Namen. Bei archäologischen Ausgrabungen wurden tausend Jahre alte Mauern entdeckt. Sie zeigten Brandspuren. Wie die Saga erzählt, wurde Njáls Hof mitsamt seinen Bewohnern verbrannt.

Am Stóra Dímon vorbei, der wie ein vom Himmel gefallener Klotz im Flussbett liegt, führt mich der Pfad durch einen Sander, das ist eine von Flüssen aufgeschwemmte Fläche aus Sand, Kies und Geröll, die bei Gletscherläufen überflutet wird. Als Gletscherlauf wird das Hochwasser bezeichnet, wenn bei einem Vulkanausbruch der Gletscher schmilzt und gewaltige Wassermengen in das Flusstal strömen.

Der Vulkan grollt und donnert zwar immer noch, aber der Gletscherlauf hat schon vor einigen Tagen stattgefunden und wird sich so schnell nicht wiederholen, da das meiste Eis geschmolzen ist.

Es geschieht plötzlich. Auf einmal verdunkelt sich der Himmel. Es wird schwarz, schwärzer als die Nacht. Etwas Undurchdringliches senkt sich auf mich herab wie ein dicht gewebtes Tuch. Ein schwarzes Tuch, das den Tod bringen kann. So dunkel ist es, dass ich nicht einmal meine ausgestreckte Hand erkenne. Meine Augen schmerzen, und meine Lunge brennt. Wie soll ich da noch atmen? Es ist Asche, schwarze, faulig stinkende Asche, die der Vulkan über mich ausschüttet.

Mit einem Schal um Mund und Nase versuche ich, mich zu schützen. Gröbere Partikel werden so zurückgehalten, aber was ist mit giftigen Gasen? Fast blind taste ich mich durch die Dunkelheit. Ich darf nicht vom Weg abkommen, muss mich vom Markarfljót fernhalten, der mit seinem reißenden Wasser durch den Sander läuft, will mich zur Straße durchkämpfen, der einzigen Möglichkeit, zu entkommen. Ich weiß, dass ich etwa zwei Stunden von der Ringstraße entfernt bin, aber schier endlos erscheint mir der Weg. Endlich erreiche ich die Straße. Fast einen halben Meter hoch liegt die Asche auf dem Asphalt, wie ein Sturzregen ist sie vom Himmel gefallen. Wobei der Begriff »Asche« irreführend ist, denn Asche entsteht nur bei der Verbrennung organischer Materialien. Die »vulkanische Asche« dagegen ist bei explosiven Ausbrüchen in kleinste Fragmente zertrümmertes Gestein.

Allmählich wird es lichter. Schon kann ich die Begrenzungspfähle auf der anderen Straßenseite erkennen. Ich warte voller Hoffnung auf ein Fahrzeug. Nur raus aus der gefährlichen Zone. Aber werden jetzt nicht alle Leute ihre Fahrt abbrechen? Wer fährt schon freiwillig in eine schwarze Wand hinein, in eine giftige Vulkanaschewolke. Und wenn doch ein Auto kommt, ob man mich in der Dunkelheit überhaupt sieht? Ein Fahrzeug ist aber meine einzige Chance, aus der Aschewolke herauszukommen, zu Fuß bin ich viel zu langsam.

Ich stelle mich an den Straßenrand, weit genug entfernt, um nicht von einem Wagen erfasst zu werden.

Schwach glimmende Lichtpunkte. Das müssen die Scheinwerfer eines Autos sein, kann ich gerade noch denken, da ist es schon vorbei. Ich konnte nicht winken, es ging alles zu schnell. Die Räder haben die Asche aufgewirbelt, und ich wurde von ihr eingehüllt. Man hat mich dennoch gesehen, der Jeep hält. Erleichtert steige ich ein. Endlich wieder angstfrei atmen! Es sind vier Männer, die zum Katastropheneinsatz nach Vík unterwegs sind. Landesweit sind Freiwillige aufgerufen worden.

Die Asche dünnt sich aus und sinkt nieder. Bald kann ich die Landschaft wieder erkennen. Was ich erblicke, ist bedrückend – als wäre schwarzer Schnee gefallen. Farmhäuser inmitten von Schwarz, die Dächer dick mit Asche bedeckt, die Hauswände anthrazitfarben. Kein Lebewesen weit und breit, nirgendwo Schafe auf schwarzen Weiden. Als sei alles Leben in Asche erstickt. Ein apokalyptischer Anblick. Plötzlich sehe ich eine Bewegung. Auf schwarzer Straße kommt uns etwas entgegen, wirbelt Staub auf. Aber es ist kein Fahrzeug, es sind Pferde! Der Fahrer kann gerade noch bremsen. In vollem Galopp und mit donnernden Hufen preschen sie uns entgegen. Vor der Kühlerhaube teilt sich die Herde, rechts und links rasen sie vorbei. Ihre Nüstern sind weit geöffnet, die Augen aufgerissen in irrer Angst. Schon verschwinden sie in einer Staubwolke. Der Spuk ist vorbei. Dann sehe ich einen See, eingebettet in Schwarz. Am Ufer stehen Schwäne, ihr Gefieder ist grau.

Magisches Vík

Die Einsatzzentrale im Gemeindehaus von Vík ist voller freiwilliger Helfer. Die Organisation liegt in den Händen vom Bürgermeister und den Gemeindemitgliedern. Es herrscht emsige Geschäftigkeit, aber keine Panik. Ruhig werden Anordnungen erteilt. Es gibt keine in die Leere laufenden Aktionen, keine Hektik. Die Leute wissen, was zu tun ist, als hätten sie es schon oft geprobt.

»Das haben wir auch«, bestätigt Sveinn Pálsson, der Bürgermeister, ein jugendlich wirkender 45-jähriger Mann, mittelgroß und mit flachsfarbenen Haaren. »Wir leben mit Vulkanen und wissen, wozu sie fähig sind.«

Die Helfer werden in Gruppen zusammengefasst, auch mich teilt man ein. »Dass du extra aus Deutschland angereist bist, um zu helfen, ist großartig«, sagen sie lachend. Jeder erhält einen Mundschutz und eine Schutzbrille. Das gibt mir zu denken, schließlich habe ich die Ascheluft über Stunden eingeatmet. Niemand kann mir Auskunft geben, ob sie Giftstoffe enthält. »Eine reine Vorsichtsmaßnahme«, beruhigt man mich. »Aber besser, du trägst das.«

Mit der Helfergruppe, der ich zugeteilt wurde, fahre ich zu einer Farm. Wir befreien das Dach von der schweren Ascheschicht, schaufeln Wege frei, verkleben die Risse an den Stallfenstern, damit der feinkörnige Vulkanstaub nicht eindringen kann. Achtzig Kühe und 200 Schafe stehen dicht gedrängt in den Ställen.

»Wir haben sie nicht rechtzeitig von den Weiden heimtreiben können, da war schon überall Asche. Die Tiere haben sie mit dem Gras zusammen gefressen«, sagt die Farmersfrau bedrückt.

Später erfahre ich, dass unzählige Schafe, Kühe und Pferde umgekommen sind. Je nach Windrichtung flog die Asche sogar bis nach Reykjavík und zu den Westmännerinseln. Am schlimmsten waren 150 Farmen an der Südküste betroffen. Auf dem fruchtbaren Weideland, das direkt unter dem Eyjafjallajökull liegt, gingen neunzig Prozent der Asche nieder. Giftige Fluoride brachten den Tieren den Tod. Geringe Mengen Fluor sind nicht schädlich, schließlich wird es sogar der Zahnpasta beigemischt, gegen Karies und um den Zahnschmelz zu härten. Ist die Dosis höher, hat Fluor die entgegengesetzte Wirkung, zerstört Zähne und Knochen. Tiere, die ascheverseuchtes Gras fraßen, sind gestorben, wohingegen das bloße Einatmen der Ascheluft keine schädigende Wirkung hatte.

Bei meiner Rückkehr von der Farm treffe ich noch einmal den Bürgermeister. Da ich gehört habe, dass einem Ausbruch des Eyjafjallajökull häufig der Vulkan Katla nachfolgt, frage ich ihn: »Was ist, wenn als Nächstes die Katla ausbricht?«

»Wir sind vorbereitet«, antwortet Sveinn und berichtet unaufgeregt von minutengenauen Evakuierungsplänen und regelmäßigen Übungen. Dass die Katla dem Eyjafjallajökull nachfolge, sei Nonsens, korrigiert er mich und nimmt sich Zeit, mir die Zusammenhänge zu erklären: »Die Katla ist schon öfter ausgebrochen, zuletzt im Jahr 1918, während sich der Eyjafjallajökull fast 200 Jahre lang ruhig verhalten hat. Jedoch für einen Ausbruch der Katla gibt es noch keine Anzeichen. Na ja, aber wir wissen, dass es eine gefährliche Ruhe ist. Schließlich leben wir schon immer in der Nähe von Vulkanen, aber beklagen wir uns über die Folgen? Nein, eine Generation hat von der anderen gelernt: Leben kann man nur mit der Natur, nicht gegen sie. Und nach jedem Ausbruch ging das Leben weiter.«

»Sind denn die Menschen in Vík sicher, wenn der Vulkan Katla ausbricht?«, setze ich noch einmal nach.

»Wenn die Erdbeben zunehmen und die seismografischen Messungen Gefahr anzeigen, sind wir in Alarmbereitschaft. Bis die Flutwelle kommt, haben wir vier Stunden Zeit, den Ort zu räumen und alle Bewohner in Sicherheit zu bringen. Wir haben geprobt und schaffen es in weniger als drei Stunden. Wir sind Isländer, und Vulkane können uns nicht schrecken!«

Nachdem ich mich vom Bürgermeister verabschiedet habe, schaue ich mich in Vík um und bin erstaunt. In wenigen Stunden hat man den Ort gesäubert, die meisten Dächer und Straßen von Asche befreit.

»Alle, die konnten, haben geholfen«, sagt Kolbrún Hjörleifsdóttir. Die dunkelhaarige Frau strahlt Tatkraft aus und wirkt zugleich besonnen, in sich ruhend. Sie habe ein Gästehaus, ich könne bei ihr wohnen, bietet sie mir an. Kolbrún war Lehrerin. »Ich musste kündigen, man wollte mich zur Schuldirektorin befördern. Nur noch Bürokram, das hätte mir meine Lebensenergie geraubt, die brauche ich aber für meine Kunst.«

»Du bist Künstlerin? Was für Kunst machst du?«

»Ganz verschiedene Sachen. Immer wieder etwas anderes, bin ständig auf der Suche nach neuen Wegen. Ich bin ein unabhängiger Geist, mache nie, was andere tun. Ich will Eigenes erschaffen. Nicht, weil ich mich für etwas Besonderes halte, es ist einfach so in mir.« Kolbrún, die sehr gut Englisch spricht, zeigt mir Fotos ihrer letzten Arbeiten: Sieben schmale, hohe Dreiecke aus Glas, jedes in einer anderer Farbe und Größe. Die Künstlerin hat sie für die Aufnahmen an den schwarzen Strand von Vík gestellt. Hohe Wellen türmen sich dramatisch im Hintergrund, weißer Meeresschaum bedeckt den schwarzen Sand. Wie eine Märchenfigur sitzt Kolbrún im weißen Kleid mit offenem, schwarzem Haar zwischen ihren Glasobjekten.

»Es war mein fünfzigster Geburtstag«, erklärt sie. »Ich wollte nicht auf herkömmliche Weise feiern. Da kam mir die Idee, die verschiedenen Wesen, die wir in uns tragen, symbolisch darzustellen: Tochter, Schwester, Kind, Mutter, Verliebte, Ehefrau. Und die siebte Figur, das ist der Tod. Er begleitet uns vom Anfang unserer Geburt und ist immer in uns.«

»Was ist aus den Skulpturen geworden?«

»Sie wurden versteigert. Das Kind hat der Kindergarten erworben, dort passt es gut hin. Die Verliebte steht im Foyer vom Altenheim, darüber freue ich mich besonders. Sie gibt den Alten gute Energien. Aber ich vermisse meine Glasfrauen schon, gern würde ich sie mal wieder vereint sehen. Andererseits habe ich so auch wieder Raum für frische Ideen gewonnen.«

Ihre neuen Arbeiten sind Bilder aus Wolle. Sie verwendet die natürlichen Farbtönungen der Schafwolle und formt abstrakte Gebilde, die in jedem andere Assoziationen wecken sollen.

Kolbrún wuchs in den Bergen der Westfjorde auf. In einsamer Landschaft, keine andere Farm war in der Nähe. »Meine Spielgefährten waren Elfen und Trolle. So entfaltete sich meine Phantasie. Wichtig für mich waren auch Bücher, die Vater uns an den Winterabenden vorlas. Das Leben in dieser Einsamkeit hat mich geprägt, und das ist bis heute meine Stärke.«

Wie ein heimeliges Nest liegt Vík eingebettet zwischen zwei Felswänden. Im Süden brandet das Meer an die schwarze Küste, im Norden erhebt sich der Vulkan Katla, der vom gewaltigen Mýrdalsgletscher gekrönt wird. Zu anderen Zeiten muss sein blendendes Weiß über den saftiggrünen Wiesen ein bezaubernder Anblick sein, doch hat er sich jetzt in einen schwarzen Umhang gehüllt.

Der Ort hat eine besondere Wirkung auf mich. Er vermittelt mir eine Stimmung, die ich als magisch empfinde: Hier traf Ursula wie durch eine Fügung ihren Stefán, und auch ich begegne in Vík vielen Menschen, die mir ihre Geschichten erzählen. Wer allerdings auf der Ringstraße fährt, wird die kleine Ansammlung von Häusern kaum wahrnehmen. Vielleicht wird er kurz anhalten, einen Blick auf die bizarren Felsnadeln werfen, die aus dem Meer ragen, ein beliebtes Postkarten- und Fotomotiv. Vielleicht die Geschichte von den Trollen hören, die ein gestrandetes Schiff an Land ziehen wollten und von der Sonne überrascht, zu Stein erstarrten. Dann wird der Reisende weiterfahren zu bekannteren Sehenswürdigkeiten. Doch weil ich mir Zeit nehme und mehrere Tage bleibe, werde ich mit spannenden Begegnungen beschenkt. Jeden Tag lerne ich neue Menschen kennen und staune, dass fast jeder Einwohner sich künstlerisch betätigt. Eigentlich aber bin ich dem Eyjafjallajökull zu Dank verpflichtet, denn ohne seine Aschewolke wäre meine Reise bestimmt anders verlaufen. Da ich beim Katastropheneinsatz mitgeholfen habe, kennen mich die Leute. Sie interessieren sich für mein Buchprojekt, erzählen mir aus ihrem Leben und laden mich zu sich ein, wie Guðrún Sigurðardóttir.

Ihr Haus am Ortsrand, unterhalb der steil aufragenden Felsenzinne Reynisfjall, könne ich an den Holzskulpturen erkennen, hatte sie mir gesagt. Die stehen auf dem Vorplatz neben gusseisernen Kesseln, Arbeiten ihres Mannes. Guðrún, in Vík geboren, machte eine Banklehre, hatte aber schon als Kind Freude am Gestalten. Sie versuchte zu malen, bekam aber weder Förderung noch Ausbildung. Als ihre beiden Töchter schon erwachsen waren und selbst Familien gegründet hatten, lernte sie in Reykjavík einen Glaskünstler kennen, ging bei ihm in die Lehre, und bald darauf kaufte sie ihren eigenen Glasofen. Sie verwendet Scherben, zerbrochene Fensterscheiben, kaputte Vasen, die ihr die Nachbarn bringen, und schmilzt das Glas zu neuen Formen. Der Vulkanausbruch hat sie nun inspiriert, Asche in die Glasschmelze einzuarbeiten, wodurch zarte, schattenhafte Muster entstehen.

»Für mich ist die Asche kostbar wie Gold, ein wunderbares Material. Ein Geschenk des Vulkans, das wir uns nutzbar machen können«, erklärt sie.

»Wie kann man denn die Asche noch verwenden?«, frage ich. »Ich meine, für andere Menschen ist sie doch nur störend und lästig.«

Die Künstlerin lächelt: »Oh, man könnte hübsche Gläser damit füllen und sie als Souvenir an Touristen verkaufen, oder Tongefäße und viele andere Gegenstände mit der Asche verzieren – wer Phantasie hat, dem fallen unendliche Möglichkeiten ein.«

Von der Glaskünstlerin erfahre ich, dass es in Vík die älteste Wollfabrik Islands gibt. Guðrúns Erzählung macht mich so neugierig, dass ich beschließe, sie zu besichtigen. Von einer Empore im ersten Stock des Verkaufsladens schaue ich hinunter in den großen Saal, in dem Wolle auf alle erdenkliche Weise verarbeitet wird. Ich sehe Spinn- und Webmaschinen. Bunte Fäden werden auf Spulen gewickelt, Tücher gewebt, Pullover gestrickt. Frauen nähen Einzelteile zusammen, schieben Wolldecken durch die Dampfpresse, stellen Mützen, Socken, Schals, Handschuhe her. Víkurprjón ist der Name dieser Manufaktur. Þórir Kjartansson hat sie vor dreißig Jahren gegründet.

Er ist in einer Bauernfamilie aufgewachsen und musste schon als Kind viel arbeiten. »Die Schule kam zu kurz. Das meiste, was ich kann, habe ich mir selbst beigebracht, vor allem, wie man Maschinen zum Laufen bringt«, sagt Þórir stolz, der inzwischen Fabrikbesitzer geworden ist. Er arbeitete als Maschinist, reparierte Fahrzeuge, dann konnte er günstig Spinn- und Webmaschinen erwerben.

»Alles, was wir in den langen Wintermonaten produzieren, verkaufen wir in den zwei Sommermonaten in unserem eigenen Geschäft«, erzählt Þórir. »So haben wir keine zusätzlichen Liefer- und Exportkosten. Größer als wir jetzt sind, wollen wir gar nicht werden. Dennoch gehen wir mit der Zeit und haben junge Designer angestellt, damit sie neben unseren traditionellen Mustern modische entwerfen, die der Jugend gefallen.«

Neben seiner Arbeit ist Þórirs Leidenschaft die Fotografie. In Island ist er ein anerkannter Fotokünstler, hat Bildbände veröffentlicht und an Ausstellungen teilgenommen. Regelmäßig erscheinen seine Aufnahmen in Zeitschriften und Magazinen. Schon sein Urgroßvater, ein Bauer, war ein kreativer Mensch gewesen. Er hatte das Buch *Eldrit* über die Feuerberge Islands geschrieben. Der Urenkel hat das 130 Jahre alte Buch zu Ehren von Markús Loptsson wieder aufgelegt.

Wie sein Vorfahr ist Þórir auf Hjörleifshöfði geboren, einem Felsplateau, das wenige Kilometer östlich von Vík nahe am Meer liegt und ein historisch bedeutsamer Ort ist. Die Erinnerung an den ersten Siedler Hjörleif – der Felsen trägt seinen Namen – ist noch heute, nach über tausend Jahren, lebendig. Zusammen mit seinem Ziehbruder Ingólfur, der sich in Reykjavík niederließ, hatte Hjörleif Norwegen verlassen. Um sich den Neuanfang zu erleichtern, überfielen die Brüder nach Wikingerart die keltische Bevölkerung an den Küsten Irlands, die Gefangenen nahmen sie als Sklaven mit nach Island. Hjörleif verlangte harte Arbeit von seinen Untergebenen. Als sie sich statt der Ochsen vor den Pflug spannen mussten, ertrugen die Kelten die Demütigungen nicht länger, erschlugen ihren Herrn und flüchteten mit Hjörleifs Schiff zu einer Inselgruppe vor der Küste, die nach ihnen Westmännerinseln heißen. Aus Aberglauben hatte danach niemand den Mut, auf dem Felsplateau zu wohnen, wo Hjörleif ermordet worden war. Erst 1750 wagte es einer von Þórirs Vorfahren. Die letzten Bauern dort waren Þórirs Eltern. Vor einigen Jahren gaben sie den Farmbetrieb auf. Seitdem gehört der Felsen den Seevögeln, die in den Klippen nisten.

Mein nächster Gesprächspartner ist Reynir Ragnasson. Mit seinem Jeep fahren wir in die Berge, denn er will mir zeigen, wo er aufgewachsen ist.

Von einer Anhöhe blicken wir hinunter auf einen Sander, der noch viel gewaltiger ist als der Markarfljót-Sander.

»Die Natur ist beides – gefährlich und doch wunderschön.« Reynir zeigt hinab auf die Ebene. Diese von zahlreichen Gletscherflüssen gebildete Urlandschaft ist ein fast hundert Kilometer weites, wüstes Schwemmland, durch das sich glitzernde Wasseradern winden.

»Als im Jahr 1918 unsere Katla Feuer spuckte, gab es hier einen sturmflutartigen *jökulshlaup,* wie wir einen Gletscherlauf nennen. Mein Vater hat mir davon erzählt. Gigantische Eisblöcke und Felsbrocken wurden mitgerissen. Es muss ungeheuerlich gewesen sein«, erzählt Reynir.

»Seitdem gab es keinen Ausbruch mehr?«

»Katla verhält sich ruhig, dafür rührte sich der Vatnajökull, unser größter Gletscher. Unter seinem Eis schlummern gleich mehrere Vulkane. Der letzte Gletscherlauf war 1996 unterhalb des Vatnajökull. Eine gewaltige Flutwelle, vermischt mit tonnenschwerem Fels und Eis, wälzte sich herab und riss alles mit sich. Die Ringstraße wurde unpassierbar.«

Beim Blick auf eine sich bis zum Horizont ausdehnende Landschaft aus Sand, Geröll, Kies und Wasser kann ich mir kaum vorstellen, wie es möglich war, eine Straße durch den hundert Kilometer breiten Mýrdals- und Vatnajökuls-Sander zu bauen.

»Es hat ja auch lange gedauert, erst 1974 konnte die Ringstraße fertiggestellt werden. Doch immer wieder sind Reparaturen nötig, müssen weggerissene Brücken ersetzt werden«, erklärt Reynir.

»Und vorher? Wie hat man früher den Sander durchquert?«

»Es war fast unmöglich. Um nach Reykjavík zu gelangen, musste man erst nach Norden reisen oder den gefährlichen Weg zu Fuß oder mit Pferden wagen. Was dabei passieren konnte, darüber gibt es dramatische Geschichten.«

Wir fahren weiter hinein in das Hügelland unterhalb des Mýrdalsgletschers und halten wenig später auf einer Bergwiese. Fast nichts deutet darauf hin, dass einst Menschen hier wohnten.

Reynir weist auf ein paar von Gras überwucherte Fundamente. »Das war der Stall. Wir hatten ein paar Schafe, zwei Kühe und ein Pferd.« Vom Haus ist nichts geblieben, nur in Reynirs Erinnerung lebt es fort.

»Mein Vater hatte sich mit der Farm einen Traum verwirklicht. Er war Seemann, arbeitete auf einem Fischkutter, aber sein größter Wunsch war es, unabhängig zu sein, eigenes Land zu besitzen. Schließlich gelang es ihm 1943, diese Farm günstig zu kaufen. Sie war abgelegen, im Winter waren wir oft monatelang abgeschnitten. Das Farmhaus war anfangs fast eine Ruine ohne Wasser, ohne Elektrizität. Eine harte Umstellung für meine Mutter, die das Stadtleben in der Hauptstadt gewöhnt war. Als wir hierherzogen, war ich neun Jahre alt, meine vier Geschwister waren alle jünger. Zur Schule konnte ich nicht gehen, weil es weit und breit keine gab. Vík als Ort existierte damals noch nicht. Erst mit zwölf schickte mich meine Mutter zur Großmutter nach Reykjavík, wo ich wieder Unterricht bekam, damit etwas aus mir wird, wie sie sagte.«

Reynir erzählt mir eine Begebenheit aus seiner Kindheit: »Auf die Ferien zu Hause freute ich mich riesig. Es war schön, wieder bei den Eltern und Geschwistern zu sein. Unser Haus lag mit dem Blick aufs Meer, und im Rücken war die schneeweiße Katla. Ich durfte herumstreifen, musste aber auch kräftig mithelfen. Die Arbeit war anstrengend, vor allem die Heuernte, doch wir hatten viel Spaß, wenn zum Beispiel im Herbst die Schafe in den Bergen gesucht und heimgeholt wurden.« Reynir zeigt mir eine Höhle, in deren Wand er und sein Bruder ihre Initialen und die Jahreszahl 1948 eingeritzt haben. »Ich war vierzehn und mein Bruder zwölf Jahre alt. Wir hatten romantische Vorstellungen, wollten wie Robinson in der Wildnis leben, Fische fangen und Gänse jagen. Eine Woche haben wir ausgehalten, dann hat uns der Hunger heimgetrieben. Die Fische, die wir fingen, waren winzig, die größten nur einen Finger lang, und die Gänse hatten so niedliche Küken. Es tat uns leid, sie zu töten. Dennoch – es war eine wunderbare Erfahrung, mitten in der Natur zu sein und in einer Höhle zu übernachten.«

Eigentlich wollte Reynir Pilot werden, aber seine Eltern konnten die teure Ausbildung nicht bezahlen, so wurde er Polizist. Nach seiner Pensionierung hat er doch noch den Pilotenschein gemacht, fliegt mit Touristen über die Gletscherwelt und begleitet sie auf Ausflügen. In seiner Wohnung reichen die Bücherregale bis zur Decke.

»Das sind die Bücher meines Vaters, er hat sie mir vererbt.« Seinen Vater hatte ich mir als rauen Mann vorgestellt, mit schweren, verarbeiteten Händen, aber nicht als Bücherliebhaber.

»Vater hat sogar selbst welche geschrieben«, sagt Reynir und reicht mir ein Buch. Es ist eine Familienchronik. Wie gerne würde ich sie lesen, doch ich kann leider kein Isländisch. Was für ein Schatz an Erfahrungen, an Wissen und an vergangenen Leben muss hier zwischen zwei Buchdeckeln verborgen liegen. In fast jeder Bauernfamilie gibt es so eine Familienchronik. Es heißt, in Island schreibt jeder Zehnte in seinem Leben wenigstens ein Buch.

Reynir hat mich für den Abend zu einer Chorprobe eingeladen. Der Chor von Vík probt in einer kleinen Kirche. Sie steht allein in der Landschaft, ist nur von einem Friedhof umgeben, keine Siedlung weit und breit, nicht einmal ein Bauerngehöft. Das Altarbild zeigt Christus als Triumphator. Den Schild in der Hand schreitet er dahin, unter seinen Füßen krümmen sich die Feinde. Die Darstellung ist etwas unbeholfen und naiv, verfehlt aber nicht ihre Wirkung, denn während ich dem Chorgesang lausche, ertappe ich mich dabei, wie mein Blick immer wieder von dem siegreichen Jesus angezogen wird.

Ein Klavierspieler begleitet neun Frauen und drei Männer. Nur wenige sind blond, die meisten haben dunkle Haare, braune Augen und sind mittelgroß, entsprechen also überhaupt nicht dem skandinavischen Typ, wie ich ihn mir vorgestellt habe. Der Grund ist, dass die norwegischen Auswanderer keltische Dörfer in Irland und Schottland überfallen und deren dunkelhaarige Bewohner nach Island verschleppt haben. Meine Gastgeberin Kolbrún sagte mir, ihr Name sei keltischen Ursprungs und bedeute die Dunkle oder die Braune.

Der Chorleiter ist streng, immer wieder muss dieselbe Passage wiederholt werden. Die Sänger sind aber mit Eifer bei der Sache. Die Melodien haben Volksliedcharakter, andere erinnern mich an deutsche Kirchenlieder. Geprobt wird für einen kirchlichen Feiertag, wie ich von Pfarrer Haraldur Kristjánsson erfahre, der seit 25 Jahren die Gemeinde betreut. Eigentlich wollte er Medizin studieren, um den Menschen zu helfen, doch dann ließ er sich überzeugen, dass er das als Pfarrer am besten könne. Seine Entscheidung hat Haraldur nie bereut.

»Mein größter Wunsch war, eine Pfarrei in Reykjavík zu bekommen«, erzählt er. »Inzwischen bin ich sehr froh, dass das nicht geklappt hat. Die Vorsehung hat mich nach Vík geführt, und gerade eine kleine Gemeinde wie diese ermöglicht mir den nahen Kontakt zu den Menschen. Das ist mir wichtig. Meine größte Freude aber ist es, wenn ich zu einer Taufe gerufen werde. Stell dir vor, oftmals habe ich schon die Eltern als Säuglinge über das Taufbecken gehalten. Das berührt mich tief. Ich spüre deutlich den Strom des Lebens, der von einer Generation zur nächsten fließt.«

Noch immer wohne ich bei Kolbrún in ihrem Gästehaus. Nach den vielen Begegnungen und Gesprächen mit den Einwohnern von Vík nehme ich mir Zeit, die Umgebung zu erkunden. Mein Weg führt mich wie jeden Morgen zuerst hinunter an den Strand.

Was für ein Lärm! Ohrenbetäubend! Dabei wirken sie so feenartig, und auch der Name passt zu ihrem zarten Äußeren: *Sterna paradisea*. Das Gefieder blütenweiß, schmale Flügel, der lange Schwanz tief gegabelt. Graziös schweben die Küstenseeschwalben durch die Luft und – schreien. Wie kann ein anmutiger Vogel nur eine dermaßen hässliche Stimme haben? Krie-krieh! Kriiih! Kriiii! Deswegen heißt die Küstenseeschwalbe auf Isländisch auch Kría. Mit dem durchdringenden Geschrei verteidigen sie ihr Revier. Doch sie fliegen auch Attacken, starten von allen Seiten ihre Angriffe. Im Sturzflug stoßen sie herab, zielen mit dolchspitzen, blutroten Schnäbeln auf meinen Kopf, lassen mich an Hitchcocks Film »Vögel« denken. Es sieht allerdings gefährlicher aus, als es ist. Um sich zu schützen, braucht man nur einen Stock oder den Arm hochzuhalten, denn sie greifen die höchste Stelle an und stoßen meist nur zum Schein zu.

Kein Wunder, dass die Küstenseeschwalben so aufgebracht sind, schließlich bin ich in ihr Brutgebiet eingedrungen. Ich werde mich auch gleich zurückziehen, wollte nur sehen, ob es schon Gelege gibt. Die Seeschwalben bauen keine Nester. Ihre Eier, meist zwei, legen sie einfach auf den Boden in eine flache Mulde. Noch ist es nicht so weit, sie sind gerade erst angekommen und müssen um den

Partner werben. Die Vögel hatten einen weiten Weg von ihrem Überwinterungsgebiet in der Antarktis. Es ist kaum zu glauben, aber unter den Zugvögeln sind sie die Langstreckenflieger mit dem längsten Zugweg. Jedes Frühjahr machen sie sich auf den Weg vom südlichen Polarkreis zum nördlichen und im Herbst wieder zurück, umrunden also jedes Jahr streckenmäßig die Erdkugel. Die Anstrengung lohnt sich, denn kaum ein anderes Lebewesen kann so viel Licht tanken wie sie. Nie wird es für die Küstenseeschwalben Nacht und niemals Winter. Jedes Jahr kommen sie in die gleiche Gegend zurück.

In Vík ist aus ihrem angestammten Brutplatz ein Gewerbegebiet geworden. Lagerhallen wurden gebaut, Container und Maschinen stehen herum, Lastwagen fahren hin und her, doch die Vögel lassen sich nicht vertreiben. Hier haben sie seit Urzeiten gebrütet, als die Küste noch frei und ohne Menschen war, und sie werden es weiterhin tun.

Kaum habe ich ihre unsichtbare Reviergrenze erreicht, lassen sie von mir ab. Mit dem Fernglas beobachte ich sie weiter. Männliche und weibliche Vögel sind äußerlich nicht zu unterscheiden, aber wenn eine Küstenseeschwalbe im Schnabel Fische trägt, dann ist es gewiss ein Männchen. Mit den Fischen wirbt es um eine Partnerin. Je mehr Fische, umso williger ist sie zur Paarung bereit. Mit etwa vier Jahren sind Küstenseeschwalben fortpflanzungsreif. Durch Beringung hat man festgestellt, dass sie dreißig Jahre alt werden können.

Es sieht lustig aus. Manche Männchen haben gleich vier, fünf, sogar sechs Fische im Schnabel, die rechts und links herabhängen. Aufgeregt flattert der Vogel mit seiner Last in der Luft, landet neben seiner Angebeteten, hält ihr erwartungsvoll das Brautgeschenk entgegen, doch sie – dreht den Kopf weg. Es sind ihr zu wenige Fische. Die Anzahl der Fische sind für sie ein Maßstab, ob er später, wenn die Jungen geschlüpft sind, sich eifrig an deren Fütterung beteiligen wird.

Bei den schwarzen Klippen am Berg Reynisfjall beobachte ich eine weitere Vogelkolonie: Es sind Eissturmvögel. Auf schmalen Simsen und Vorsprüngen der Basaltsäulen brüten die möwenartigen Vögel. Sturmvögel gehören trotz ihrer Ähnlichkeit nicht zur Möwenfamilie, sie stehen den Albatrossen näher. Mit dem Fernglas erkenne ich sie sofort an ihrem Schnabel, dem oben eine Verdickung aufsitzt; deswegen zählen Biologen sie zu den »Röhrennasen«. Auch im Flug unterscheiden sie sich deutlich von Möwen. Sie können nicht elegant wie diese Kurven fliegen, keine schnellen Wendungen und Flugmanöver vollführen. Ihre Flügel sind nicht nach hinten gebogen, sondern gehen gerade vom Körper weg. So sehen ihre Flügelschläge unbeholfen und flatterhaft aus. Wenn auch steif und schwerfällig, sind sie doch Meister im Gleitflug. Diese Kunstfertigkeit haben sie nötig, denn sie verbringen die meiste Zeit ihres Lebens fliegend über dem Meer. Nur zur Brutzeit kommen sie an Land.

Ich stehe unter einem senkrecht aufragenden Basaltfelsen, an dem sich die Meeresbrandung bricht. Im Unterschied zu den Küstenseeschwalben beachten mich die Sturmvögel nicht. Sie fühlen sich sicher. Niemand kann sie dort oben erreichen, nur untereinander stören sie sich. Ständig müssen sie ihren Platz verteidigen, öffnen drohend den Schnabel, hacken auf den anderen ein. Die Luft ist erfüllt von rauem Gackern, ein extrem lautes Geräusch, das auf- und abschwillt. Auf einigen Simsen kann ich ein längliches, weiß schimmerndes Ei erkennen. Sturmvögel legen jeweils nur ein Ei. Es dauert acht Wochen, bis es ausgebrütet ist. Noch einmal so lange muss das Küken gefüttert werden, bis es endlich für sich selbst sorgen kann. Sieben, manchmal sogar zwölf Jahre streifen die Jungvögel über den Meeren umher, bis sie als geschlechtsreife Eissturmvögel zu dem Ort zurückkehren, wo sie selbst aus dem Ei gekrochen sind. Erstaunlich, diese Vögel!

Bei ihrem ersten Flugversuch landen die Jungvögel auf dem Boden, denn sie sind ungeheuer fett und zu schwer zum Fliegen. Platsch, liegen sie da – und warten, dass sie an Gewicht verlieren. Polarfüchse, Katzen und Hunde würden sich gern auf die fette Beute stürzen, aber Eissturmvögel wissen sich zu verteidigen. Im Magen produzieren sie ein übel riechendes Öl und speien es dem Angreifer entgegen. Es stinkt entsetzlich.

Menschen, die an den Jungvögeln ebenso interessiert sind, lassen sich davon nicht abschrecken. Früher war es für sie eine Frage des Überlebens, genug Nahrung für den Winter zu sammeln. Deshalb wurden Jungvögel aus den Klippen geholt, getötet, gerupft und mit Salz in Fässer geschichtet. Diese Spezialität wird noch heute hin und wieder verspeist, vielleicht weniger, weil es gut schmeckt, sondern, um die Traditionen lebendig zu halten.

»Unbedingt musst du das Museum in Skógar besuchen«, meint Kolbrún. »Mit dem Bus nur zwanzig Minuten von hier entfernt. Dort fragst du nach Þórður Tómasson. Er wird dir viel erzählen können.«

Þórður war erst vierzehn Jahre alt, als er begann, alte Dinge zu sammeln, jetzt zählt er neunzig Jahre und füllt mit seinen Schätzen ein Museum. Ich treffe Þórður in einer Gegend, die am schlimmsten vom Aschefall betroffen ist. Als ich dort ankomme, führt einer der berühmten Wasserfälle Islands, der Skógafoss, noch immer dunkelgraues Wasser. Die jetzt im Frühling sonst saftigen Wiesen sind schwarz. Aber schon sprießen grüne Hälmchen hervor.

»Die Asche ist der beste Dünger. In ein, zwei Jahren werden die Weiden grün sein wie nie zuvor«, sagt Þórður. »Ohne Vulkane gäbe es Island nicht. Sie schaffen immer wieder neues Land. So hat sich die Küstenlinie im Laufe der Jahrhunderte weit ins Meer vorgeschoben. Wo jetzt der Skógafoss über die Klippe herabstürzt, war früher das Meer. Auch der jetzige Ausbruch hat mit Schlamm und Geröll die Küste vierzig Meter in den Atlantik hineingedrängt. Doch das Meer beginnt bereits, einen Teil wieder abzutragen. Es ist ein ständiger Kampf zwischen Meer und Land.«

Þórður, im Jahr 1921 geboren, wuchs in einer vergangenen Zeit auf, fast wie im Mittelalter, meint er. Sein Vater war Farmer, Fischer, Schmied, man war Selbstversorger damals, musste alles können, selbst herstellen, was man zum Leben brauchte. Auch die Mutter spann, webte und nähte, denn gekauft wurde so gut wie nichts. Am stärksten geprägt wurde der Junge von einer alten Frau, einer Großtante, die ihm Sagas und Geschichten erzählte und ihm die Liebe zu den Traditionen des Landes einpflanzte.

Þórður, der später Lehrer wurde, hörte nie auf, historische Gegenstände zu sammeln und die Erzählungen der Leute aufzuschreiben.

»Es war wie ein Auftrag. Eine innere Stimme befahl es mir, ich konnte gar nicht anders«, berichtet er. »Um das Jahr 1950 herum begann sich das Leben in Island abrupt zu verändern. Altes wurde wertlos, nur noch Neues galt etwas. Hätte ich nicht so früh mit dem Sammeln begonnen, wäre jetzt vieles für immer verloren. Bald reichte der Platz nicht mehr aus, und so musste ich die Sachen in einem unbenutzten Klassenzimmer stapeln. Später baute ich ein Haus extra für die Sammlung.«

Doch dabei beließ es Þórður nicht, er kaufte alte abbruchreife Häuser und ließ sie in Skógar wieder aufbauen. So entstand ein kleiner Ort mit Kirche, Wohn- und Lagerhäusern, Ställen, sogar eine Schule ist dabei. Die Sammlung selber ist in einem mehrstöckigen Museumsgebäude sorgfältig und übersichtlich ausgestellt. Einer der Räume ist mit Spinnrädern gefüllt, die es in Island erst ab dem 18. Jahrhundert gab; vorher hatte man die Wolle mit einer Spindel zu Fäden gedreht. Aus Treibholz wurden Truhen, Stühle, Hocker,

Schränke getischlert. Die Möbel zeugen nicht nur von großer handwerklicher Fertigkeit, sie beweisen auch den Schönheitssinn ihrer Hersteller. Mit viel Geschmack hat man die Dinge des täglichen Gebrauchs mit Ornamenten versehen und kunstvoll verziert.

In einem anderen Raum fällt mir ein gewebter Wandteppich auf. Detailgetreu zeigt er Hallgerður und Gunnar aus der Njáls-Saga. Gunnar ist als stattlicher Mann mit blonden Locken dargestellt, Hallgerður mit hüftlangen Zöpfen und einem Lächeln, das man als falsch deuten könnte. Bei den Isländern ist Gunnars Frau nicht sonderlich beliebt, deshalb hat die Teppichkünstlerin ihr diesen berechnenden Blick gegeben.

Auf originelle Weise, mit einer luftgefüllten Schafsblase, ließ sich das Wetter vorhersagen. Bei schlechtem Wetter, also wenn der Luftdruck sinkt, blähte sie sich auf. Besserte sich bei hohem Luftdruck das Wetter, schrumpfte die Blase.

Beliebtes Spielzeug der Kinder waren Schafsknochen. Damit konnte ein Bauernhof mit Pferden, Kühen, Schafen, Hunden, Katzen, Ställen, Zäunen und Häusern aufgebaut werden. Die Knochen wurden nicht bearbeitet, allein an ihrer unterschiedlichen Größe und ihren verschiedenen Formen kann man erkennen, welche Tierart und welchen Teil eines Bauernhofes sie darstellen sollen.

Nach dem Rundgang durch sein Museum setzt sich Þórður ans Klavier, spielt und singt alte Volksweisen. Trotz des hohen Alters ist seine Stimme kräftig und wohlklingend. Das Musizieren auf verschiedenen Instrumenten, auch auf einem Harmonium, das er gern spielt, wenn Gäste da sind, hat er sich selbst beigebracht. Zum Abschied gibt er mir einen denkwürdigen Satz mit auf den Weg: »Die Vergangenheit legt eine Spur, die die Phantasie inspiriert. Ohne die Vergangenheit wüssten wir nicht, wer wir sind.«

In der Nacht hat es geregnet. Nebel füllt das Tal. Als ich Kolbrúns Gästehaus für einen Spaziergang verlasse, singt im tropfnassen Geäst eine Rotdrossel. Am Strand höre ich das Donnern der Brandung und werde von der Gischt nass gespritzt. Die Wellen bleiben im Nebel verborgen. Auf schmalem Pfad steige ich den Hang des Reynisfjall hinauf. Weiter oben lichtet sich der Dunst, und auf dem Gipfel leuchtet die Sonne am blauen Himmel. Ich wandere über eine kahle, windzerzauste Fläche, winzige Polsterpflanzen ducken sich zwischen Felsgestein.

Der Nebel hat sich inzwischen auch unten im Tal aufgelöst, und nun bietet sich mir ein grandioser Ausblick mit bizarrer Szenerie. Von der Brandung umspült ragen hohe Felsnadeln aus dem Meer, der Sage nach sind es versteinerte Trolle. Weit schwingt sich der schwarze Sandstrand. Weißer Schaum und blaue Wellen spielen auf der einen Seite, auf der anderen zieht sich ein grüner Streifen Vegetation dahin. So weit ich blicken kann, ist der Strand naturbelassen und durch keine Bauten verunziert. Ein Hafen kann nicht gebaut werden, denn die Gletscherflüsse schwemmen zu viel Material ins Meer. Untiefen sind entstanden, an denen schon manches Schiff gestrandet ist. Westlich von mir liegt das Kap Dyrhólaey, der südlichste Punkt des isländischen Festlandes. Die starke Brandung hat ein riesiges Loch aus dem Felsen geschlagen. Das Felsentor ist groß genug, dass Boote hindurchfahren können – eine besondere Attraktion für Touristen. Im Norden blicke ich in das Bergland mit dem noch immer schwarzen Mýrdalsgletscher, unter dem der Vulkan Katla schlummert.

Kolbrún hat eine besondere Beziehung zu diesem Vulkan. Denn Katla war eine Frau, die einst in einem Kloster als Köchin arbeitete. Es wird erzählt, sie sei zauberkundig gewesen und habe eine Hose besessen, mit der sie in Windeseile an jeden beliebigen Ort gelangen konnte. Eines Tages entwendete der Hirte Barði, der entlaufene Schafe heimholen wollte, Katlas Hose. Darüber erbost, soll sie Barði in einem Fass Molke ertränkt haben. Die Molke wurde früher zum Kochen, Konservieren und als Getränk verwendet. Erst Monate später wurde die Tat entdeckt, als die Molke fast aufgebraucht war und der Leichnam im Fass sichtbar wurde. Katla zog flugs ihre Hose an, rannte hinauf zum Vulkan und sprang in seinen Krater.

»Völlig unlogisch«, meint Kolbrún. »Mit ihrer tollen Hose hätte sie an einen sicheren Ort fliehen können. Nie und nimmer ist sie freiwillig in den Krater gesprungen.«

Kolbrún ist überzeugt, dass die Geschichte ganz anders abgelaufen ist, und plant ein Theaterstück, um endlich die Wahrheit ans Tageslicht zu bringen. Ich kann mir gut vorstellen, dass Kolbrún dabei selbst die Hauptrolle spielen wird. Den Anfang hat sie schon fertig. Die alte Sage soll von einer Männergruppe vorgetragen werden. Mit Donner, Blitz und Feuer springt Katla dann aus dem Dunkel hervor ins Licht der Bühne und ruft: »Nun endlich ist die Zeit gekommen, euch zu sagen, wie es wirklich war.«

Kolbrún erzählt mir ihre Variante der Geschichte: Der Abt des Klosters hatte es auf die hübsche Katla abgesehen, doch sie verlachte ihn nur. Lange schon liebte sie Barði, den Schäfer. Der Abt, voll Eifersucht und Bosheit, tötete den Jungen und steckte den Leichnam ins Molkefass. Barði blieb verschwunden, bis das Frühjahr kam. Als die Molke fast aufgebraucht war, entdeckte Katla eines Tages den toten Barði. Der Abt verstand es, den Mord Katla anzulasten, schließlich war sie es, die Köchin, in deren Obhut sich das Fass befand. Wer glaubt schon einer Frau, wenn sie von einer hochgestellten Person, wie es ein Abt ist, beschuldigt wird? Katla wurde zum Tode verurteilt, zum Vulkan geschleppt und in den Krater gestoßen.

Besuch auf einer Farm

Merlinfalken, kleiner als unsere Turmfalken, kreisen um den pyramidenförmigen Felsgipfel des 634 Meter hohen Akrafjall. Die Berge Islands, die sich aus der flachen Küste auf Meereshöhe erheben, wirken ungleich höher, als sie tatsächlich sind, und auch die karge Vegetation erinnert an tausend Meter höhere Gipfel. Es ist eine Landschaft wie im Hochgebirge mit Steinen, zwischen denen die pink blühenden Polster des Leimkrautes leuchten. Außer den Merlinfalken beleben Wiesenpieper den kahlen Berg. Unermüdlich starten sie ihre Schauflüge. Gleich einer Lerche steigen sie in die Luft, fächern ihre Schwanzfedern auf, spreizen die Flügel und schweben als leichte Federkugeln, aus denen die Füßchen herausschauen, zur Erde zurück. Dabei ertönt ihr zwitschernder Gesang. Ein eindrucksvoller Balzflug, der jedenfalls auf mich seine Wirkung nicht verfehlt. Jedes Mal bleibe ich bewundernd stehen, ein guter Grund, um beim Aufstieg Atem zu schöpfen.

Mit dem Bus bin ich von Vík zurück zur Hauptstadt gefahren und von dort auf der Ringstraße weiter nach Nordwesten zum Hafenort Akranes. Für mich unerwartet verschwand der Bus plötzlich in einem Tunnel unter dem Hvalfjördur, dem Walfjord. Die Strecke nach Akranes ist durch den Tunnel sechzig Kilometer kürzer, für die Bevölkerung eine erwünschte Verbesserung. Ich aber bin enttäuscht und wäre gern auf der alten Straße mit ihren landschaftlichen Schönheiten entlang des Fjords gefahren.

Sandra, die aus Deutschland stammt und seit Jahren in Island lebt, hat mich eingeladen. Sie ist Mitglied beim deutschen Verein der

Globetrotter. In der Vereinszeitschrift war ihre Mail-Adresse abgedruckt mit dem Hinweis, sie würde sich jederzeit über Besucher freuen. Als ich sie anrief, schlug sie vor, mit mir zu einer Farmerfamilie zu fahren, dort würden gerade die Lämmer zur Welt kommen. Sandra, eine junge, sportlich wirkende Frau, wohnt in einem hundert Jahre alten Holzhaus, das sie günstig mieten konnte. In ihrem schmalen Gesicht fallen mir zuerst die Augen auf, die in einem seltenen Blaugrün leuchten. Wir begrüßen uns nur kurz, Sandra muss zum Schichtdienst, hat erst am nächsten Tag frei. Ich bin entsetzt, als ich höre, dass sie in einem der berüchtigten Aluminiumwerke arbeitet, die in Island sehr umstritten sind.

Während Sandra zur Arbeit fährt, nutze ich die freie Zeit, um auf den Akrafjall zu steigen. Sein markanter Gipfel hatte mich während der Busfahrt schon gelockt. Oben bläst ein kräftiger Wind und zerzaust meine Haare. Nach Osten blicke ich weit in die karge Bergwelt hinein, in die anderen Richtungen dehnt sich der Atlantik. Die Siedlung an der äußersten Westspitze der Akranes-Halbinsel erscheint mir wie eine wild wuchernde Ansammlung von Häusern. Früher wurde hier Ackerbau betrieben, unter anderem Getreide angebaut. Darauf deutet auch der Name hin, denn Akranes kann mit Ackerlandzunge übersetzt werden. Im 15. Jahrhundert, als sich das Klima abrupt verschlechterte – man spricht von der kleinen Eiszeit –, musste der Feldanbau eingestellt werden, und die Bewohner zogen fort. Im 17. Jahrhundert gab es erneut eine Ansiedlung, diesmal waren es Fischer, die in winzigen Katen ihr Dasein fristeten. Erst nach 1945 setzte ein regelrechter Bauboom ein, und in kürzester Zeit stieg die Einwohnerzahl von einer Handvoll Menschen auf nahezu 7000 Einwohner.

Ursache für den Bevölkerungszuwachs sind die Industriewerke. Da ist zum einen das Zementwerk; es verarbeitet muschelhaltigen

Sand aus der Bucht Faxaflói. Für die Lebewesen im Meer eine Katastrophe, für die isländische Wirtschaft jedoch ein Segen. Ohne dieses Zementwerk wäre Island wirtschaftlich nicht so erstarkt. Nahezu alle Bauvorhaben wurden und werden mit dem hier hergestellten Zement verwirklicht. Teuren Baustoff zu importieren, dazu wäre Island nicht in der Lage gewesen. Außerdem gibt es ein Eisen-Siliziumwerk. Das Ferrosilizium wird für die Stahlproduktion benötigt und ausschließlich in Stahl produzierende Länder exportiert. Ein Fischereihafen mit Fischverarbeitung und Lagerhallen gab vielen Leuten Arbeit, musste allerdings wegen Verringerung europäischer Fangquoten die Hälfte der Belegschaft wieder entlassen.

Ein weiterer Arbeitgeber ist das Aluminiumwerk. Nach Sandras Auskunft werden dort aber nur vierzig Personen beschäftigt. Den Rohstoff, das Bauxit, besitzt Island nicht. Er kommt aus Australien oder, wie Sandra meint, aus Brasilien. Wegen der in Island konkurrenzlos günstigen Energiepreise lohnt sich der weite Anfahrtsweg, denn die Aluminiumschmelze ist äußerst energieintensiv. Den Hauptgewinn machen allerdings die Zuliefer- und Exportfirmen und die weiterverarbeitende ausländische Industrie. Der isländische Staat bekommt für seine billig zur Verfügung gestellte Energie vergleichsweise wenig, nur fünfzehn Prozent der Deviseneinnahmen entfallen auf die Aluminiumschmelzwerke. Doch es ist ein Geschäft, das die isländische Regierung in Zukunft intensivieren will.

Mit einem letzten Blick auf den unharmonischen Häuserbau des Ortes steige ich wieder hinab und habe noch Zeit, das Heimatmuseum zu besuchen, dessen Schwerpunkt auf der Seefahrtsgeschichte liegt. In der Nähe des Museumsgeländes erregt der »irische Stein« meine Aufmerksamkeit. Die irische Regierung hat ihn den Isländern zur 1100-Jahrfeier geschenkt. Ich kann mir nicht recht vorstellen, dass das Geschenk bei den Isländern große Freude ausgelöst hat, denn auf dem Stein wird in gälischer, wie auch in isländischer Sprache der christlichen Iren, der *papen,* gedacht, die noch vor den heidnischen Wikingern im 8. Jahrhundert nach Island kamen. Eine Tatsache, die selten Erwähnung findet. An der Küste, wo heute Akranes liegt, lebten zwei dieser Mönche, die in der Abgeschiedenheit Gottes Nähe suchten und für ihre Gebete eine Kirche bauten. Was aus den Iren wurde, als die norwegischen Siedler ins Land kamen, ist nicht überliefert. Vielleicht gelang ihnen die Flucht in ihren winzigen, kaum seetüchtigen Lederbooten, den *currachs,* oder sie sind bei Auseinandersetzungen mit den Eindringlingen, die in der Überzahl und bewaffnet waren, umgekommen.

Sandra freut sich auf den Besuch bei ihrer Farmerfamilie und erzählt mir: »Sie haben mich damals, als ich vor fünf Jahren nach Island kam, wie eine Tochter aufgenommen.« Sandra arbeitete bei ihnen als Volontärin, half im Stall und im Haus, besonders die isländischen Pferde hatten es ihr angetan. Schwierig war es, die Sprache zu lernen. Mit ihr sprach man Englisch, untereinander unterhielt man sich natürlich in der eigenen Sprache. Sandra bekam oft nicht mit, wenn ein Arbeitseinsatz besprochen wurde und fiel dann aus allen Wolken, wenn die anderen sich reisefertig machten, um Schafe oder Pferde ins Hochland zu treiben.

»Es hat ein Jahr gedauert, bis ich mich getraut habe, überhaupt etwas zu sagen.« Jetzt spricht Sandra perfekt isländisch, dabei hat sie keinerlei Unterricht genommen.

Mit ihrem Auto fahren wir an der Nordküste der Akranes-Halbinsel entlang Richtung Borganes am Borgarfjord, wo wir nach Osten in das einsam in den Bergen gelegene Grimsá-Tal abbiegen.

»Sandra, du bist doch vor allem wegen der Pferde nach Island gekommen, warum hast du dann die Farm verlassen?«, frage ich.

»Es gab keine Trennung zwischen Freizeit und Arbeit. Ich wollte auch mal Zeit für mich haben«, gesteht Sandra.

»Trotzdem – die Arbeit in dem Alu-Werk ist doch keine Alternative!«

»Ich höre dort sofort auf, sobald sich etwas anderes ergibt. Doch ich fürchte, wenn ich eine bessere Arbeit will, muss ich weggehen, und dazu bin ich noch nicht bereit. Island ist meine zweite Heimat geworden.«

»Warum hast du in dem Werk überhaupt angefangen?«

»Es gab nichts anderes, wirklich nicht. Meine Geldreserven waren aufgebraucht, und ich war mit der Miete im Rückstand. Da habe ich halt zugegriffen, dachte, es sei nur für kurze Zeit. Jetzt arbeite ich schon zwei Jahre im Alu-Werk. Nach dem ersten Jahr bekam ich Asthma. Das ist normal, das bekommen in der Firma alle. Wir benutzen einen Spray, so geht es einigermaßen.«

»Was musst du dort eigentlich machen?«

»Fast alles läuft automatisch. Menschen braucht man nur, um die Elektroden in den Wannen auszuwechseln. Dazu muss man die Anlage kurz ausschalten, die Wanne mit den verbrauchten Elektroden wegziehen und eine neue Wanne einhängen.«

Noch während ich in Island bin, erreicht mich eine Mail von Sandra. Sie hat den Absprung geschafft und in Norwegen eine Anstellung auf einer Pferdefarm gefunden.

Bei strahlendem Sonnenschein waren Sandra und ich losgefahren, unterwegs beginnt es zu regnen. Als wir das Bauernhaus erreichen, bricht gerade wieder die Sonne durch die Wolken. Hohe Laubbäume beschatten das Wohngebäude, in dessen Nähe Stallungen für Pferde und Schafe liegen. Ansonsten ist die Gegend baumlos. So weit ich blicken kann, sehe ich Weideland, andere Farmen sind nicht in der

Nähe. Von außen wirkt das einstöckige, niedrige Bauernhaus mit seinem weit heruntergezogenen, roten Dach und der umgebenden Mauer aus Natursteinen bescheiden und einfach. Innen aber ist es modern gestaltet. Eine ganze Seite nimmt die Fensterfront ein, viel Licht fällt in den großen Gemeinschaftsraum, wo am langen Tisch die Mahlzeiten eingenommen und Gäste bewirtet werden. Im selben Raum befindet sich eine gemütliche Sesselecke. Ein Bücherregal nimmt eine Wandbreite ein und reicht vom Boden bis zur Decke.

In Island ist es üblich, beim Eintreten die Schuhe auszuziehen, nicht nur in Privatwohnungen, oft auch in öffentlichen Einrichtungen. Sofort spüre ich, wie meine Fußsohlen warm werden.

»Wir haben Fußbodenheizung«, lächelt Guðbjörg, genannt Gugga, als sie meinen überraschten Gesichtsausdruck bemerkt.

Sigurður, ihr Mann, den alle Oddur nennen – in Island ist die Verwendung von Spitznamen gebräuchlich –, nimmt mich mit zu den Ställen. Auf einer eingezäunten Weide sehe ich viele Schafe, braune, schwarze, graue, vor allem aber weiße. Zwischen den Alttieren springen niedliche wollige Lämmer umher. Die Wiesen sind grün, hier im Westen ist keine Asche niedergegangen.

»Heute Nacht hatten wir die letzte Geburt«, sagt Oddur. Er klingt müde und stolz zugleich. »Zwölf Tage habe ich fast nicht geschlafen. Es ist die anstrengendste, aber auch schönste Zeit im Jahr. Bei Geburten gibt es häufig Probleme, dann müssen wir den Muttertieren helfen. Besonders die Erstgebärenden brauchen Hilfe. Auf vieles muss geachtet werden: Die Vorderfüße des Lammes müssen als Erstes durch den Geburtskanal. Danach müssen wir die Mutter festhalten, damit sie das Neugeborene ableckt und so seinen Geruch kennenlernt. Manchmal ist sie verwirrt und lässt das Junge einfach liegen. Es kann auch vorkommen, dass sich die Nabelschnur um den Hals des Lammes legt. Wir müssen also bei jeder Geburt dabei sein.«

Die Lämmer tollen herum, springen in die Höhe, jagen sich gegenseitig, flitzen aber immer wieder zur Mutter. Wenn sie diese nicht gleich entdecken, blöken sie verzweifelt, beruhigen sich aber sofort, wenn sie ihre Antwort hören. Ich staune, wie vielfältig die Laute sind. Jedes Schaf hat seine eigene Tonlage. Will das Junge trinken, überzeugt sich die Mutter schnuppernd, ob es auch wirklich das eigene ist. Es sieht brutal aus, wenn das Kleine mit aller Kraft seinen Kopf gegen das Euter rammt, damit die Milch fließt. Doch die Mutter lässt die Stöße ruhig über sich ergehen. Beim Saugen dreht sich das Schwänzchen des Lammes wie ein Propeller rasend schnell. Es scheint ein Reflex zu sein, denn alle Lämmer zeigen dieses Phänomen. Jede Mutter hat Zwillinge, einige wenige haben sogar drei Lämmer geboren.

»Unser Zuchtziel sind zwei Junge«, sagt Oddur. »Wer nur ein Lamm zur Welt bringt, wird aussortiert. Mit guten Mutterschafen züchten wir zehn bis zwölf Jahre.«

Oddur und Gugga besitzen 200 Schafe, mehr dürfen sie nicht halten. Um die Überproduktion zu senken, hat der isländische Staat eine Quote eingeführt, an die sich jeder halten muss. Sie richtet sich nach dem Landbesitz und danach, wie hoch der Bestand bei Einführung der Quote war. Die isländischen Schafe, von denen es verschiedene Rassen gibt, stammen überwiegend von Tieren ab, die im 9. Jahrhundert von den Siedlern mitgebracht wurden. Es war das norwegische Hausschaf; der wilde Vorfahr ist das Mufflon, eine robuste, anpassungsfähige und genügsame Spezies, bei der auch die Weibchen geschwungene Hörner tragen. Um den Ertrag an Fleisch und Wolle zu steigern, wurden später andere Rassen eingekreuzt. Das war ein schlimmer Fehler, denn mit den eingeführten Tieren schleppte man auch Krankheiten ins Land, die es vorher nicht gab. Seitdem brechen immer wieder Seuchen aus und vernichten ganze Schafherden.

Am Computer zeigt mir Oddur, wie modern Tierzucht in Island gehandhabt wird. Für jedes Individuum hat er einen Steckbrief angelegt und einen perfekten Zuchtplan ausgetüftelt. Gezüchtet wird bei Schafen nach drei Richtlinien. Das Tier muss fruchtbar sein, das heißt, immer Zwillinge zur Welt bringen. Beim Schlachten soll die Menge an Fleisch im Verhältnis zum Fett entsprechend höher sein. Zudem soll das Tier einen guten Charakter haben, gutmütig und auf keinen Fall aggressiv sein. Die Menge und Qualität der Wolle ist nicht so wichtig; die Preise auf dem Weltmarkt sind zu niedrig, und der isländische Bedarf ist schnell gedeckt. Dabei hat das isländische Schaf eine besondere Wolle, denn das Fell hat zwei Schichten. Das Unterhaar besteht aus weicher Wolle mit kurzen, feinen Fasern, während das Oberhaar gröber und wasserabweisend ist. Deshalb kann man isländische Pullover im Regen tragen, ohne nass zu werden.

Zunächst bleiben die Lämmer mit ihren Müttern auf den umfriedeten Hauswiesen, später werden sie auf die Bergweiden getrieben und sind sich bis zum Herbst selbst überlassen. Anfang September, bevor der erste Frost kommt, reiten die Farmer mit ihren Pferden und Hunden ins Gebirge und treiben die Herden ins Tal zurück. An Hand der Ohrmarken werden sie aussortiert und ihrem Besitzer zugeordnet. Anschließend wird kräftig gefeiert mit Tanz und Gesang, denn Isländer singen gern. Das Fest, *réttir* genannt, möchte ich unbedingt miterleben.

Zum Abendessen sitzt die Großfamilie in der Stube am langen Tisch. Außer Sandra, mir selbst und dem Farmerpaar sind da noch Oddurs Vater und Guggas Mutter, dazu zwei Volontärinnen aus Schweden und der jüngste Sohn mit seiner Frau, einer Chinesin aus Hongkong. Ich bin einigermaßen überrascht, auf einem abgelegenen Bergbauernhof diese exotische Heiratskombination anzutreffen.

»Unser Sohn hat in Hongkong studiert«, erklärt die Mutter. »Da haben sich die beiden kennengelernt.«

Die junge Chinesin ist ein zierliches, zartes Mädchen, das seit fünf Monaten auf der Farm lebt. Es gefalle ihr in Island, und Heimweh habe sie überhaupt keines, nur der Winter sei ein wenig lang gewesen, aber nun freue sie sich auf den Sommer, erklärt sie mir.

Das Gespräch am Tisch dreht sich um Pferde. Die Familie besitzt neunzig Tiere, mit denen sie auch für den Export züchten. Islandpferde sind weltweit begehrt. Gerade haben sie durch den Anruf eines Nachbarn erfahren, dass eine neue Pferdekrankheit eingeschleppt worden sei. Wie konnte das passieren? Pferde, die Island verlassen, und sei es nur für einen Wettkampf, dürfen nie mehr zurückkehren. So will man den Bestand vor Krankheiten schützen. Jeder, der aus dem Ausland seine eigene Reitausrüstung mitbringt, Sattel, Stiefel, Reithose, Kappe, muss diese desinfizieren lassen und ein beglaubigtes Schriftstück vorweisen. Vermutlich hat sich nicht jeder an die Bestimmungen gehalten.

Gugga und Oddur hoffen, dass die Seuche gleich zu Beginn noch gestoppt werden kann, aber ihre Hoffnung erfüllt sich nicht. Während meiner Reise breitet sie sich über das Land aus. Wenn ich bei Farmern zu Gast bin, ist diese Krankheit, die sie Influenza nennen, ein wichtiges Gesprächsthema. Die kranken Tiere stehen kraftlos und müde herum, husten, und gelber Rotz läuft aus den Nüstern. Über Wochen und Monate ergreift die Influenza eine Herde nach der anderen, obwohl man die Pferde voneinander isoliert hat.

In den Westfjorden auf der Suche nach Papageitauchern

Sandra fährt mich zurück zur Küste in den Ort Borganes, wo ich den Bus nehme und entlang der Westfjorde weiter nach Norden fahre. Mein Ziel ist das Felsenkliff Látrabjarg, wo es besonders viele Papageitaucher geben soll.

Wie eine Tatze ragen die Westfjorde, an denen auch Látrabjarg liegt, in den Atlantik, nur durch eine schmale Landbrücke mit dem übrigen Festland verbunden. Keine lang gestreckte Küste wie die Fjorde Norwegens, stattdessen eine im Grundriss runde, reich zergliederte, große Halbinsel. Die Westfjorde sind der älteste Teil Islands. Geologen haben sechzehn Millionen Jahre altes Gestein gefunden, wobei fünfzig Lavaschichten übereinanderliegen. Inzwischen sind die Vulkane erkaltet, und kein Ausbruch ist mehr zu befürchten. Die tatzenartige Form, mit ihren vielen Fingern ist während der Eiszeit entstanden. Ehemalige Flusstäler wurden von Gletschern ausgefüllt, vom Eis tiefer und tiefer geschliffen und zu Trogtälern erweitert. Als die Gletscher abtauten, füllten sich die Einschnitte mit Meerwasser. So entstand eine zergliederte Fjordlandschaft. Kaum zu zählen die Buchten, manche sind viele Kilometer lang, einige nur kurz und schmal, andere breit, spitz oder gerundet. Aus dem schmalen Küstenstreifen ragen die Berge senkrecht in die Höhe, oben sind sie zu einem Plateau eingeebnet, auch dies eine Folge der Eiszeit. Die Gegend war schwierig zu besiedeln. Nicht nur weil wenig Raum zwischen Meer und Steilfelsen zum Häuserbau blieb, sondern auch, weil das Klima das härteste von ganz Island ist. Die Sommer sind kalt und regnerisch, die Winter eisig und stürmisch. Mitunter verschütten Lawinen und Erdrutsche die Häuser, so geschehen 1995 in Súðavík bei Ísafjörður, wo vierzehn Menschen umkamen.

Und dennoch sind die Westfjorde uraltes Siedlungsgebiet. Noch bevor sich Ingólfur und Hjörleifur mit ihren Familien und Gefolgsleuten dauerhaft in Island niederließen, lebte im Jahr 865 der Norweger Flóki Vilgerðarson mit seinen Leuten an den Westfjorden. Flóki glaubte an die Weissagungskraft der Raben, sind sie doch die Vögel des Göttervaters Odin. Drei Raben hatte er aus Norwegen mitgebracht und ließ sie vor der Küste frei, damit sie ihm den rechten Weg weisen sollten. Der erste Rabe kehrte nach wenigen Metern um. Der zweite stieg hoch in die Luft und kam dann zum Schiff zurück. Der dritte endlich flog davon und zeigte ihm die Richtung. Flóki und seine Mannschaft segelten dicht an der Südküste entlang, umrundeten die Halbinsel Reykjanes und fuhren weiter an der Westküste bis zum Fjord Vatnsfjörður. Dort blieben sie und bauten sich Unterkünfte. Es war Sommer, und sie fingen reichlich Fisch, so viel, dass sie es versäumten, Heu für den Winter zu machen. Sicherlich gab es auch kaum Wiesen, die sich dazu eigneten. Ohne Futter verhungerten im Winter die Schafe, Rinder und Ziegen, die sie mitgebracht hatten. Als das Frühjahr nahte und das Wetter sich besserte, erklomm Raben-Flóki einen Berg und erblickte ringsum nur Eis. So gab er dem Land den Namen Island – Eisland. Mit seinen Leuten kehrte er nach Norwegen zurück. Ortsbezeichnungen aber bewahren die Erinnerung an Vergangenes. Dort, wo Flóki einen Sommer und einen Winter an Land verbracht hatte, liegt heute Flókalundur, und die Ruinen von Flókadóttir stammen vielleicht sogar aus damaliger Zeit.

Dank des Fischreichtums des Meeres kamen später neue Siedler, trotzten dem widrigen Wetter und den harten Lebensbedingungen.

In heutiger Zeit jedoch hat eine rasante Abwanderungswelle die Westfjorde erfasst. Nirgendwo sonst im Land haben so viele Menschen ihre Heimat verlassen. Lebten 1910 noch 13 000 Menschen in dieser Gegend, sind es heute kaum noch die Hälfte.

Beim winzigen Hafenort Brjanslækur verlasse ich den Bus, um entlang der zergliederten Küste und über das Hochland zum Vogelfelsen Látrabjarg zu wandern, dabei komme ich an manch verlassenem Hof vorbei. Welch ein trostloser Anblick, wenn ein Gebäude dem langsamen Verfall preisgegeben ist – bröckelnder Putz, leere Fenster, das Dach vom Sturm halb abgedeckt. In Serpentinen geht es von der Küste steil hinauf zum Plateau Kleifaheiði. Obwohl wenig über 400 Meter hoch, liegt hier oben Mitte Mai noch Schnee. Dicke Eisschollen bedecken Flüsse und Bäche. Nebel zieht auf, wird immer dichter, und so folge ich der Piste, um mich nicht zu verirren. Stunden wandere ich vor mich hin, als Motorengeräusch die Einsamkeit belebt. Unschlüssig blicke ich mich nach dem Auto um. Soll ich versuchen, per Anhalter mitzufahren, oder weiter durch den Nebel laufen? Ohne dass ich ein Zeichen gegeben hätte, hält der Wagen. Erstaunte Blicke, als sei ich ein Nebelgespenst, dann werde ich auf Englisch gefragt, ob ich mitfahren wolle. Ich überlege nicht länger, steige ein und habe Glück. Die junge Frau aus Frankreich und ihr Vater sind auch zum berühmten Vogelfelsen unterwegs.

Auf einer Schotterpiste geht es in Serpentinen steil hinab zur Küste. Der Nebel hat sich aufgelöst, das Meer spiegelt das Blau des Himmels. Es ist verführerisch, mit einem Fahrzeug so schnell voranzukommen. Nach jeder Kurve eröffnen sich neue Blicke auf die Fjordlandschaft. Tief eingeschnittene Täler werden begrenzt von Basaltfelsen, die sich auftürmen, oder weit geschwungene Trogtäler mit lieblichen Blumenwiesen, leuchtend gelb von Löwenzahn. Hin und wieder ein winziger Ort, der, noch ehe ich ihn richtig wahrnehme, schon hinter uns liegt.

Spät am Abend erreichen wir die Küste in der Nähe des Felsenkliffs Látrabjarg. Nachdem ich mein Zelt auf einem Campingplatz am Meer aufgestellt habe, mache ich mich auf den Weg zum Vogelfelsen. Papageitaucher halten sich bevorzugt in der Dämmerung an ihren Nisthöhlen auf, deshalb rechne ich mir gute Chancen aus, diese bunten Vögel zu sehen. In Vík hatte ich am Berg Reynisfjall und am Kap Dyrhólaey vergeblich nach ihnen Ausschau gehalten, auch bei den Vogelklippen von Krísuvík südlich der Hauptstadt konnte ich die Vögel mit dem bunten Schnabel nicht entdecken. Zwar brüteten in den Klippen Sturmvögel, Möwen, Tölpel und zahlreiche andere Seevögel, aber weit und breit kein *lundi*, wie Papageitaucher auf Isländisch heißt.

Auf einem mit Gras bewachsenen Hang steige ich den Felsen hinauf und nähere mich der Abbruchkante. Endlich – da sind sie, sitzen einfach vor mir, bunt und rund wie ein lange gesuchtes Osterei. Was für skurrile Vögel! Die können doch gar nicht echt sein, schießt es mir durch den Kopf. Gewiss, ich kenne sie von Fotos, doch dass sie wie lustige Spielzeugtiere wirken, damit hatte ich nicht gerechnet. Direkt an der Kliffkante hocken sie, die Papageitaucher; ruhig sitzen sie da, rühren sich auch nicht, als ich ihnen bis auf einen Meter nahe komme. Endlich eine Bewegung, also sind sie doch lebendig. Einer der Vögel öffnet seinen Schnabel und gähnt, schließt ihn und guckt weiter unbeteiligt in die Welt. In Kaufläden liegen massenhaft Papageitaucher aus Plüsch zum Verkauf, doch auch in Wirklichkeit sehen sie irgendwie künstlich aus. Sie haben orangerote Füße, ein schwarz-weißes Gefieder und einen dreieckigen Schnabel in knalligem Rot, Blau und Gelb. Ein Vogel wie ein Phantasiewesen. Kein Wunder, dass so gut wie jeder

Islandreisende unbedingt Papageitaucher fotografieren will. Die Klippenküste von Látrabjarg ist aber immer noch ein Geheimtipp. Es ist nicht nur der westlichste Punkt Islands, sondern auch die westlichste Ecke Europas. Von hier sind es nur noch 300 Kilometer bis Grönland.

450 Meter ragen die Klippen aus dem stürmischen Meer empor und dehnen sich über vierzehn Kilometer entlang der Küste. Sie sind das größte Seevogelbrutgebiet der Welt; nirgendwo sonst brüten so viele verschiedene Arten in so großer Zahl. Da herrscht ein Getümmel und Geschrei, das Stimmengewirr wird zu einem einzigen Geräusch, übertönt sogar die Brandung. Vögel kreisen um die Felsen, starten und landen, fliegen hinaus aufs Meer und kehren zurück, streiten sich lautstark, rangeln auf den schmalen Simsen um den besten Platz, hacken sich in die Flügel, flattern und keifen. Der durchdringende Ammoniakgeruch vom verspritzten Guanokot liegt in der Luft – ein Gesamterlebnis für Augen, Ohren und Nase, das mich in seinen Bann schlägt.

Das Durcheinander aber ist wohlgeordnet. Schaut man eine Weile zu, wird eine exakte Einteilung deutlich. Jede Vogelart hat ihre »Etage« am Steilfelsen. Unten, wo die Gischt gegen die Felsen spritzt, im Erdgeschoss quasi, sind die Gryllteiste, taubengroße, schwarze Seevögel mit einem weißen Fleck auf den Flügeln. Im nächsten Stockwerk sitzen die kormoranähnlichen Krähenscharben, und die dritte Etage beanspruchen die Dreizehenmöwen für sich. Sie gehören zu den wenigen Kliffbrütern, die Nester aus Tang, Schlamm und Kot bauen, während die meisten anderen Arten ihre Eier einfach auf den bloßen Felsen legen, wobei die Spindelform der Eier ein Herunterrollen meist erfolgreich verhindert. Auf etwas breiteren Felsenbändern nisten die pinguinähnlichen Lummen. Sechs verschiedene Arten Lummen gibt es, mit lustigen Namen, von denen mir Trottellumme am besten gefällt. Im obersten Stockwerk dann die Eissturmvögel, die ich schon in Vík beobachtet habe. Im »Dachgeschoss« leben die Papageitaucher. Sie graben mit ihrem kräftigen Schnabel und den krallenbewehrten Füßen horizontale, meterlange röhrenartige Höhlen in die dünne Erdschicht, die dem Felsenkliff oben am Plateau aufliegt.

Die Brutsaison hat gerade erst begonnen. Bei den Seevögeln findet die Balz auf dem Meer statt, zum Vogelfelsen kommen sie bereits mit Partner. Jetzt müssen sie »nur« noch ihren Nistplatz gegen andere Anwärter verteidigen, Eier legen, ausbrüten und – die Küken füttern und füttern. Unendlich viel Nahrung muss für die gefräßige Brut herbeigeschafft werden, bis diese sich selbst versorgen kann.

Ich beobachte einen Papageitaucher, wie er Blätter, Gräser, Halme in die Höhle hineinstopft und dann wieder nach draußen befördert. Sooft er das auch wiederholt, sobald das Ei gelegt wird, befindet sich in der Höhle kein Nistmaterial mehr. Biologen erklären die an sich sinnlose Handlung damit, dass die Vorfahren der Papageitaucher früher nicht in Höhlen, sondern unter freiem Himmel brüteten und deshalb Nester gebaut haben. Dieses Nestbauprogramm ist immer noch genetisch gespeichert, obwohl es nicht mehr gebraucht wird, weil die Eier geschützt in einer Bruthöhle abgelegt werden.

Für die Isländer war es früher eine Frage des Überlebens, sich mit genügend Reserven für den langen, harten Winter zu versorgen. Eier und Jungvögel zu sammeln, war eine wichtige Nahrungsquelle. Mit Seilen ließ man sich an den senkrechten Klippen hinab, schwang sich von Nest zu Nest. Nicht wenige kamen bei der gefährlichen Tätigkeit ums Leben. Doch jedes Jahr gab es wieder Mutige. Von der Not getrieben, wagten sie sich erneut in die Felsen.

Zur Zeit der Christianisierung zogen Bischöfe aus und besprengten das Land mit Weihwasser, um es von heidnischen Einflüssen zu reinigen. Bischof Guðmundur tat sich dabei besonders eifrig hervor, nur eine Stelle ließ er ungesegnet: das Felsenriff Látrabjarg. Er weigerte sich entschieden, sein kostbares Weihwasser an diesen Ort zu verschwenden, denn ein grausames Ungeheuer hatte im Fels seine Heimstatt, das mit höllischer Freude die Seile der Eiersammler durchschnitt. Eigentlich hätte der Bischof gerade hier sein Bestes geben müssen, um den Dämon, der so viele Menschenleben auf dem Gewissen hatte, unschädlich zu machen. Doch er fürchtete wohl, seine Ohnmacht und damit die des christlichen Gottes würde offenbar, wenn trotz des Weihwassers weiterhin junge Burschen in den Tod stürzten.

Auch für schreckliche Schiffsunglücke ist das Kliff Látrabjarg bekannt, denn im Meer lauern gefährliche Strömungen und Riffe. Für Schiffbrüchige gab es selten Rettung, selbst wenn sie die Havarie überlebten. Beim Versuch, an die Küste zu gelangen, wurden sie unweigerlich von der gewaltigen, an die Felsen donnernden Brandung zerschmettert. Wenn sie aber den Wellenschlag überlebten, war es unmöglich, die 400 Meter hohe senkrechte Felswand zu erklimmen.

Einmal gelang dennoch eine wundersame Rettung. Im Jahr 1947 lief der britische Trawler Dhoon auf ein Riff, und in einer dramatischen Hilfsaktion retteten die durch das Eiersammeln klettererfahrenen Dorfbewohner zwölf der fünfzehn Seeleute mit Seilen über die Klippen.

Was für ein Zufall: Ein Jahr später war man dabei, einen Dokumentarfilm über dieses Ereignis zu drehen, als wieder ein britisches Schiff, der Trawler Sargon, Schiffbruch erlitt. Das Filmteam eilte zum Látrabjarg und filmte »in echt« die Rettungsaktion. Später wurde aus realen und gestellten Szenen ein eindrucksvoller Film gestaltet, den man sich in Hnjótur ansehen kann, wo der Bauer Egill Ólafsson mit seiner Sammlerpassion ein Museum eingerichtet hat, um zu zeigen, wie die Menschen früher in dieser Region gelebt haben.

Das Felsenkliff Látrabjarg bleibt auch weiterhin nicht von Unfällen verschont. Wenige Tage nachdem ich dort war, stürzte ein deutscher Tourist in den Tod. Immer wieder wird davor gewarnt, sich nicht zu nahe an die Abbruchkante zu wagen. Sie ist grün bewachsen, aber gerade das ist trügerisch. Das Gras schiebt und wölbt sich immer weiter nach vorn, bis es keine felsige Unterlage mehr hat. Zudem durchlöchern die Grabarbeiten der Papageitaucher die Grasnarbe und lassen sie bei Belastung abbrechen.

Am nächsten Tag bieten mir Vater und Tochter an, mich zum Hauptort Ísafjörður mitzunehmen. Von dort gibt es Bus- und Fährverbindungen zu verschiedenen für mich interessanten Zielen. Gern nehme ich das Angebot zur Mitfahrt an, aber wieder stelle ich fest, dass das Unterwegssein im Auto zu schnell für mich ist, die Eindrücke überlagern sich. Am Ende weiß ich nicht mehr, was ich wirklich gesehen habe. Zudem werden allein die Augen angesprochen, die anderen Sinneswahrnehmungen fehlen. Im Auto höre ich zwar den Motor arbeiten und wie die Reifen über Schotter oder Asphalt rollen, aber ich nehme weder die Meeresbrandung noch Vogelstimmen wahr. Ich rieche nicht den Tang oder die Blumenwiesen. Ich sehe zwar die Umwelt, aber erlebe sie nicht. Deshalb bedanke ich mich in Ísafjörður für die freundliche Mitnahme und beschließe, nach Besichtigung der Ortschaft zu Fuß weiterzugehen.

Mit 4000 Einwohnern ist Ísafjörður der größte Ort der Westfjorde und Verwaltungszentrum, schon im Jahr 1786 erhielt es das Stadtrecht. Weit über die Hälfte aller Westfjordianer lebt in dieser Hafen- und Handelsniederlassung. Der Ort liegt auf einer Landzunge und ist auf drei Seiten von den Steilwänden der Berge wie von Mauern umschlossen. Trotz der Bezeichnung Stadt wirkt Ísafjörður eher wie ein Dorf. Die Häuser sind niedrig und mit Wellblech verkleidet, manche bunt gestrichen, andere von der Seeluft zerfressen. An den Fenstern sehe ich Gardinen mit Rüschen und Spitzen, auf den Fensterbrettern Plüschtiere und Püppchen, als gelte es, der rauen Welt draußen zu zeigen, dass es innen ganz gemütlich ist.

Mit dem Bus fahre ich aufs Hochplateau und steige auf freier Strecke aus. Busfahrer in Island haben stets Verständnis für die ungewöhnlichen Wünsche der Fremden. Mein Weg führt mich durch die Arnavatnheiði, eine wilde und einsame Hochebene – *arna* bedeutet »Adler« und *vatn* »Wasser«. Adler bekomme ich keine zu Gesicht, dafür aber umso mehr Wasser in Form von Flüssen, Bächen, Rinnsalen, Tümpeln, Seen, Sumpf, Morast und Moor. Kein Baum, kein Strauch wächst auf dem Bergplateau, nur Moose und Flechten. Tundra wird diese baumlose Kältesteppe genannt, ursprünglich ein finnisches Wort, das auch für die Sumpflandschaften Sibiriens verwendet wird. Die schier endlose Einöde ist trostlos und beängstigend, aber zugleich beflügelt sie mich, immer weiterzugehen. Ich wandere durch eine düstere, fast bedrohlich wirkende Wildnis, kein Lebewesen weit und breit, und doch durchströmt mich ein Glücksgefühl. Ich bin dankbar, dass ich diese karge, wilde Natur erleben darf, nehme sie mit all meinen Sinnen in mich auf, werde ein Teil von ihr.

Ende Mai ist der Winter in dieser Höhe von 800 Metern noch längst nicht vorbei. Schneewehen erschweren mir das Vorwärtskommen, der schmelzende Schnee speist die Wasserläufe und Seen, die sich wie Perlen aneinanderreihen. Ein Schwanenpaar hat diese verlassene Gegend für die Aufzucht seiner Jungen gewählt. Umgeben von Eis und Schnee wirken die Vögel verletzlich und gefährdet, und doch haben sie den Kampf mit den harten Lebensbedingungen aufgenommen. Die Schwänin hockt in einem Nest aus Halmen und Schlick. Fast zwei Meter hoch haben die beiden es gebaut, damit ein plötzlich auftretendes Hochwasser es nicht überschwemmen kann. Der Schwan hält Wache, könnte doch der Polarfuchs der Brut gefährlich werden.

In Súðavík besichtige ich das »Arctic Fox Centre«, weltweit das einzige seiner Art. Die Museumsgründerin, Ester Unnsteinsdóttir, beschäftigt sich seit zwölf Jahren mit dem nördlichen Fuchs und erzählt mir: »Der Polarfuchs ist das einzige auf dem Land lebende Säugetier, das schon vor der Ankunft der Menschen bei uns in Island heimisch war. Die Tiere stammen aus der Polarregion und sind auf Eisschollen an unsere Küste gelangt.«

»Wurden die Füchse von den Siedlern verfolgt?«

»Und ob! Gnadenlos hat man sie in Fallen gefangen, gejagt und erschlagen, bis sie fast ausgerottet waren. Inzwischen hat sich der Bestand etwas erholt. Was aber einzelne Farmer in ihrem Gebiet tun, können wir nicht verhindern. Wirklichen Schutz genießen sie nur in den Nationalparks.«

»Hat man sie wegen ihres wertvollen Fells gejagt?«

»Bei uns kommt der Polarfuchs in zwei Farbvarianten vor. Einmal gibt es den Eisfuchs. Im Winter hat er ein schneeweißes Fell, im Sommer ist er bräunlich mit hellem Bauch. Besonders begehrt ist aber das Fell des Blaufuchses. Im Sommer ist es dunkelbraun, das Winterfell jedoch schimmert zart hellblau. Wunderschön sieht das aus.«

»Werden Polarfüchse auch heute noch getötet?«

»Der Bedarf der Pelzindustrie ist stark zurückgegangen, aber die Füchse werden weiterhin verfolgt. Die Farmer fürchten um ihre

Lämmer, dabei ist es eine Ausnahme, wenn der Fuchs ein Lamm reißt. In den Eiderentenkolonien allerdings richten sie manchmal schlimme Schäden an, deshalb arbeiten wir vom Naturschutz auch mit den Jägern eng zusammen.«

Ester erzählt mir von einem Eiderdaunensammler und fährt mit mir zum Bauern Einar Birgisson, der in einem Häuschen direkt am Meer wohnt. Auf Island haben Farmer sich eine zusätzliche Einnahmequelle erschlossen: Sie sammeln das Nistmaterial der Eiderenten. Die Weibchen rupfen sich das Brustgefieder heraus und polstern mit den zarten Flaumfederchen das Nest, damit die Eier warm bleiben, wenn die Ente zur Futtersuche ins Meer geht.

»Wir entfernen nie alle Daunen, nur etwa ein Drittel«, sagt Einar, der das Federsammeln professionell als Nebenerwerb betreibt. »Dreimal kann ich Material vom gleichen Nest wegnehmen«, erzählt er weiter. »Zu Beginn, in der Mitte und am Ende der Brutzeit. Die Enten ergänzen das Nistmaterial mit neu ausgezupften Federn, aber ich gebe ihnen als Ersatz auch Heu.«

»Wie viele Federn erntest du von einem Nest?«

»Federn sind sprichwörtlich federleicht. Ein Nest wiegt kaum zwanzig Gramm. Für ein Kilogramm muss ich etwa sechzig Nester absammeln. Am mühevollsten aber ist das Reinigen, weil Gräser, Schlamm, Algen, Erde, Kot an den Federn kleben. Wir machen das Reinigen noch per Hand, so erreichen wir höchste Qualität. Für ein Kilo gereinigte Daunen bekomme ich dann etwa 500 Euro.«

Ich verabschiede mich von Ester und Einar und wandere weiter am schmalen Küstensaum der Westfjorde entlang. Beinahe wäre ich über eine brütende Ente gestolpert, so perfekt ist sie getarnt. Das bräunliche Federmuster ist von der gelblichbraunen Ufervegetation kaum zu unterscheiden. Wie bei fast allen Entenarten ist auch das Weibchen der Eiderente unscheinbar gefärbt. Ich erkenne sie an dem typischen Profil, wobei Schnabel und Kopf fast linear ineinander übergehen. Vorsichtig ziehe ich mich zurück und beobachte die Ente aus einiger Entfernung. Geduldig warte ich, bis sie das Nest verlässt, was sie meist frühmorgens macht, um zu fressen. Bevor sie zur Küste watschelt, breitet sie Federn über die Eier und bespritzt sie mit Kot, um einen möglicherweise umherstreunenden Polarfuchs durch den ätzenden Geruch abzuschrecken. Fünf hellbraun-grün gefärbte Eier liegen versteckt und gut geschützt unter der Federdecke. Sie sind länglich oval und mit acht Zentimetern etwas größer als Hühnereier. Kaum ist die Ente im Wasser, taucht sie auch schon unter und sucht am Meeresgrund nach Würmern und Weichtieren.

Unweit der brütenden Eiderente baue ich mein Zelt auf und beschließe, einen Tag zu bleiben, um Eiderenten und andere Meeresvögel zu beobachten und um die Stimmung an dieser einsamen Küste auf mich wirken zu lassen.

Hart schlägt die Brandung gegen die schwarzen Lavasteine, bricht sich weiß schäumend, die Gischt spritzt hoch. Eine glutrote Sonne hängt über den Wellen. Melancholische Töne dringen an mein Ohr. Ich kann sie zunächst nicht zuordnen. Sie klingen dumpf, als würde jemand vor Schmerz stöhnen: »Ahua, ahua ahuaa!« Mit dem Fernglas suche ich die Küste ab, aber da ist niemand. Mein Blick bleibt an einem Trupp Eiderentenerpel hängen. Rhythmisch nicken sie mit den Köpfen und stoßen dabei die seltsamen Heulgeräusche aus. Es ist ihre Art zu balzen.

Mögen die Töne auch nicht gerade ansprechend sein, die äußere Erscheinung der Erpel jedoch ist verführerisch. Der Rücken leuchtet weiß, Bauch und Flügel sind tiefschwarz, die Brust schimmert rosa, den Kopf ziert eine schwarze Haube, lange weiße Schulterfedern hängen wie eine Schleppe über die schwarzen Flügel. Das Schönste und Seltsamste aber sind die moosgrünen Federn am Nacken und an den Wangen. Grün ist eine Farbgebung, die in der europäischen Vogelwelt recht ungewöhnlich ist. Eigentlich sollten die so prächtig gefärbten Erpel die Nester der Partnerinnen bewachen, während diese ihren Hunger stillen, aber die Schönlinge werben um die wenigen Weibchen, die noch unverpaart sind.

Trolle, Hexenhosen und ein Mord

Die schroffen Berge, die kargen Hänge und die rauen Felsenküsten überraschen mich mit ihrer dramatischen Szenerie. Mit dem Bus bin ich nach Hólmavík im Nordosten der Westfjorde gefahren. Mit nur 400 Einwohnern ist Hólmavík dennoch Verwaltungssitz, es ist der größte Ort am Fjord Steingrimfjördur. Ende des 19. Jahrhunderts ließen sich hier erstmals Menschen nieder, nachdem der Holländer Richard Riis einen Handelsposten eingerichtet hatte.

Wie mit einem Steg sind die Westfjorde mit dem übrigen Island verbunden, kaum zwanzig Kilometer ist an dieser Stelle die Landmasse von Küste zu Küste breit. Warum das so ist, erklärt eine Geschichte: Eines Nachts fassten drei übermütige Trolle den Entschluss, die Westfjorde mittels eines Kanals vom Rest des Landes abzutrennen. Die männlichen Trolle begannen im Westen zu graben, die Trollfrau nahm ihre Arbeit an der Ostseite auf. Um die eintönige Schaufelei etwas abwechslungsreicher zu gestalten, wollten sie mit der ausgehobenen Erdmasse neue Inseln schaffen. Die Trolle kamen tüchtig voran, das Trollweib aber hatte sich eine ungeeignete Stelle ausgesucht, das Wasser im Fjord war zu tief und der Meeresgrund voller Schlamm und Schlick. Verbissen schaufelte sie weiter, auch die Trolle auf der anderen Seite strengten sich an. Sie zogen einen breiten Graben und häuften zahlreiche Inseln auf. So vertieft waren die Trolle in ihre Schufterei, dass sie vergaßen, sich rechtzeitig vor Sonnenaufgang in Sicherheit zu bringen, denn Trolle erstarren beim ersten Lichtstrahl zu Stein. In höchster Not flitzten die Trollmänner davon, doch zu spät – sie verwandelten sich in zwei Felsen. Das Trollweib sprang nach Norden, lief über die Berge zum Steingrimsfjord, hielt bei Drangsnes kurz inne, um Atem zu schöpfen, dabei sah sie beim Blick über die Bucht, dass sie keine einzige Insel geschaffen hatte. Außer sich vor Wut schleuderte sie ihre Axt ins Meer. In diesem Moment ging die Sonne auf, und die Trollin erstarrte. Das versteinerte Trollweib, genannt *Kerlin,* ist beim Fischerdorf Drangsnes noch immer zu sehen. Sie blickt hinaus aufs Meer. Ganz zuletzt ist ihr doch noch eine Insel gelungen, denn ihre Axt hat sich in ein Inselchen verwandelt – ein beliebter Brutplatz für Seevögel.

Gut ausgebaute, zum Teil asphaltierte Straßen machen die Westfjorde für Touristen zu einem bequem erreichbaren Ziel. Gerade weil die Gegend dünn besiedelt ist und die Natur die Hauptrolle spielt, fühlen sich zahlreiche Reisende angezogen, lassen sich von der stillen und zugleich grandiosen Landschaft verzaubern. Wer durch die winzigen Siedlungen fährt oder an abgelegenen Höfen vorbeikommt, spürt hautnah, wie isoliert die Menschen hier leben.

Wie einsam muss das Leben erst gewesen sein, als es bis vor wenigen Jahrzehnten noch keine Straßen und auch keine Fahrzeuge gab. Mit dem Pferd oder zu Fuß musste man die von Wind gepeitschten Bergpässe überwinden. Wie unerreichbar war oft schon der Nachbarort, wie weit weg das übrige Island, wie abgeschnitten war man von der ganzen Welt. Die Winter waren besonders schwer zu ertragen. Zwei Monate im Jahr wird es in den Tälern fast nie hell, weil die Sonne nicht über die hohen Berge hinwegscheinen kann. Zudem versperren Schneeverwehungen die Pfade. Kein Wunder, wenn die Menschen in den Westfjorden an Trolle und Elfen glaubten und die heidnischen Bräuche auch nach der Christianisierung weiter lebendig blieben. Mit Zauberei versuchte man, im harten Überlebenskampf mit der unberechenbaren Natur zu bestehen. Magie und Beschwörungen waren eng verbunden mit dem altskandinavischen

Götterglauben. Auch in der *Edda*, der Sammlung altnordischer Dichtung, sind Zaubersprüche überliefert. Magie gehörte untrennbar zur nordischen Religion. Jahrhundertelang stand die Kirche dem heidnischen Glauben und den alten Überlieferungen tolerant gegenüber. Das änderte sich radikal im 17. Jahrhundert, als isländische Priester, die in Dänemark und Deutschland ausgebildet und von dem dort grassierenden Hexenwahn infiziert waren, in die Heimat zurückkehrten. Auf einmal wurden auch in Island, und vor allem in den Westfjorden, Menschen der Hexerei beschuldigt. Waren es im übrigen Europa vor allem Frauen, die der Verfolgung zum Opfer fielen, so wurden in Island meist Männer angeklagt. Vom Vater auf den Sohn waren heidnische Gebräuche überliefert worden: Runenzeichen, Beschwörungen, Zaubersprüche und Schutzzeichen. Wer solche Kenntnisse besaß, vielleicht sogar ein Zauberbuch, beging nach Ansicht der Kleriker ein Kapitalverbrechen und wurde mit dem Tode durch Verbrennen bestraft. Aber auch Personen, die mit der heidnischen Religion nichts zu tun hatten, konnten zum Opfer werden. Es war nicht schwierig, den Verdacht auf einen unliebsamen Nachbarn zu lenken.

In Island schmückt sich fast jede noch so kleine Ortschaft mit einem Museum, und so kann man in Hólmavík ein Hexenmuseum besichtigen. In einem schwarzen Holzhaus mit Grassodendach befindet sich eine Sammlung verschiedener Zauberutensilien, Tinkturen, Knochen, Runenzeichen. In einem der Räume kriecht ein Toter aus seinem Grab – ein bisschen Grusel muss schon sein, auch wenn man sofort erkennt, dass es eine Plastikfigur ist. Der Glaube an Wiedergänger und die Furcht vor ihnen war sehr groß, noch heute erzählt man sich Geschichten über solche Spukgestalten.

Das makaberste Ausstellungsstück ist eine Leichenhose. Sie war ein bewährtes Mittel, um an Reichtum zu gelangen. Man musste nur einen Toten ausgraben, ihm die Haut des Unterkörpers abziehen und hineinschlüpfen, dann hatte man nie mehr Geldsorgen, hieß es. Mir fällt die Hose der Katla ein, diese als Zauberin beschuldigte Klosterköchin, die den Hirten Barði umgebracht haben soll. Eine Hose verlieh Katla Schnelligkeit. Vielleicht war auch ihre Hose aus der Haut eines Toten gefertigt. Da es diese gruseligen Hauthosen tatsächlich gab, liegt der Katla-Sage bestimmt ein wahrer Kern zugrunde.

Hólmavík ist die nördlichste Ortschaft an den Westfjorden, die ich besucht habe. Danach reiste ich entlang der Küste nach Süden, zuerst mit dem Bus, dann zu Fuß und per Anhalter.

Dort, wo die Meeresbrandung im Westen an die Klippen von Skor schlägt, der Strand von Rauðasandar rot in der Sonne leuchtet und karges Grün die Berge von Sjoundá überzieht, lagen einst zwei Höfe nahe beieinander. Vor über 200 Jahren ereignete sich hier in den Westfjorden ein Kriminalfall, der bis heute nicht vergessen ist, wohl auch, weil er von Gunnar Gunnarsson literarisch in seinem Roman *Svartfugl,* »Schwarze Vögel«, verarbeitet wurde. Die schicksalhafte Verkettung der Menschen ist dabei nicht zu trennen von der einsamen, urzeitlichen Landschaft. Der eine Hof gehörte Bjarni und seiner Frau Gudrun, den anderen bewirtschaftete Steinunn mit ihrem Mann Jón. Nun geschah es, dass zuerst Jón verunglückte; nach Monaten im Meer wurde sein Leichnam angespült. Bald danach starb auch Gudrun, Bjarnis Frau. Ob sie vielleicht vergiftet wurde?, munkelte man. Aber niemand wusste Genaues, denn die beiden Höfe lagen weit entfernt von den anderen Anwesen. Die Verdächtigungen verdichteten sich, als übers Jahr Steinunn und Bjarni, nun Witwe und Witwer, heiraten wollten. Weil es so gut zu passen schien, aus sonst keinem anderen Grund, wurden sie des Doppelmords bezichtigt. Sie leugneten hartnäckig, doch die Leute glaubten ihnen nicht. War ihre Liebesbeziehung nicht Beweis genug, dass sie die störenden Ehepartner aus dem Weg geräumt hatten? In einem Indizienprozess wurden Steinunn und Bjarni im Jahr 1802 von der dänischen Justiz zum Tode verurteilt. Bevor das Urteil vollzogen werden konnte, starb Steinunn im Gefängnis von Reykjavík. Bjarni wurde zur Vollstreckung nach Kopenhagen gebracht und dort enthauptet.

Meine Erkundung der Westfjorde ist nun beendet, und ich fahre mit der Fähre »Baldur« übers Meer nach Süden zur Halbinsel Snæfellsnes, um rechtzeitig zum Nationalfeiertag am 17. Juni in der Hauptstadt zu sein. Bis dahin habe ich eine Woche Zeit, die ich zum Wandern und vielleicht zum Besteigen des Vulkans Snæfellsnesjökull nutzen will.

Steig in den Krater des Snæfellsnesjökull hinab… und du wirst zum Mittelpunkt der Erde gelangen, schrieb Jules Verne in seinem Roman *Reise zum Mittelpunkt der Erde.* Er schickte den exzentrischen Hamburger Professor Otto Lidenbrock und dessen Assistenten Axel auf eine abenteuerliche Expedition ins Innere der Erde. Das Eingangstor war der isländische Vulkan. Als Jugendliche hatte ich dieses Buch gelesen, damals war es für mich eine reine Abenteuergeschichte gewesen, die ich nicht mit der Realität verband, und gleich gar nicht konnte ich mir vorstellen, selbst einmal auf dem Gipfel des Snæfellsnesjökull zu stehen.

Die Halbinsel Snæfellsnes ragt achtzig Kilometer ins Meer hinein und sieht aus wie »ein abgenagter Knochen«, hatte Jules Verne geschrieben. Wenn der Schriftsteller auch ein etwas drastisches Bild gewählt hatte, der Blick auf die Landkarte legt diesen Vergleich nahe. Doch in Wirklichkeit bietet Snæfellsnes eine vielgestaltige Landschaft voller Schönheiten und Überraschungen: goldfarbene Sandstrände, bizarre Felsen, rauschende Wasserfälle, geheimnisvolle Höhlen, tiefblaues Meer, dazu schwarze Lava und grüne Wiesen und einen der schönsten Vulkane Islands. Die perfekte Kegelform wird gekrönt von einer strahlenden Eiskappe. Früher glaubte man, der Snæfellsnesjökull sei der höchste Berg Islands, weil er vom Meer aus gesehen so hoch wirkt, sich majestätisch aus dem flachen Land erhebt. Bei klarem Wetter ist er aus hundert Kilometern Entfernung in Reykjavík zu sehen. Dennoch erreicht er nur knapp 1500 Meter Höhe. Der höchste Berg Islands liegt im Süden unter dem großen Gletscher Vatnajökull verborgen. Mit seinen 2119 Metern ist der Hvannadalshnjukur verglichen mit Bergen im Himalaja allerdings auch nicht besonders hoch.

Heftiger Wind wühlt das Meer auf. Wogen mit weiß schäumenden Kämmen reiten auf die Küste zu, brechen sich an den Steilfelsen, die vom Geschrei der Seevögel widerhallen. Mein Weg entlang der Klippen führt mich an der Südküste der Halbinsel von Buðir über Arnarstapi nach Hellnar, eine Wanderung von etwa 25 Kilometern. In Búðir hatte die Bremer Hanse bereits im 16. Jahrhundert eine Handelsniederlassung gegründet, und noch bis 1930 war Buðir ein bedeutender Fischer-, Hafen- und Handelsort gewesen. Doch als sich der Fischfang von der Küstenfischerei auf Hochseefangflotten verlagerte, verloren die Leute ihr Einkommen. Von den Häusern ist außer überwachsenen Ruinen nichts geblieben, dafür gibt es jetzt ein Hotel und Bungalows für Feriengäste. Ebenso entvölkert ist Arnarstapi. Einst war es ein Fischerdorf mit 150 Einwohnern, heute sind es nur zwanzig Menschen, die Gästehäuser und Touristenunterkünfte betreiben. In Hellnar leben noch neun Personen, aber für Urlaubsgäste wurde ein großes Hotel gebaut. Das Infozentrum des Nationalparks befindet sich in einem ehemaligen Schafstall, der modern restauriert wurde und eine sehenswerte Ausstellung über Flora, Fauna und die Geologie der Halbinsel Snæfellsnes zeigt.

Meine Wanderung beginne ich im Búðahraun, einem erkalteten Lavastrom der einst aus dem Krater Búðaklettur floss. Im Schutz der vielen Spalten und Höhlungen der erstarrten Lava wächst Silberwurz, das ich aus den Alpen kenne. Die pinkfarbenen Polster des Leimkrautes leuchten inmitten von schwarzem Gestein, daneben zartrosa Strandnelken, roter Thymian, zierliche Farne und sich im Wind wiegende Gräser. Es sieht aus, als hätte ein Landschaftsgärtner die Pflanzen dekorativ angeordnet. Regenbrachvögel, Bekassinen und Wiesenpieper beleben den von der Natur angelegten Lavasteingarten. In den azurblauen Himmel ragt leuchtend weiß die Kuppel des Snæfellsnesjökull, und am Meer zieht sich in einem weiten Bogen ein breiter Sandstrand entlang, der rotgolden schimmert. Eine Landschaft wie in einem Märchen. Die kristallklare Luft, nur erfüllt von Vogelrufen und dem Rauschen von Wind und Wellen, verstärkt mein Empfinden, in eine unwirkliche Welt einzutauchen. Vielleicht haben auch andere Menschen schon Ähnliches gespürt, denn von alters her wird der Gegend um den Snæfellsnesjökull eine mystische Wirkung zugeschrieben.

Dem orangeroten Strand folgt eine bizarre, schwarze Steilküste. Weit ragen die Klippen ins Meer hinaus, bilden steinerne Tore und Grotten. Das Geschrei der Dreizehenmöwen erfüllt die Luft. Auf schwarzen Steinen hocken schwarze Kormorane und breiten ihre Flügel zum Trocknen aus. Lummen brüten auf schmalsten Gesimsen. Trotz der Spindelform wird manches Ei ins Meer fallen und später auch das eine oder andere Küken. Entenweibchen sitzen auf ihren Nestern, aber die Eiderentenerpel balzen noch immer und bemühen sich, mit ihren dumpfen Rufen die Brandung zu übertönen. Austernfischer stochern mit roten Schnäbeln im Schlick und lassen ihr schwarz-weißes Gefieder in der Sonne leuchten. Frischer Seewind bläst mir entgegen, und obwohl das Thermometer nur fünfzehn Grad anzeigt, ist mir nicht kalt. Die Sonne, die den ganzen Tag bis Mitternacht strahlt, täuscht mir sommerliche Wärme vor.

In der gefährlichen Brandung entdecke ich einen Trupp auffallend gefärbter Enten, die ich noch nie zuvor gesehen habe. Das rotbraun-schwarz-grau gemusterte Federkleid ist mit weißen Flecken übersät. Trotz des heftigen Wellenschlags und der Wasserwirbel scheinen sich die Tiere richtig wohlzufühlen. Sie spielen mit der Strömung, schwimmen kopfnickend umher, tauchen blitzschnell unter, schnellen wie ein Korken wieder empor und schnappen über dem Wasser fliegende Insekten. Mithilfe des Bestimmungsbuches kann ich die geschickten Schwimmer und Taucher als Kragenenten identifizieren. Außer in Island gibt es sie in keinem anderen europäischen Land. Sie gehören zu den wenigen Arten, die von Amerika nach Island eingewandert sind.

Der Geruch des Meeres nach Tang, Algen und Salz, die schwarze Lavaküste, gegen die weiß die Brandung schlägt, der Seewind, der meine Haut streift, alles ruft Erinnerungen an meine Forschungsarbeit auf den Galapagos-Inseln wach. Einige der bizarren Lavasteine sehen aus der Ferne tatsächlich wie Meerechsen aus, als reckten sie hoch aufgerichtet ihre Körper der Sonne entgegen. Und am frühen Morgen überrasche ich Robben, die dösend am Ufer liegen, so wie ich es auf Galapagos erlebt habe. Mich freut es, wenn ich bei meinen Reisen an frühere Ereignisse erinnert werde und Vergleiche ziehen kann. Einige meiner Freunde sind gegenteiliger Meinung: Es sei frustrierend, viel zu reisen, denn eine jede Reise mache die nachfolgende flacher. Mit der Zeit meine man, alles schon irgendwie zu kennen, wirklich Neues gebe es bald nicht mehr. Bei mir ist es anders. Je mehr ich gesehen habe, umso tiefer empfinde ich jedes neue Unterwegssein. Ich kann vergleichen und bewerten, so entsteht ein Netz, das immer dichter wird. Durch Assoziationen werden auch die alten Erlebnisse in meiner Erinnerung neu belebt und wachsen zu einem Geflecht von Eindrücken, das mich bereichert und beglückt.

Das Denkmal überrascht mich. Bei Laugarbrekka unweit von Hellnar, dem Ziel meiner Küstenwanderung, steht am Meer eine Frauenskulptur zum Gedenken an Guðridur, die erste Europäerin, die Amerika erreichte – nicht etwa nach der Entdeckung durch Kolumbus, sondern 500 Jahre früher. Natürlich wusste ich, dass vor Kolumbus die Wikinger die nordamerikanische Küste besucht hatten, aber dass eine Frau dabei war, eben diese Guðridur, und sie auf amerikanischem Boden einen Sohn geboren hatte, war mir neu. Während im übrigen Europa darüber kaum etwas bekannt ist, sind in Island diese weit zurückliegenden Ereignisse belegbare Tatsachen, denn von Anbeginn der Besiedlung Islands durch die Wikinger gab es eine literarische Tradition. Geradezu minutiös wurden die Familienchroniken im »Landnahme-Buch« festgehalten, so auch diese Entdeckungsreise.

Guðridur, in der Nähe von Hellnar geboren, war die Frau eines Gefolgsmanns von Leifur Eiriksson, dem Anführer der Amerikaexpedition. Im Jahr 1004 reiste sie mit ihrem Mann und 250 Auswanderern nach Amerika, das sie *Vinland*, Weideland, nannten, und errichteten dort eine Siedlung, die von Archäologen zweifelsfrei nachgewiesen werden konnte. Der Besiedlungsversuch scheiterte letztendlich wegen kriegerischer Auseinandersetzungen mit den Indianern. Ein Gedankenspiel: Was wäre, wenn die Isländer sich gegen die Indianer hätten behaupten können? Nach und nach hätten sie den Kontinent besiedelt, und heute würde in Amerika Isländisch gesprochen, vielleicht wäre es sogar Weltsprache geworden.

Die Überlebenden der Kämpfe mit den Indianern kehrten nach einigen Jahren zurück, darunter auch Guðridur mit ihrem in Amerika geborenen Sohn Snorri. Bald darauf unternahm sie wieder eine lange Reise, diesmal nach Rom, wo sie eine Audienz bei Papst Benedikt VIII. bekam. Guðridur ist gewiss die erste Frau, die zu damaliger Zeit so weit gereist ist.

Für uns ist es überraschend, dass vor über tausend Jahren solche Unternehmungen möglich waren. Welcher Mut gehörte dazu, ins Ungewisse aufzubrechen. Wir verfügen heute über vielfältige Informationen, haben genaue Vorstellungen, was uns am Ziel erwarten wird. Was wussten die Menschen damals von der Welt? Vielleicht doch mehr, als wir uns vorstellen können ...

Nach isländischer Überzeugung muss Kolumbus vor seiner Fahrt nach Amerika über die Wikingerreisen informiert gewesen sein. Wenn die Überlieferung stimmt, hatte er sich im Jahr 1477 einen Winter lang auf der Halbinsel Snæfellsnes aufgehalten, und zwar im Hafenort Hellissandur, dort entdeckten Archäologen einen Landungssteg aus dem Mittelalter. Es wäre seltsam, wenn ihm seine isländischen Gastgeber nicht von dem Land jenseits des Ozeans erzählt hätten, zumal weiterhin das auf Island fehlende Bauholz von der amerikanischen Küste geholt wurde. Noch aus dem Jahr 1347 ist eine solche Versorgungsfahrt dokumentiert.

Dass die Isländer vor Kolumbus in Amerika waren, ist zwar eine anerkannte Tatsache, doch mitunter wird behauptet, es sei nur eine kurze Sichtung des neuen Landes gewesen. In Island aber erfuhr ich, dass es sich um regelmäßige Fahrten über wenigstens drei Jahrhunderte hinweg gehandelt hat.

Auch die Eltern von Leifur, der die Expeditionen nach Amerika anführte, stammen von Snæfellsnes. Sein Vater war Eirikur rauði, der Rote Eirik, so genannt wegen seines rotblonden Bartes. Die Grundmauern seines Hofes wurden im Tal Haukadalur gefunden, und der Ort Eiriksstaðir trägt noch heute seinen Namen. Der besseren Anschaulichkeit wegen hat man neben der Ausgrabungsstätte ein Langhaus im Stil der Wikingerhäuser rekonstruiert und so eingerichtet, wie man es sich den überlieferten Beschreibungen nach vorstellt.

Eirik machte sein impulsiver, aufbrausender Charakter schwer zu schaffen. So manchen Streit focht er mit dem Schwert aus, was nicht ohne Folgen blieb. Auf der Thingversammlung wurde er wegen Totschlags verurteilt, die Strafe lautete: drei Jahre Exil. Eirik nutzte die Zeit, um Grönland zu entdecken, das er pfiffig »Grünes Land« nannte, um andere Isländer für die Übersiedlung zu gewinnen. Wahrscheinlich aber war vor tausend Jahren die grönländische Küste wegen der damals herrschenden Warmzeit tatsächlich grüner als heute. Eirik kehrte nach Island zurück, nahm seine Frau und die Kinder, Sohn Leifur und Tochter Freydis, sowie willige Gefolgsleute auf sein Schiff und segelte nach Grönland. 23 Schiffe von Neusiedlern folgten ihm.

Leifur war zu diesem Zeitpunkt elf Jahre alt. Er war ruhiger und besonnener als sein Vater, aber von unbezähmbarem Entdeckerdrang beseelt. Als Kind hatte er den Erzählungen des Isländers Bjarni Herjolfsson gelauscht, der einst vom Sturm an eine Küste westlich von Grönland getrieben worden war. Ohne zu wissen, dass er einen neuen Kontinent entdeckt hatte, kehrte Bjarni nach Grönland zurück. Leifur träumte seitdem von abenteuerlichen Entdeckungsfahrten, er wollte das Land im Westen erforschen. Im Jahr 1001 brach er zusammen mit 35 Mann auf, sie fanden die neue Küste, das heutige Amerika. Nachdem sie die Gegend erkundet und einen geeigneten Landstrich zur Besiedlung gefunden hatten, kehrten sie zurück und begeisterten andere für das Abenteuer, in einem unbekannten Land ein neues Leben zu wagen.

Gänse ziehen am grauen Himmel dahin. Ihr sehnsuchtsvoller Ruf klingt nach Ferne und Aufbruch. Vielleicht haben sich auch Menschen früherer Zeiten von ziehenden Vogelschwärmen anregen lassen, ins Unbekannte aufzubrechen.

Bisher habe ich mehr Sonnentage als Schlechtwetter erlebt. Aber gerade an diesem Morgen auf dem Weg zum Gipfel des Snæfellsnesjökull, ist der Himmel bedeckt. Der Pfad beginnt in Arnarstapi und führt mich auf der Südseite des Vulkans nach oben. Erstmals wurde der Snæfellsnesjökull 1754 von den Isländern Eggert Ólafsson und Bjarni Pálsson bestiegen. Wegen der Eisspalten gilt der Berg als nicht ungefährlich. Auf keinen Fall sollte man allein über den Gletscher stapfen. Deshalb werde ich mich einer geführten Gruppe anschließen, mit der ich mich in der Schutzhütte unterhalb der Eiskappe verabredet habe. Auf einer Piste hätte ich wie sie bis zur Hütte fahren können; doch ich möchte den Aufstieg aus eigener Kraft bewältigen.

Die Flanken des Vulkans sind zerfurcht von Lavaströmen. Alt und ehrwürdig erscheint mir dieser Berg, und tatsächlich ist er vor unvorstellbar langer Zeit entstanden. Sein Geburtsjahr haben Vulkanologen auf die Zeit vor 700 000 Jahren datiert. Der letzte Ausbruch war vor rund 2000 Jahren, Snæfellsnesjökull war also schon verstummt, bevor die ersten Siedler ins Land kamen.

Zwischen von Moos bedeckter Lava windet sich der Pfad den Berg hinauf. Es ist still, nur selten ist ein Vogellaut zu vernehmen. Der Gipfel ist von Wolken verhüllt, aber hinunter reicht mein Blick bis zum Meer, das bereits 600 Meter unter mir liegt.

Der Saga-Held Barður war durch Schicksalsschläge und tragische Ereignisse dem Trübsinn verfallen. Er sah nur noch einen Ausweg: auf den Snæfellsnesjökull zu steigen und sich in den Krater zu stürzen. Vielleicht hat Jules Verne diese isländische Saga gekannt und sich durch sie zu seinem in Island spielenden Buch inspirieren lassen. Den beiden Romanhelden hatte sich in der Erzählung der Führer und Eiderdaunensammler Hans Bjelke zugesellt. Zwar gelangten die drei Abenteurer nicht bis zum Mittelpunkt der Erde, erblickten aber nach ihrer unterirdischen Reise wieder das Tageslicht, als sie vom italienischen Vulkan Stromboli ausgespuckt wurden.

Noch habe ich einige Höhenmeter bis zur Berghütte vor mir, als der Wind immer heftiger wird und bald Sturmstärke erreicht. Sand, Asche, fein zerriebene Lava wirbeln auf, verdunkeln die Sicht. Da ich den Weg, der nicht durch gefährliche Abbrüche führt, gerade noch erkennen kann, kämpfe ich mich zur Hütte durch. Die Truppe ist abfahrbereit – hinunter zur Küste.

Erstaunt frage ich: »Warum warten wir nicht auf besseres Wetter?«

»Zwecklos«, sagt der Führer. »Der Sturm ist zu heftig und wird sich in den nächsten Tagen nicht ändern.«

Ringen um Freiheit

In dicht bebauten Städten sind Friedhöfe Rückzugsgebiete für Tiere und Pflanzen. Der alte Friedhof Víkurgarður in Reykjavík in der Nähe des Stadtsees ist ein solch verwunschener Ort. Hier wachsen alte Bäume mit mächtigen Stämmen, eine Seltenheit in Island. Wie in einem Wald bilden sie ein fast geschlossenes Laubdach, das die Sonne sanft filtert. Wilde Blumen, rankende Rosen, Sträucher, Stauden und Gräser schmücken den Boden unter dem Blätterdach, und wenn durch das Dämmergrün ein Sonnenstrahl fällt, leuchten die Blumen in glühenden Farben. Im Geäst schmettert ein Zaunkönig sein Lied, und eine rostrote Katze streicht auf leisen Pfoten umher, an ihrem Hals bimmelt hell ein Glöckchen.

Dieser alte Friedhof wurde im Jahr 1838 eingeweiht. Damals lag er außerhalb der Stadt, die inzwischen um sie herumgewachsen ist. Bis 1932 fanden die Einwohner von Reykjavík hier ihre letzte Ruhestätte. Verzierte Grabsteine, Inschriften und Skulpturen erinnern an Persönlichkeiten der isländischen Geschichte. Die Gräber sind sorgfältig gepflegt, bei anderen hat die Natur gestaltend gewirkt, und der Wildwuchs verleiht dieser Naturinsel im Häusermeer einen besonderen Charme.

Auf einmal wird die traumhafte Stille des frühen Morgens, in der bisher nur Vogelgesang zu hören war, von einem Trommelwirbel durchbrochen, gleich darauf erschallen Blasinstrumente. Eine Musikkapelle steht in Reih und Glied an einem Grab und spielt die isländische Nationalhymne. Es ist der 17. Juni, der Nationalfeiertag, an dem Island im Jahr 1944 seine Unabhängigkeit erlangte, und gleichzeitig der Geburtstag des Nationalhelden Jón Sigurdsson, der sich zeitlebens für die Freiheit des Landes eingesetzt hatte. Eine Gedenktafel an seinem Grab mit den Worten »Islands Stolz, sein Schwert und Schild« drückt die Gefühle seiner Zeitgenossen aus.

Regierungs- und Parlamentsmitglieder haben sich an diesem Morgen des 17. Juni an seinem Grab versammelt, auch Männer und Frauen in isländischer Tracht, ein Kranz wird niedergelegt und eine Gedenkminute gehalten. Dann, angeführt von vier Spielmannszügen, die vor dem Friedhofstor aufgereiht gewartet hatten, setzt sich der Trupp in Bewegung. Flaggen werden getragen, wehen dicht an dicht vor dem blauen Sommerhimmel. Würdevoll und mit ernsten Gesichtern schreiten die Honoratioren im Zug, dem die Einwohner in ihrer Festkleidung folgen. Der Aufmarsch endet am Parlamentsgebäude, dem *Alþingishúsið*. Das Gebäude grenzt an den Austurvöllur-Platz, in dessen Mitte die Statue von Jón Sigurdsson aufragt. Der weiträumige Platz ist voller Menschen. Sie warten geduldig, bis die Vertreter von Stadt und Regierung aus dem Gebäude durch ein Spalier zum Festplatz schreiten. Neben politischen Ansprachen werden Gedichte rezitiert, denen die Zuhörer mit feierlichen Mienen lauschen. Auch ohne den Inhalt verstehen zu können, ist die klangvolle isländische Sprache für mich ein genussvolles Erlebnis. Ein Männerchor stimmt die Nationalhymne an. Bei den Leuten, die neben mir stehen, sehe ich, dass sie stumm die Lippen bewegen, andere summen leise oder singen laut mit.

Die Feier dauert vom Morgen bis in den Mittag hinein und mündet am Nachmittag in ein Volksfest. Entlang des Stadtsees und in den Parkanlagen sind Verkaufsstände aufgebaut. Essen und Getränke, Zuckerwatte und Luftballons werden angeboten. Für Kinder gibt es Hüpfspiele und andere Vergnügungen, auf Bretterbühnen kann man Theateraufführungen, Musik, Tanz und Pantomime bewundern. Mir fallen die unzähligen Kinderwagen auf. Reykjavík ist eine Stadt mit junger Bevölkerung, und der Nationalfeiertag gestaltet sich zu einem Familienfest. Großeltern mit ihren Kindern und Enkeln sitzen auf dem Rasen der Parkanlagen und am Ufer des Stadtsees. Und noch etwas fällt mir auf: der ziemlich hohe Anteil ausländischer Frauen, vor allem Asiatinnen, für die isländische Männer scheinbar eine besondere Vorliebe haben.

An einem Stand bemalt eine Künstlerin die Gesichter der Kinder mit bunten Farben und lustigen Motiven. Ein paar Schritte weiter werden Bücher angeboten. Ich kaufe eine Broschüre mit Informationen über den Nationalfeiertag. So erfahre ich, dass Jón Sigurdsson im Jahr 1811 in einem abgelegenen Pfarrhof bei Arnarfjördur in den Westfjorden geboren wurde, in einer Gegend, die ich wandernd erlebt habe. Jóns Vater war Pfarrer und brachte ihm Lesen und Schreiben bei. Später studierte der Junge in Kopenhagen und bildete mit national gesinnten isländischen Studenten eine Gruppe, die für die Unabhängigkeit Islands eintrat. Nach seinem Studium blieb Jón Sigurdsson in Dänemark, gab eine Zeitschrift heraus, verfasste Streitschriften und reichte Petitionen beim dänischen Königshaus ein. Umsonst, seine Bemühungen prallten an der anmaßenden Haltung des dänischen Königshauses und später an der dänischen Regierung ab. Für sie war Island undiskutierbar ein Teil Dänemarks, obwohl Island mit dem Vertrag von 1262 nur eine Verbindung mit dem Monarchen Norwegens eingegangen war, die später dann durch Heirat an das dänische Königshaus fiel. Als der dänische König Frederik VII. im Revolutionsjahr 1848 seine absolute Macht aufgab und sie an den Nationalkonvent übertrug, war damit die Personalunion mit dem Königreich beendet, und Island hätte seine Unabhängigkeit erlangen müssen. Das dänische Parlament verabschiedete jedoch ein Gesetz, welches die untrennbare

Verbindung Islands mit Dänemark festlegte. Nur einmal, als Dänemark das Gebiet Schleswig in Norddeutschland, wo viele dänische Bürger lebten, nach dem verlorenen Krieg mit Preußen im Jahr 1864 an Deutschland abtreten musste, verhandelte die dänische Regierung mit Bismarck und bot dem Deutschen Reich im Tausch Island an. Bismarck aber zeigte kein Interesse an der weit entfernten Insel.

Jón Sigurdsson konnte jedoch einen ersten Erfolg verzeichnen, als den Isländern wieder ein eigenes Parlament gestattet wurde. Die Bedingung dabei war: Sechs der Mitglieder mussten Dänen sein, zudem hatte das Parlament nur eine beratende Rolle und durfte weder Gesetze verabschieden noch Beschlüsse fassen. Als Jón Sigurdsson, der unermüdliche Streiter für Islands Unabhängigkeit, im Jahr 1879 starb, hatte er bestimmt nicht geahnt, dass Island noch weitere 65 Jahre auf seine Freiheit würde warten müssen. Erst im Schatten des Zweiten Weltkriegs, nach insgesamt 682 Jahren Fremdherrschaft, konnten die Isländer ihren eigenen Staat gründen. Kein Wunder also, dass das Nationalbewusstsein in einem Volk, das so lange unterdrückt war, besonders stark ausgeprägt ist und der Nationalfeiertag jedes Jahr als Freudenfest gefeiert wird.

Bevor Island in Unfreiheit geraten war, hatte sich die Bevölkerung über 300 Jahre lang demokratisch verwaltet und im Jahr 930 den isländischen Freistaat gegründet. Zu einer Zeit, als die übrigen Länder Europas noch von Feudalherren regiert wurden, besaß Island bereits ein Parlament mit landesweit einheitlicher Gesetzgebung. Alljährlich tagte es für zwei Wochen, Gesetze wurden verkündet und Recht gesprochen. Aus allen Landesteilen kamen die Menschen und versammelten sich im Tal Þingvellir. Auch jetzt noch kommen zu besonderen Anlässen, wie der Tausendjahrfeier, Isländer und Gäste dort zusammen. Þingvellir liegt dreißig Kilometer von Reykjavík entfernt und ist ein beliebtes Ausflugsziel. Auch ich möchte mir diesen historischen Ort nicht entgehen lassen.

Als ich am frühen Vormittag aus dem Bus steige, schweben Nebelschleier über dem Talgrund. Von einem erhöhten Aussichtspunkt blicke ich hinab in die grüne Ebene. Durch üppige Wiesen, vom zarten Nebel zauberhaft verschleiert, winden sich Bäche und Flüsschen und münden in einen See, den Þingvallavatn, mit 84 Quadratkilometern der größte See Islands. In der Ferne begrenzen Vulkane die Sicht. Ein Kirchlein und fünf spitzgiebelige Häuschen stehen in der Senke. An den Lavaabhängen wachsen Birken, Eschen, Weiden. Der Boden ist bedeckt mit Heidelbeersträuchern und Heidekraut. Auf den Wiesen gedeihen prachtvolle Blumen in solcher Vielfalt, wie es sie sonst in Island selten gibt. Ein idyllischer Ort, dem man auf den ersten Blick nicht ansieht, dass er ein geologischer Brennpunkt ist im wahrsten Sinne des Wortes.

Der amerikanische Kontinent trennt sich hier vom eurasischen, wird von Kräften im Erdinneren gewaltsam auseinandergerissen. Der westliche Teil der Schlucht driftet auf Amerika zu, der östliche nähert sich Europa. Allein in den letzten 9000 Jahren haben sich beide Kontinente siebzig Meter voneinander entfernt. Ich stehe auf der höheren »amerikanischen« Seite, einer Basaltklippe, und blicke auf die vierzig Meter tiefer abgesenkte »europäische« Ebene hinab. Die Kontinentalplatten weichen jährlich um etwa zwei Zentimeter auseinander. Sofort strömt Magma in den Zwischenraum, erkaltet und schließt die Spalte nach oben ab. Ohne geologische Kenntnisse kann niemand erkennen, was für gewaltige Kräfte hier wirksam sind. Selbst der Polarforscher und Geowissenschaftler Alfred Wegener, der als Erster die Theorie vom Auseinanderbrechen der Kontinentalplatten postulierte, konnte bei einem Besuch von Þingvellir nicht erkennen, dass genau hier die beiden Kontinente auseinanderdrifteten. Zeit seines Lebens erntete Wegener für seine Überlegungen nur vernichtende Kritik in der Fachwelt. Erst nach seinem Tod 1930 begann man allmählich, seine Theorie anzuerkennen, die, mit neuen Erkenntnissen ergänzt, in das Modell der Plattentektonik mündet, womit die Bewegung der Erdkruste gemeint ist.

Nicht wegen dieser geologischen Vorgänge, von denen sie nichts wissen konnten, haben die frühen Isländer das Tal Þingvellir als Versammlungsort gewählt, sondern weil ideale Voraussetzungen geboten waren: Wasser und Weideplätze für die Pferde, mit denen sie anreisten; Birkenwälder, um Feuerholz zu schlagen; ebene Plätze für Zelte und Hütten. Zudem war die Region vom Süden und Westen, wo die meisten Siedler lebten, gut erreichbar und über Bergpässe zugänglich für die Menschen aus Osten und Norden. Vor allem aber hatte dieses Tal keinen Eigentümer. Der frühere Landbesitzer erschlug im Streit einen seiner Knechte und musste als Strafe sein Gebiet an die Allgemeinheit abtreten. Im Jahr 930 trafen sich die Isländer zum ersten Mal in Þingvellir, um ihren Freistaat mit einer landesweit einheitlichen Gesetzgebung zu gründen.

Im isländischen Staat gab es von Beginn an gewichtige Standesunterschiede. Einige Einwanderer hatten Landbesitz, andere waren ohne Land, es gab Arme und Reiche. Diese Hierarchie hatten die Siedler aus ihrem Heimatland Norwegen mitgebracht. Geleitet von einem Anführer waren sie gruppenweise in Familienverbänden nach Island gesegelt. Diejenigen, die in der Heimat reich waren, blieben es meist auch im neuen Land. Die Reichsten und Vornehmsten nannten sich Goden, wobei *goði* »Tempelbesitzer« bedeutet. Die Aufgabe der Goden war es, die religiösen Bräuche zu zelebrieren, Tempel für die Götter zu bauen und Opfer darzubringen. Dafür erhielten sie von benachbarten Siedlern Zuwendungen in Naturalien und Geld, das meist bei Wikingerraubzügen erbeutet wurde. Schon bald war Island in einzelne Godentümer aufgeteilt, denen die Bauern tributpflichtig waren. Dem Parlament des Freistaats gehörten 39 stimmberechtigte Goden an mit jeweils zwei Beratern. Seine Meinung äußern durfte jeder, und alle waren sich einig, dass sie frei bleiben wollten und nie ein König über sie herrschen sollte.

Vom Basaltfelsen steige ich auf bequem angelegten Pfaden hinab in die Ebene und suche nach den Spuren dieser tausendjährigen Vergangenheit. Die am Abhang wachsenden silbergrauen Birken erfreuen mich mit ihrem frisch-grünen Laub, in dem zahlreiche Vögel herumflattern. Am Waldrand überrasche ich eine Graugansfamilie, aufgeregt schnatternd treiben die Eltern ihre Gösselschar von mir weg. Am Ufer des Flusses Öxará leuchten die violetten Blüten des Storchschnabels, auf den Wiesen gedeihen Wiesenschaumkraut, Bachnelkenwurz, Butterblumen und Habichtskräuter. Es gehört einige Phantasie dazu, sich in dieser stillen Landschaft den Trubel eines Volksfestes zu damaliger Zeit vorzustellen, denn neben der ernsthaften Gerichtsversammlung gab es Schwertkämpfe und Pferderennen, Wetten, Spiele und Gesang. Dichter trugen Poeme vor, Gaukler zeigten ihre Geschicklichkeit, Händler boten Waren an, Bier wurde ausgeschenkt. Weit entfernt lebende Verwandte, Freunde und Bekannte trafen sich und tauschten Neuigkeiten aus. Väter brachten ihre heiratsfähigen Töchter mit, man schloss Freundschaften und Ehen.

Das Nationalgefühl der Isländer, ihr Bewusstsein, ein einheitliches Volk zu sein, das alle Widrigkeiten, Katastrophen und eine jahrhundertelange Unterdrückung unbeschadet überstand, hat in diesen alljährlichen Treffen seinen Ursprung. In Þingvellir wurde die Einheit zelebriert und die Grundlage für eine gemeinsame Kultur und Sprache gelegt. So haben sich trotz entfernter Siedlungen keine Dialekte entwickelt.

Ich gehe entlang der Almannagja, der »Schlucht aller Männer«, wo das Parlament unter freiem Himmel tagte. An der Westseite ragt senkrecht eine Basaltwand auf, die als natürlicher Lautsprecher diente. Der Echohall verstärkte die Stimme des Sprechers, der vom Gesetzesfelsen die allgemein gültigen Regeln verkündete. Der Gesetzessprecher wurde alle drei Jahre neu gewählt. Sein Ansehen und seine Macht rückten ihn an die oberste Stelle im Gemeinwesen. Er musste die alten und neu beschlossenen Gesetze in stundenlanger Rede den Anwesenden auswendig vortragen, erst im Jahr 1117 wurden Gesetze schriftlich festgehalten. Das war mit den eingeführten lateinischen Schriftzeichen möglich geworden, vorher verwendete man Runen, die sich nicht für lange Texte eigneten.

Auf einem Holzsteg gehe ich zum anderen Ufer. Ein Kirchlein mit Friedhof schmiegt sich an den Wiesenhang. Die Isländer hatten lange an den nordischen Göttern festgehalten, obwohl das Christentum um die erste Jahrtausendwende bereits bis nach Norwegen vorgedrungen war. Der norwegische König Olav, ein eifriger Vertreter des Christentums, entsandte Missionare nach Island. Sie rissen heidnische Tempel nieder und töteten Menschen, die sich ihnen widersetzten und den neuen Glauben nicht annehmen wollten. Die empörten Isländer verwiesen die Missionare des Landes, woraufhin der norwegische König gelobte, die widerspenstige isländische Bevölkerung zu vernichten. Isländer, die sich mit ihren Handelswaren vorübergehend in Norwegen aufhielten, nahm er in Geiselhaft, drohte, sie grausam zu foltern und umzubringen. Gissur der Weise, einer der wenigen getauften Goden, reiste zu König Olav, um sich gütlich mit ihm zu einigen und seine Landsleute zu retten. Vor dem König legte er einen folgenschweren Schwur ab: »Ich bürge für meine Landsleute – alle Isländer werden zum Christentum übertreten.«

Bei der nächsten Thing-Versammlung stand das Glaubensthema auf der Tagesordnung. Zwei Gruppen standen sich feindlich gegenüber und stritten erbittert. Schwerter wurden gezogen, Äxte drohend erhoben, beinahe wären sie übereinander hergefallen, viele hätten ihr Leben verloren. Da hob der Gesetzessprecher Thorgeir die Stimme, rief zu Ruhe und Frieden auf und versprach, eine für beide Lager annehmbare Lösung zu finden. Allerdings, so seine Bedingung, wie auch immer seine Entscheidung laute, man müsse ihr widerspruchslos folgen. Wahrscheinlich hatte er sich seine Strategie schon lange vorher zurechtgelegt und sich mit Gissur dem Weisen beraten. Der besseren Wirksamkeit wegen zog er sich schweigend in seine Hütte zurück, verharrte dort drei Tage und wartete auf die göttliche Eingebung. Dann verkündete er der versammelten Menge, dass alle Isländer sich sofort taufen lassen müssten, es jedoch Privatsache jedes Einzelnen sei, welchen Gott oder welche Götter er anbete.

Sein Rat wurde befolgt. Viele ließen sich noch in Þingvellir oder unterwegs auf dem Heimweg taufen, am liebsten in einer der warmen Quellen. So hielt im Jahr 1000 n. Chr. das Christentum in Island Einzug, ganz ohne Blutvergießen. Auch Thorgeir ließ sich taufen, und er tat noch ein Weiteres. Als er auf seinem Hof in Nordisland ankam, entfernte er alle Götterstatuen aus dem Tempel und schleuderte sie in die tosenden Fluten eines Wasserfalls, der seitdem Godafoss, »Götterfall«, heißt. Odin zündete keine Blitze am Himmel, Thor ließ keinen Donner erschallen, die heidnischen Götter schwiegen und fügten sich stumm in ihre Entmachtung.

Schon längst hat die Sonne den leichten Nebel geschluckt und strahlt hell vom Himmel. Auf bequemen Wegen wandere ich durch das Tal, freue mich über die große Anzahl Graugänse, die mit ihren niedlichen Jungen auf den Wiesen weiden, mich aber für ein gutes Foto nie nahe genug heranlassen. Ich überquere wieder den Brückensteg und gelange zu einer besonders tiefen Stelle des Flusses, die noch heute Drekkingarhylur heißt, »Ertränkungsplatz«. Es war die Richtstätte für Frauen, die des Ehebruchs oder der Geburt eines unehelichen Kindes angeklagt waren. Ein anderer Ort im Tal wird Brennugja, »Verbrennungsschlucht«, genannt. Der Zauberei verdächtigte Menschen verloren hier ihr Leben. Am Skekkjargja, dem »Galgenfelsen«, hängte man Diebe, während Mörder enthauptet wurden. Keine schönen Erinnerungen für ein Gebiet, das heute Nationalheiligtum und zugleich Weltkulturerbe ist. Aber diese Strafen wurden nach dänischem Recht vollstreckt. Vorher, als Island noch ein unabhängiger Freistaat war, gab es die Todesstrafe nicht. Unrecht musste mit Geld und Landbesitz beglichen werden oder wurde mit Exil bestraft. Diese humane Gerichtsbarkeit endete nach 332 Jahren, als Island im Jahr 1262 seine Unabhängigkeit verlor.

Im 13. Jahrhundert hatten sich mächtige Sippen gebildet, die die gesamte politische und wirtschaftliche Macht in Händen hielten und sich gegenseitig bekämpften. Zuletzt waren es zwei Familienclans, die das Land in blutige Kriege stürzten. Norwegische Könige hatten unterdessen nichts unversucht gelassen, die Insel unter ihre Herrschaft zu bringen. Sie provozierten und schürten die Familienfehden, hetzten ihre Vertreter gegeneinander auf, spielten sie wie Schachfiguren aus. So wurde der berühmte isländische Dichter, Historiker und Oberhaupt des Sturlunger-Clans, Snorri Sturluson, im Jahr 1241 im Auftrag des norwegischen Königs Hákon ermordet. Nachdem fast alle einflussreichen Männer bei Kämpfen getötet worden waren, zwang König Hákon die Isländer im Jahr 1262, den Treueid auf die norwegische Krone zu schwören. Fortan waren sie als Untertanen Norwegens tributpflichtig. Sie durften nur noch mit norwegischen Kaufleuten Handel treiben, und Steuern wurden rücksichtslos eingetrieben. Durch Heiratspolitik geriet Island zuerst an

Schweden und schließlich unter dänische Herrschaft. Eine lange, von Not, Elend und Hunger gezeichnete Periode begann. Pest und Seuchen, schwere Vulkanausbrüche und Überschwemmungen suchten das Land heim. Erst 682 Jahre später konnten die stolzen Nachkommen der Wikinger ihre Unterdrücker abschütteln. Endlich waren sie wieder ein freies Volk.

Die Westmännerinseln – feurige Geburt, Stürme und Piraten

Auf dem Campingplatz in Þorlákshöfn an der Südküste steht nur mein Zelt. Reisende halten sich hier selten länger auf. Sie wollen zu den Westmännerinseln und steuern ihre Wagen meist direkt zur Fähre.

Von Reykjavík gibt es eine Busverbindung nach Þorlákshöfn, doch das wäre für mich ein weiter Umweg gewesen. Deshalb versuchte ich es per Anhalter. In drei Etappen bin ich von Þingvellir über Laugarvatn und Selfoss ans Ziel gelangt und habe nie länger als ein paar Minuten warten müssen. Zuletzt nahm mich ein isländisches Ehepaar mit, das zunächst an mir vorbeigefahren war, umdrehte und mich direkt am Zeltplatz absetzte. Er liegt am Rande der Ortschaft mit Blick aufs Meer, neben dem Friedhof und der Kirche, die Bischof Þorlák geweiht ist, der im 12. Jahrhundert lebte.

Früher bestand Þorlákshöfn aus einem einzigen Gehöft, doch im Sommer kamen aus dem übrigen Land viele Leute, um Fischfang zu betreiben. Die Gemeinde hat mit Informationstafeln einen historischen Rundgang eingerichtet, um zu zeigen, wo die Saisonhütten standen und welche Geschichten und Sagen sich hier abspielten. Auch ein Museum darf nicht fehlen, es zeigt präparierte Vögel und Fische. Besonders stolz ist die Museumsleiterin auf einen zwei Meter großen Mondfisch, der sich ins Hafenbecken verirrt hatte und den man wegen seiner hohen Rückenflosse zuerst für einen Hai hielt.

Þorlákshöfn hat ungewöhnlich breite Straßen, als wären sie für Großstadtverkehr geplant, doch selten fährt ein Auto vorbei. Die einstöckigen Betonhäuser sind von akkurat gepflegten Rasen mit

Blumenrabatten umgeben. Alles scheint wohlgeordnet, nur Menschen sehe ich kaum.

Als ich am nächsten Morgen aus dem Zelt krieche, empfängt mich Nieselregen. Vom sonnigen Sommerwetter verwöhnt, beginne ich sofort zu frösteln. Missmutig rolle ich das nasse Zelt zusammen und marschiere durch leere Straßen zum Hafen. Ein nasskalter Wind bläst mir unangenehm ins Gesicht. Im Museum hatte ich historische Fotos gesehen, und unwillkürlich muss ich an die Fischer denken, die früher mit winzigen Booten aufs Meer hinausfuhren, Wellengischt und Seewind ungeschützt ausgesetzt, oft bis auf die Haut durchnässt und stets mit dem Risiko, bei einem Sturm zu kentern und zu ertrinken.

Hier im Süden gibt es nur zwei Häfen: im Südwesten Porlákshöfn und im Südosten Höfn. Die Küste dazwischen ist für einen Hafen ungeeignet, da Gletscherflüsse zu viel Geröll und Schotter ins Meer schwemmen. Dennoch – nach fünfzigjähriger Planung und vielen Milliarden Kronen – baggert man an der Mündung des Markarfljót ein Hafenbecken aus. Ausgerechnet dort, wo beim Ausbruch des Eyjafjallajökull der Fluss Hochwasser führte und Unmengen von Gesteinsmaterial transportierte. Dadurch wurde ein Teil des gerade fertiggestellten Hafenbeckens verschüttet. Das Projekt wird trotzdem fortgesetzt, denn die Fährverbindung zu den Westmännerinseln ist nur acht Kilometer lang, während die vom westlicher gelegenen Porlákshöfn mehrfach so weit ist und immerhin drei bis vier Stunden dauert.

Beim Ablegen der Fähre stehe ich an Deck. Mir fällt die gewaltige Hafenanlage auf, die als Wellenbrecher ins Meer hinausgebaut wurde. Jeder einzelne der fast 3000 Steine soll etwa zehn Tonnen wiegen. Während der Überfahrt halte ich nach Seevögeln Ausschau. Basstölpel fliegen pfeilschnell über den Wellen dahin, und einmal meine ich, die Flosse eines Wals zu entdecken. Weit kann ich nicht sehen, die Ferne ist neblig, der Horizont vom Dunst verschluckt. Gut zwei Stunden vergehen, bis die Westmännerinseln als blassblaue Silhouetten auftauchen. Es ist ein Archipel von vereinzelten Felszacken und zwölf Inselchen. Nur eine ist groß genug, dass Menschen sich ansiedeln konnten. Heimaey nennen die Insulaner ihre Heimatinsel, auf der es eine einzige Ortschaft gibt, Vestmannaeyjum.

Die Inseln sind geologisch jung. Erst vor 10 000 Jahren war die Lavaproduktion der unterseeischen Vulkane groß genug, dass festes Land über die Meeresoberfläche hinauswuchs. Neueste Forschungen widerlegen diese Behauptung, denn auf Heimaey haben Geologen 40 000 Jahre altes Gestein gefunden.

Angeblich entstand die Bezeichnung »Westmännerinseln«, weil irische Sklaven – sie wurden Westmänner genannt, denn ihr Land lag westlich von Norwegen – auf diese Inseln geflohen waren, nachdem sie den Ziehbruder von Ingólfur erschlagen hatten. Der Name blieb an der Inselgruppe haften, so die gängige Erklärung. Archäologen jedoch waren sehr erstaunt, als sie auf Heimaey Siedlungsspuren aus dem 8. Jahrhundert fanden, bevor die ausgewanderten Norweger Island in Besitz nahmen. Wahrscheinlich stammen die Mauerreste von den Papen, den irischen Mönchen, auch sie Westmänner. So hat der Name vielleicht diesen noch älteren Ursprung.

Die Fähre stampft durch die Wellen auf die Hauptinsel zu, die sich geheimnisvoll in Nebel hüllt. Wabernde Schwaden geben senkrechte Felswände frei und verdecken sie gleich wieder. Das Schiff fädelt sich vorsichtig in die enge Hafeneinfahrt ein und tuckert den schmalen Hafenkanal entlang. Zum Greifen nah ragen auf beiden Seiten Felsklippen in die Höhe, in denen Möwen nisten. Wellen schlagen heftig gegen Aushöhlungen und Grotten, Seevögel fliegen kreischend ums Deck, erfüllen die Luft mit Geschrei. Plötzlich verspüre ich in mir eine seltsame Aufregung, wie immer, wenn ich mich einem unbekannten Land nähere. Doch was wird es auf der winzigen Insel schon zu entdecken geben? Mithilfe von Büchern habe ich mich längst kundig gemacht und will nun besichtigen, was ich gelesen habe. Vielleicht rührt meine Spannung von einer unbestimmten Ahnung her, dass mir Heimaey noch ganz andere Überraschungen zu bieten hat.

Die Fähre legt an, und die Besucher strömen an Land. Ein Fahrzeug mitzunehmen lohnt sich nicht, denn die längste Strecke von einem Ende der Insel zum anderen beträgt sieben Kilometer. Bei einer Gesamtfläche von etwa elf Quadratkilometern ist kein großartiges Straßennctz zu erwarten, zudem ist mehr als die Hälfte der Insel von unwegsamen Lavafeldern bedeckt. Die knapp 5000 Heimaeyraner haben dennoch ihre teuren Geländewagen vor den schmucken Einfamilienhäusern stehen. Wirtschaftlich geht es den meisten Leuten hier besser als denen auf dem Festland. In den Fünfzigerjahren gab es sogar ernsthafte Bestrebungen, sich von Island loszusagen und einen unabhängigen Inselstaat zu gründen. Hauptargument war die florierende Fischindustrie. Auf Heimaey werden zwanzig Prozent des exportierten Fisches von knapp zwei Prozent der isländischen Gesamtbevölkerung verarbeitet. Inzwischen haben die Insulaner sich längst anders besonnen. Sie können sich gar nicht von Island trennen, denn von dort erhalten sie das lebensnotwendige Trinkwasser. Durch eine am Meeresboden verlegte vierzig Kilometer lange Pipeline strömen täglich fünf Millionen Liter Wasser auf die Insel. Schon immer war Süßwasser auf Heimaey knapp. Seen, Flüsse, Bäche gibt es nicht, deshalb musste man das Regenwasser von den Hausdächern auffangen.

Auf dem Weg zum Campingplatz durchquere ich in wenigen Minuten den Ort. Einstöckige Häuschen begrenzen die breiten Straßen. Lustige Wegweiser, geschmückt mit dem Abbild eines Papageitauchers, machen auf wichtige Einrichtungen wie Post, Bank, Schule, Museum, Rathaus aufmerksam und dirigieren mich zum Zeltplatz im Talkessel Herjólfsdalur.

Der Platz ist traumhaft. Wie ein Amphitheater wird er im Halbrund von Felsklippen eingerahmt. Allerdings machen unzählige Buckel es mir nicht leicht, einen ebenen Platz für mein Zelt zu finden. Niemand sonst zeltet hier, denn es gibt einen zweiten, näher an der Ortschaft gelegenen Platz, den vor allem Reisende mit Wohnwagen ansteuern. Mit einer gut eingerichteten Küche, geräumigen Wasch- und Toilettenanlagen ist er weit besser ausgestattet, während auf dem von mir gewählten Zeltplatz die Einrichtungen recht spartanisch sind. Dafür teile ich den idyllischen Ort einzig mit Austernfischern, Rotschenkeln, Dreizehenmöwen und den Papageitauchern, die an den grünen Grashängen ihre Brutröhren in die Erde gegraben haben.

Nachdem mein Zelt steht, steige ich den Hang hinauf zu den 250 Meter hohen Felsklippen. Zum Glück bin ich schwindelfrei, denn oben fällt der schmale Grat senkrecht ab zum Meer. Donnernd und gurgelnd schlägt die Brandung tief unten gegen die Felsen. Ich habe ein flaues Gefühl im Magen, als ich mich auf dem Grat vorantaste, doch die grandiose Aussicht lohnt den Nervenkitzel. Der Nebel hat sich aufgelöst, der Tag ist sonnenklar.

Im Norden blicke ich weit übers Meer bis zur isländischen Küste, dort sehe ich den Eyjafjallajökull aufragen, der zwar seine Ascheproduktion eingestellt hat, aber stattdessen eine weiße Wolke in den Himmel sendet. In seinem Krater kocht das Gletscherwasser, deshalb der Dampf. Neben ihm erhebt sich der breite Gletscher Mýrdalsjökull, unter dem sich der Vulkan Katla verbirgt. Im Süden überblicke ich die Insel Heimaey bis zur Südspitze Stórhöfði. Der im Osten liegende Ort wird von zwei Vulkanen überragt, dem 5000 Jahre alten Helgafell und dem erst jüngst entstandenen Eldfell. Nach unten schaue ich auf den Platz mit meinem Zelt, neben dem sich ein weiträumiger Golfplatz bis zum Meer erstreckt.

Ich habe mich bis zur westlichen Felsspitze vorgewagt. Es ist berauschend, auf dem Grat hoch über dem Abgrund zu balancieren. Die weite Aussicht hat mich die Gefahr vergessen lassen. Doch plötzlich beuteln mich heftige Windböen. Ich rutsche und verliere auf dem lockeren Geröll fast den Halt. Da ist nichts zum Festhalten, kein Baum, kein Strauch, auf beiden Seiten geht es fast senkrecht in die Tiefe. Gerade noch kann ich meine Balance wiederfinden und wünsche, ich wäre schon unten am Wandfuß und in Sicherheit. Leider muss ich auf dem Grat zurück, dorthin, wo über Grashänge der Abstieg möglich ist. Als ich endlich diesen Punkt erreiche, hat sich der Wind beruhigt, und ich wandere auf dem Höhenpfad weiter bis zum Gipfel Há. Von dieser Felszacke blicke ich hinab auf den Hafen und die sich unten ausbreitende Ortschaft, zu der ich problemlos absteigen kann. Die Grashänge sind übersät mit Papageitauchern. So weit mein Auge reicht, überall die clownbunten Vögel. Bewegungslos hocken sie im Gras, geben keinen Laut von sich. Die Brutsaison hat längst begonnen, sie müssten sich eigentlich um ihre Eier kümmern oder Nahrung für die geschlüpften Jungen heranschaffen. Stattdessen sitzen sie in der Sonne und lassen es sich gut gehen.

Es war am 23. Januar 1973, als mitten in der Nacht die Erde aufriss und Feuerfontänen in den Himmel schossen. Aus einer mehr als eineinhalb Kilometer langen Spalte floss glühende Lava Unheil bringend, alles verschlingend auf die Häuser zu. Ich hatte von diesem Vulkanausbruch gelesen, doch erst als ich mich inmitten des erkalteten Lavastroms befinde, die noch immer deutlich sichtbaren Spuren der Zerstörung sehe, begreife ich, was damals geschah.

Die Menschen hätten eigentlich gewarnt sein müssen. Es war nicht einmal zehn Jahre her, da konnten sie aus nächster Nähe gewaltige Eruptionen beobachten und die Insel Surtsey plötzlich aus dem Meer aufsteigen sehen. In ihrem Boot hatten Fischer am 14. November 1963 einen beißenden Schwefelgeruch wahrgenommen, ihr Kahn tanzte auf den Wellen, schlingerte und kreiselte. Blubbernd stiegen Blasen auf. Die Fischer konnten sich und ihr Boot gerade noch in Sicherheit bringen, bevor eine Dampfwolke in die Luft geschleudert wurde und das Meer Feuer spuckte. Eine brennende, brodelnde Masse türmte sich über dem Wasser auf, erreichte schließlich eine Höhe von 155 Metern. Vier Jahre lang dauerte die Geburt der neuen Insel. Die Leute wiegten sich in Sicherheit, dachten sie doch, der Druck im Inneren der Erde habe ein Ventil gefunden, und nun sei alles in Ordnung. Schließlich lag die letzte Eruption auf ihrer Heimatinsel 5000 Jahre zurück. Doch sie irrten sich. Ohne Vorzeichen öffnete sich direkt neben ihren Haustüren der heiße Schlund ins glühende Erdinnere.

Im Osten des Ortes führt unmittelbar neben den Häusern eine Treppe zur aufgetürmten Lava hinauf. Auf sorgfältig angelegten Pfaden wandere ich über die Oberfläche des erstarrten Lavaflusses. In meiner Phantasie stelle ich mir vor, wie dieser glühende Strom unaufhaltsam dahinfloss. Ich höre das Dröhnen der Explosionen, sehe glutrote Feuerfontänen in den Nachthimmel steigen, beißender Schwefelgeruch dringt in meine Nase. Ein Haus nach dem anderen fällt dem Feuer zum Opfer, wird von Lava eingeschlossen, von ihr ganz zugedeckt. Ich spüre die Verzweiflung der Menschen, die ihr Heim verlieren und damit alles, was sie besitzen.

Inmitten der erkalteten, schwarzen Lava blinkt im Sonnenlicht ein heller Schein. Ich gehe näher heran und sehe eine Messingtafel. Wie bei einem Grabstein sind Name, Geburts- und Todesjahr eingraviert.

Es sind aber nicht die Daten eines Menschen, sondern die eines Hauses, wann es gebaut wurde, das Datum des Unglückstages und der Satz: »20 Meter unter Lava begraben«. Mich berührt diese Gedenktafel sehr. Ein Haus, vom dem nichts übrig geblieben ist, lebt in der Erinnerung fort, und man gedenkt seiner wie eines lebenden Wesens. Der Pfad führt mich an weiteren Metalltafeln vorbei. Ein Friedhof für Häuser, das gibt es wohl nur auf Island.

Auf meinem Weg gelange ich auch zum »Pompeji des Nordens«, der Name ist dem Pompeji am Vesuv nachempfunden. An der Stätte wird noch gearbeitet, zwei oder drei Häuser sind teilweise schon ausgegraben. Eine helle Wand lugt erstaunlich unbeschadet aus dem schwarzen Geröll heraus. Dieses Haus wurde nicht wie andere Häuser von glühender Lava, sondern von Asche bedeckt. Man will noch mehr Gebäude freischaufeln und mittels des zugkräftigen Namens einen Anziehungspunkt für Touristen schaffen.

Im Rathaus erkundige ich mich nach Zeitzeugen der Katastrophe, und man rät mir, mit Sigurgeir zu sprechen. In seinem Kino könne ich mir sogar einen Film über den Ausbruch ansehen, die »Volcano-Show«. An der Hauswand leuchtet eine Malerei: Ein Delfin springt aus den Wellen, Möwen kreisen am blauen Himmel, und Papageitaucher hocken auf Felsklippen. Im Garten sind riesige Knochen von Walen aufgestellt, umgeben von einer überraschend üppigen Blumenpracht. Das muss einer der schönsten Gärten Islands sein, denke ich bewundernd.

»Sigurgeir kommt jeden Augenblick heim«, sagt Ruth, seine Frau. Sie füttert gerade eine junge Dreizehenmöwe. »Das Küken ist höchstens drei Tage alt. Kinder haben es am Fuß der Felsklippen gefunden. Ich versuche, es zu retten«, erklärt sie mir.

Ruth kann nicht ahnen, dass mich eine unstillbare Leidenschaft plagt: die Aufzucht junger Vögel. Wenn es gelingt, einen hilflosen

Nestling aufzupäppeln, bis er davonfliegen kann – welche Freude! Großmütig gestattet mir Ruth, dem Küken einen Fisch zu geben. Mit der Pflege von Möwen hatte ich bisher noch keine Erfahrung. Das Kleine sperrt nicht wie ein Singvogel seinen Schnabel auf, damit man das Futter hineinstopfen kann, sondern schnappt mir mit heftigem Zustoßen das Fischchen aus den Fingern. Ich bin überrascht, wie kräftig sie den Fisch packt, wie gierig sie ihn verschlingt.

Erst hatte ich Ruth für eine Isländerin gehalten, aber sie ist in Stuttgart geboren. Bei einer Urlaubsreise lernte sie Island kennen und verliebte sich in das Land, das jahrelang ihre große Sehnsucht blieb. Als ihr erster Mann sehr jung starb, war Island ihre Rettung. Um Verlust, Einsamkeit und Trauer zu überstehen, reiste sie nach Island. Jahre später lernte sie den Schauspieler und Theaterregisseur Sigurgeir kennen, der sie bat, einen deutschen Text für seine Volcano-Show zu verfassen. Er stammt von den Westmännerinseln, und als er beschloss, auf seine Heimatinsel zurückzukehren, eröffneten sie zusammen ein Gästehaus, das sie *Hreiðrið*, »Vogelnest«, nennen. Die Zimmer sind mit Papageitaucher-Motiven verziert. Mit Kartoffelstempeln hat Ruth die Friese an den Wänden selbst gestaltet und ihre schönsten Tier- und Landschaftsfotos aufgehängt. Jedes Zimmer trägt einen Vogelnamen. »Küstenseeschwalbe« ist gerade frei geworden, und spontan beschließe ich einzuziehen. Während wir zusammen das Zimmer herrichten, erzählt mir Ruth nebenbei, dass sie von der Vermietung nicht leben können. »Knapp zwei Monate lang, nur während des kurzen Sommers, haben wir diese Einnahmen, das reicht nie und nimmer für das ganze Jahr. Ab Herbst arbeite ich in der Bäckerei. Island ist nicht nur für Touristen teuer, sondern zuallererst für uns Einheimische«, erklärt sie mir.

Ich versuche, ein Lächeln zu verbergen, weil sie sich zur Isländerin gemacht hat. Ruth hat eine Ausbildung als Reiseleiterin, und ich kann mich einer Gruppe anschließen, die sie am Nachmittag zum Eldfell, dem »Feuerberg«, führen wird.

Zuerst zeigt sie uns den Ort und weist auf dünne Säulen hin, die überall neben den Gebäuden stehen und ähnlich wie Wasserstandsmarken anzeigen, wie hoch die Asche sich aufgetürmt hatte. Keine Säule ist unter einem Meter, die meisten sind zwei Meter und höher. Erst da wird mir bewusst, dass der schmucke Ort mit seinen farbenfrohen Häuschen und den gepflegten Vorgärten unter schwarzer Asche fast verschwunden gewesen war und meist nur noch die Dächer herausragten.

An der Landakirkja, der drittältesten Steinkirche Islands aus dem Jahr 1780, machen wir kurz halt.

Gegenüber dem Gotteshaus liegt der Friedhof. Am Seelentor steht die Inschrift *Ég lifi og pér munuð lifa*. Ruth übersetzt für uns: »Ich lebe und ihr werdet leben.«

»Auf Heimaey haben diese Worte von Jesus ihre eigene Bedeutung«, sagt sie und weist auf eine neben dem Friedhofseingang aufgestellte Tafel mit Fotografien. Ein Foto zeigt den Blick durch das Tor auf den Feuer spuckenden Vulkan, auf dem anderen Foto steckt dasselbe Tor in schwarzer Asche, nur der obere Rand ragt heraus.

»Auch die Gräber waren unter meterhohen Ascheschichten begraben«, erzählt sie weiter. »Es hat ein halbes Jahr gedauert, bis der Friedhof per Hand freigeschaufelt war, denn zwischen den Gräbern konnte man keine Maschinen einsetzen. Geholfen haben Freiwillige aus aller Welt, insbesondere Jugendliche.«

Vom Friedhof aus sind es nur wenige Schritte zum erkalteten Lavastrom. Wir besichtigen »Pompeji« und steigen dann im Gänsemarsch zum Eldfell hinauf, der sich als rostroter 227 Meter hoher Kegel vor uns aufbaut. Am Bergfuß wächst Enzian, die Blüten sind klein, dafür aber leuchten sie tiefblau. Ruth zeigt uns eine andere pflanzliche

Kostbarkeit, eine Knabenkrautorchidee. Der Reisegruppe gefallen am besten die Lupinen. Hüfthoch, blau und lila blühend, überzieht das Blütenmeer den Berghang.

»Das sieht aber hübsch aus!«, rufen alle begeistert und knipsen um die Wette.

Ruth gibt zu bedenken: »Lupinen gehören nicht nach Island, sie stammen aus Kanada. Man hat Samen aus Flugzeugen verstreut, um die Ascheschichten zu befestigen und zu begrünen. Mit Erfolg, nun wirbelt der Wind nicht mehr so viele Partikel auf. Aber die Lupinen sind schnellwüchsig und robust. Sie breiten sich immer weiter aus und verdrängen einheimische Pflanzen.«

Der Aufstieg ist ungefährlich, jedoch mühsam wegen des locker aufliegenden Gerölls. Der Vulkan hat sich inmitten der 1600 Meter langen Spalte aufgewölbt, wo während des Ausbruchs die meiste Aktivität herrschte. Vom Gipfel blicken wir auf eine riesige, schwarze Lavafläche, die sich bis zum Meer erstreckt und die Insel um ein Drittel vergrößert hat.

»Fünf Monate haben die Eruptionen angedauert«, sagt Ruth, »und noch immer, nach über drei Jahrzehnten, ist der Vulkan so heiß, dass man in seiner Glut Brot backen kann.«

Die Gruppe schaut ungläubig. Einer bückt sich, berührt den Boden und stellt fest: »Ich spüre nichts!«

Ruth öffnet ihren Rucksack und holt eine Backform mit Teig heraus. Sie kennt die heißen Stellen am Kraterrand, und nach einer halben Stunde essen wir knusprig gebackenes Brot.

Nach dem Abstieg hat Ruth noch eine Überraschung bereit und führt uns zu einem kleinen Paradies. In der schwarzen Lavawüste hat ein Ehepaar ein blühendes Wunder geschaffen, einen Garten. Jeder Bürger von Heimaey konnte sich ein Stück Lava zur Begrünung aussuchen, aber nur Guðfinna und Erlendur ist es gelungen, die Ödnis zu bepflanzen. Inmitten der Lava, wo kein Grashalm wuchs, haben sie mit viel Geduld, Mühe und Liebe eine kleine Oase gestaltet.

Am Abend treffe ich Sigurgeir. Ruths Mann erzählt mir, wie er den Vulkanausbruch und die Hilfsaktionen erlebt hat: »Als die Leute in der Nacht aus dem Schlaf gerissen wurden, die Feuersäulen in den Himmel stiegen und die Explosionen ohrenbetäubend donnerten, begann eine beispiellose Rettungsaktion. 5500 Menschen mussten so schnell wie möglich runter von der Insel. Zum Glück lag die gesamte Fischereiflotte im Hafen, weil tags zuvor ein Unwetter getobt hatte. Da hatte ein Sturm auch einmal sein Gutes. Die Leute gingen ruhig und diszipliniert an Bord, nirgendwo gab es Streit oder Panik, gerade weil sich jeder der großen Gefahr bewusst war.«

»Die Leute konnten nichts retten, außer ihrem Leben?«

»Das war erst einmal das Wichtigste. In den folgenden Tagen konnten nach und nach Möbel, Autos, sogar die Maschinen der Fischfabrik in Sicherheit gebracht werden. Die Einwohner wurden innerhalb eines Tages von der Insel evakuiert. Alle überlebten den Ausbruch. Im Gegenzug kamen Leute, die helfen wollten, nach Heimaey, auch ich war dabei. Damals lebte ich noch in Reykjavík. Zusammen mit vielen Helfern sicherten wir die Häuser, die noch unversehrt waren, vor dem Ascheregen. Wir dichteten Türen und Fenster mit Wellblech ab, schaufelten die Dächer frei, damit sie nicht unter der Last zusammenbrachen und räumten mit Bulldozern Schneisen in die Asche. Der Ort war wie mit schwarzem Schnee zugedeckt, oft schaute von den Häusern nur noch der Dachfirst heraus.«

»Hatten da die Eruptionen schon aufgehört?«

»Keineswegs, auch die Lava floss weiter. Die Lava, das sagt sich so harmlos. Es war eine glühende Wand, die sich auf die Ortschaft zuwälzte, die immer näher kam, ein Haus nach dem anderen verschlang. 400 Häuser wurden vollständig vernichtet. Das Schlimmste aber war, dass die Lava Richtung Hafen floss. Jeden Tag kam sie dem Lebensnerv von Heimaey um vierzig Meter näher. Wenn die sich auftürmenden Gesteinsmassen die Einfahrt verschlossen hätten, es wäre das Ende gewesen. Ohne Hafen kann niemand hier leben, und an keiner anderen Stelle der Insel hätte ein neuer Hafen gebaut werden können. Da sind überall nur Steilklippen.«

»Was ist geschehen? Ist der Ausbruch zum Stillstand gekommen?«

»Nein! Wir haben den Lavastrom gestoppt!«

»Das war möglich? Wie denn?«

»Mit kaltem Wasser! Wir haben die Glut mit Meerwasser abgeschreckt. Zuerst hatten wir nur schwache Pumpen von der Feuerwehr, aber schon dieser erste Versuch zeigte, dass es klappen könnte. Dann kam das Feuerlöschboot, das schleuderte pro Sekunde 400 Liter Wasser auf die Lava. Die floss weiter, aber nun viel langsamer. Zwei Monate schon dauerte der Kampf gegen die Glut, da bekamen wir Ende März aus Amerika eine riesenstarke Pumpe. Der Hafen war gerettet, auch wenn die vorher 800 Meter breite Einfahrt jetzt nur noch 200 Meter breit ist. Aber das ist für Schiffe ausreichend, und durch die entstandene Mauer aus Lava ist der Hafen sogar besser geschützt als früher. Nach fünf Monaten und zehn Tagen erklärten Vulkanologen den Ausbruch für beendet, und die Menschen konnten nach Heimaey zurückkehren.«

»Sind denn alle zurückgekommen?«

»Fast alle. Ein paar ältere Leute sind bei ihren Verwandten auf dem Festland geblieben, andere hatten ihre Häuser verloren und wollten nicht am Ort des Geschehens ständig daran erinnert werden. Doch man kann sagen, heute ist Heimaey schöner als je zuvor.«

»Woran erinnerst du dich besonders, Sigurgeir, wenn du an den Vulkanausbruch denkst?«

»An die unglaublich große Solidarität! An die vielen, die geholfen haben. Es war wunderbar, wie jeder sein Bestes gab. Wir haben Tag um Tag bis zur Erschöpfung geschuftet. Wir waren zum Umfallen müde, dabei aber glücklich, obwohl wir total fertig waren.«

Mein nächster Tag beginnt nasskalt und trüb. Heimaey hat mildes Klima, weil ein Ausläufer des Golfstroms an den Westmännerinseln vorbeiströmt. Doch gerade deswegen verdüstert oft Nebel die Stimmung, und Regen fällt häufiger als auf dem Festland. Wie jeden Morgen führt mich mein Weg zuerst zur Klippe mit der großen Möwenkolonie. Auf schmalen Vorsprüngen nisten Dreizehenmöwen im senkrechten Fels. Aus Tang, Halmen und Schlamm gebaut, machen die Nester einen zerfledderten Eindruck. Ob es an der schlechten Stabilität liegt, dass immer wieder Küken herausfallen? Der Boden am Fuß der Klippe hat eine weiche Erdschicht, deshalb überleben die jungen Möwen fast immer den Sturz, sind aber dennoch zum Tode verurteilt, denn die Eltern füttern nur im Nest. Mit Ruth habe ich vereinbart, ihr abgestürzte Küken zu bringen.

Da sehe ich schon ein Federbündel, aber ich komme zu spät. Kopf und Hals sind verdreht, die Füße nach oben gestreckt. Ein trauriger Anblick. Das tote Küken will ich nicht einfach so liegen lassen. Ich nehme es in meine hohle Hand, um es an einem geeigneten Platz zu begraben. Plötzlich höre ich ein leises Piepsen, und schon drängt sich ein Köpfchen zwischen meinen Fingern hindurch und verlangt nach Futter. Das Küken lebt! Ein kleines Wunder, ich habe es gerade noch rechtzeitig gefunden. Was für ein Lebenswille! Unterkühlt ist es und halb verhungert, dennoch kämpft es sich ins Leben zurück.

Kann man sich vorstellen, dass Piraten von der Nordküste Afrikas die weite gefährliche Fahrt übers stürmische Meer bis Island wagten, um dort Menschen zu fangen, die sie dann auf dem Sklavenmarkt in Algier verkauften? Es klingt unglaubwürdig, ist aber doch so geschehen am 17. Juli 1627.

Drei Schiffe waren von Marokko losgesegelt, das damals zum Osmanischen Reich gehörte, weshalb das Ereignis auch als »Türkenraub« bezeichnet wird. Der Anführer war Murat Reis, ein zum Islam konvertierter Holländer. Er kannte sich im Norden aus, das erklärt, warum die Piraten ausgerechnet in Island auf Menschenraub gingen. Zu dieser Zeit befand sich die Insel unter dänischer Herrschaft; um ihr Handelsmonopol zu sichern, hatten die Dänen das Fort Skansinn gebaut. Die am Vortag gesichteten Schiffe kamen der Küste nicht näher, und so schöpfte die Wachmannschaft keinen Verdacht. Ihre Aufgabe war es zudem nicht, die Einwohner zu schützen, sondern mit Kanonenschüssen die Schiffe von Kaufleuten anderer Nationen zu vertreiben, damit sie mit den Isländern keinen Handel trieben.

Um mir den Überfall besser vorstellen zu können, wandere ich über die Insel nach Süden zur sogenannten Piratenbucht. Der Regen der letzten Tage hat einen Blumenteppich hervorgelockt. Farbenprächtige Polsterpflanzen beleben die schwarze Lava, violett blüht der Wilde Thymian, pink das Leimkraut, rosa die Strandnelken, weiß das Hornkraut. Ein stürmischer Wind hat die Wolken vom leuchtend blauen Himmel geblasen.

Die Piraten hatten ortskundige englische Fischer als Informanten angeworben, die, verärgert über das dänische Handelsmonopol, bereitwillig Auskunft gaben. Die Engländer wussten über das Fort Bescheid und lotsten die Seeräuber zur einzig möglichen Anlandestelle, einer flachen Bucht im Süden der Insel.

Die Landschaft hat sich seitdem kaum verändert, noch immer ist dieser Teil von Heimaey unbesiedelt. Sichtschutz bietet die flache, leicht gewellte, nur von niedriger Vegetation bewachsene Gegend nicht. Die Piraten versuchten auch gar nicht erst, sich zu verstecken. Sie wollten die arglose Bevölkerung überrumpeln, indem sie Angst und Schrecken verbreiteten. Bewaffnet mit Säbeln und Pistolen stürmten 300 Mann wie eine Meute tollwütiger Hunde über die Insel zu der etwa sechs Kilometer entfernten Ortschaft. Die dänische Wachmannschaft flüchtete auf ihr Schiff und segelte davon, überließ die wehrlose Bevölkerung den Sklavenjägern. Das Gebrüll der Angreifer mischte sich mit den entsetzten Schreien der Frauen, dem jämmerlichen Weinen der Kinder. Viele versuchten davonzurennen, stürzten von Kugeln getroffen nieder, andere, die sich in Höhlen versteckten, wurden entdeckt und herausgezerrt.

Mehr als 380 Jahre sind vergangen, aber im Bewusstsein der Inselbewohner ist die Tragödie noch immer gegenwärtig. Mit Gedenktafeln wird auf Orte des Geschehens hingewiesen und an Einzelschicksale erinnert. Da gibt es die Hundertmannhöhle – ein Hund verriet durch sein Bellen das Versteck. Mit einem Denkmal wird des Pfarrers Jón Þorsteinson gedacht, der ermordet wurde, weil er sich schützend vor seine Gemeindemitglieder stellte. Drei Tage lang streiften die Piraten über die Insel, suchten in allen Schlupfwinkeln, töteten diejenigen, die sich der Gefangennahme widersetzten und verschleppten 242 Menschen in die Sklaverei. Die Insel, auf der vor dem Überfall 500 Menschen lebten, war fast entvölkert.

Was für ein Leid! Die Gefangenen hatten den Tod von Angehörigen, Freunden, Bekannten miterleben müssen. Auf Piratenschiffen fuhren sie in ein unbekanntes Land, einem schlimmen Schicksal entgegen. Schmerzlich die schreckliche Gewissheit, die Heimat nie mehr wiederzusehen. Doch für einige wenige wurde das Wunder wahr, erfüllte sich die Hoffnung auf Freiheit, die Sehnsucht nach Rückkehr.

Auch Reverend Ólafur Egilsson geriet mit Frau und Kindern in Piratenhand. Er zählte bereits 63 Jahre, ein hohes Alter für damalige Verhältnisse. Auf dem Sklavenmarkt in Algier wurde nicht viel für ihn geboten. Der Menschenhändler versprach sich einen höheren Gewinn, wenn er ihn freiließ, damit er Lösegeld für seine Angehörigen auftreibe. Es war eine beschwerliche Heimreise, denn Ólafur besaß kein Geld für die Schiffspassagen und war auf Hilfe gutherziger Menschen angewiesen. Weite Strecken legte er zu Fuß zurück, musste um Essen und Übernachtung betteln. Wie hart und strapaziös die Heimkehr war, beschrieb er in seinem Buch *Reisubók séra Olafs Egilssonar*, das auch ins Englische übersetzt wurde. Es dauerte ein Jahr, bis er mit letzter Kraft Dänemark erreichte. Doch welch furchtbarer Schlag für den erschöpften Mann, als der dänische König gar nicht daran dachte, Geld für seine Untertanen zu zahlen, bei denen es sich ja »nur« um Isländer handelte.

Die Notlage der Entführten sprach sich in skandinavischen Ländern herum, in Gottesdiensten wurde für sie gebetet und Geld gesammelt. Es waren die einfachen Leute in Dänemark, Schweden, Norwegen, Norddeutschland und Island, die Mitleid hatten und reichlich spendeten. Nach zehn Jahren konnten 34 Menschen freigekauft werden. Unter den Heimkehrern war auch Guðriður Simonardóttir, die zum Zeitpunkt des Überfalls 29 Jahre alt war. Ihrem Mann, der den Sklavenjägern entkommen war, schrieb sie aus der Gefangenschaft einen ergreifenden Brief, den dieser nie bekam. Das Schriftstück landete auf verworrenen Wegen beim isländischen Bischof, wo es aufbewahrt wurde und bis heute erhalten blieb.

Guðriðurs Mann nahm sich eine Geliebte und bekam mit ihr ein Kind. Guðriður ihrerseits, ohne von der Untreue ihres Mannes zu wissen, verliebte sich nach ihrer Befreiung in den isländischen Pfarrer Hallgrimur Pétursson und erwartete von ihm ein Kind. Der

22-Jährige war den Heimkehrern in Kopenhagen zur seelsorgerischen Betreuung zugeteilt worden. Das Schicksal löste die ausweglose Situation auf seine Weise. Guðriðurs Mann ertrank beim Fischfang, bevor sie selbst Island erreichte. Nun war sie frei im doppelten Sinn und heiratete den Pfarrer. Mit fast vierzig Jahren galt sie als alte Frau, umso skandalöser, dass sie sich einen sechzehn Jahre jüngeren Mann nahm. Bei ihren puritanischen Landsleuten muss Guðriðurs Verhalten einiges Aufsehen und Unmut erregt haben. Was mochte sie erst während der zehn Jahre im Ausland getrieben haben?, fragten sich die Leute und nannten sie fortan nur noch die »Türken-Gudda«.

Sie mit einem Denkmal ehren? Auch nach fast vier Jahrhunderten hielt man das nicht für angebracht. Gegen Widerstand wurde es dann doch auf der Grünfläche vor dem Rathaus aufgestellt. Allerdings kann man in der groben Form nur mit Mühe eine Frauengestalt erkennen. Immerhin erinnert zu Füßen der Skulptur eine Tafel mit ihrem Namen an dieses außergewöhnliche Frauenschicksal. Ihr zweiter Ehemann, der junge Pfarrer, wurde ein angesehener Psalmist. Berühmt sind noch heute seine Passionsgesänge. Ihm zu Ehren hat man in Reykjavík die imposante Hallgrimskirche geweiht.

Zwei kiebitzgroße Vögel umkreisen mich aufgeregt, kommen zum Greifen nah. Mit kurzen, hektischen Flügelschlägen flattern sie so schnell, dass sie in der Luft auf einer Stelle schweben, dabei lärmen sie unentwegt. Ihr schrilles Tjik-Tjik-Tjik schmerzt in meinen Ohren. Sie geben sich alle Mühe, mich zu vertreiben. An dem rötlichen Schnabel mit der schwarzen Spitze, der länger als der Kopf ist, und den orangeroten, überlangen Beinen erkenne ich, dass es Rotschenkel sind, die ihr Brutgebiet gegen mich Eindringling verteidigen. Doch ich kann nicht weichen, denn nur auf diesem Pfad gelange ich zur Klippe, wo Jón Vigfusson nach einem Schiffbruch hinaufgeklettert ist. Das Meer hat über Jahrhunderte hinweg furchtbare Opfer von den Menschen der Westmännerinseln gefordert. Einmal ertranken in einer einzigen Nacht bei einem mörderischen Sturm mehr als fünfzig Männer, die in kleinen Booten zum Fischfang hinausgefahren waren. Damals lebten nicht mehr als 350 Menschen auf der Insel, deshalb waren so gut wie in jeder Familie Angehörige zu beklagen. Umso mehr werden geglückte Rettungen gefeiert und bleiben als Heldentaten im Bewusstsein der Menschen. Dem Fischer Jón Vigfusson wurde sogar ein Denkmal gesetzt. Ihm ist aber auch etwas fast Unmögliches gelungen.

Es war Winter, der 13. Februar, als das Fischerboot »Sigriður« in stürmischer See kenterte. Fünf Besatzungsmitglieder konnten sich an die Küste retten. Ich blicke vom Steilfelsen in die Tiefe, wo die Brandung gegen ein Kliff schlägt. Die fünf Gestrandeten klammerten sich an einen Stein, bei jedem Wellenschlag wurden sie vom eisigen Wasser durchpeitscht; über ihnen ragte der Fels senkrecht in die Höhe. Da kam keiner hinauf. Ebenso offensichtlich war, dass die Männer die winterliche Kälte nicht lange überleben würden.

Als Sportkletterin betrachte ich mir die Wand genau. Selbst ein trainierter Kletterer würde den sechzig Meter hohen Fels nicht ohne Hilfsmittel wie Seil, Sicherungs- und Standhaken bewältigen können. Das Kunststück ist auch keinem seither wieder gelungen, obwohl es unter besseren Wetterbedingungen versucht wurde. Bei Jón ging es nicht um sportlichen Ehrgeiz, sondern um Tod oder Leben. Rettung von außen konnte nicht kommen, niemand wusste von der Havarie des Schiffes. Der junge Fischer dachte sich wohl: »Sterben müssen wir ohnehin, da kann ich genauso gut versuchen, ob ich die Wand schaffe.« Und er kletterte in Dunkelheit und Kälte, mit nasser Kleidung, mit klammen Fingern und klobigen Fischerstiefeln.

Unglaublich, aber es gelang. Oben angekommen rief er seinen Kameraden zu, sie sollen ausharren, er werde Hilfe im Dorf holen. Da war aber kein Weg, er musste sich durch Schneewehen kämpfen, erreichte nach etwa vier Kilometern das erste Haus und führte die Helfer zurück zur Unglücksstelle. Seine Kameraden wurden gerettet. So geschehen im Jahr 1928.

Die Westmännerinseln sind reich an erstaunlichen Geschichten. Mit einem Mann, der etwas Unglaubliches erlebt hat, kann ich mich unterhalten. Er heißt Guðlaugar Friðþorsson, ist ein kräftiger, nicht sehr großer Fünfzigjähriger mit rundem, freundlichem Gesicht. Auf sein Erlebnis möchte er eigentlich nicht immer wieder angesprochen werden, dennoch gibt er mir höflich Auskunft.

»Sie haben mich nach London gebracht und dort in einem Institut untersucht«, erzählt er. »Die Professoren schüttelten nur die Köpfe. Unmöglich, ein Mensch kann das nicht überleben, meinten sie.«

Guðlaugar ist stundenlang durchs Meer geschwommen, Anfang März, als die Wassertemperatur knapp sechs Grad Celsius betrug. Es ging nicht darum, einen Rekord aufzustellen – er wollte sein Leben retten.

Alles geschah rasend schnell: Das Netz hatte sich am Meeresgrund verfangen, es gab einen starken Ruck, das Fischerboot wurde herumgerissen und kenterte. Verzweifelt versuchte die Mannschaft, das Rettungsboot aus der Verankerung zu lösen, aber es gelang nicht. Guðlaugar, der damals Steuermann war, berichtet: »Der Bootseigner hatte die automatische Öffnungsvorrichtung tags zuvor anbringen wollen, wurde dann aber bei der Arbeit gestört. Das hat meine vier Kameraden das Leben gekostet. Der Kapitän tauchte zweimal unter den kieloben treibenden Kahn, doch er mühte sich vergeblich, er bekam es nicht los. Dann verließen ihn die Kräfte.« Guðlaugars Stimme ist belegt. Über das Unglück zu sprechen fällt ihm noch immer schwer. »Ich war erst zweiundzwanzig Jahre alt und wollte noch nicht sterben. Also begann ich zu schwimmen. Zuerst waren die anderen noch neben mir, dann sah ich niemand mehr.« Der junge Steuermann wusste, die Küste war etwa sechs Kilometer entfernt. Die Gegenströmung zog an ihm, und harter Seegang erschwerte das Schwimmen. Es war Nacht, er konnte sich kaum orientieren, sah zwischen den hohen Wellen nur ab und zu die dunkle Küste und anfangs den Lichtschein des Leuchtturms an der Südküste. Doch er musste nach Norden in Richtung der Ortschaft schwimmen.

»Ich habe mich nach einem Stern gerichtet«, erzählt er weiter. »Eine Zeit lang flog ein Sturmvogel über mir, so dicht, dass ich ihn trotz der Dunkelheit sehen konnte. Ich redete mir ein, dass er mein Schutzengel sei. Das Schlimmste war nicht das kalte Wasser, sondern die Brandung, sie war ungeheuer stark. Es dauerte lange, bis ich endlich eine Stelle fand, wo ich an Land konnte.«

Guðlaugar musste ein Lavafeld queren, barfuß, denn die Stiefel hatte er ausgezogen, um leichter schwimmen zu können. Drei Kilometer humpelte er mit blutenden Füßen über die scharfkantige Lava, bis er das erste Haus erreichte. Von der Unterkühlung erholte er sich schnell, doch seine Füße waren durch den Gang über die Lava schwer verletzt. Wie lange er geschwommen ist? Genau lässt es sich nicht sagen, aber das Fischerboot kenterte gegen 22 Uhr, und um sieben Uhr klopfte er bei den Leuten an die Haustür, neun Stunden waren vergangen.

Kein Mensch könne in sechs Grad kaltem Wasser länger als wenige Minuten überleben, sagten die Experten. Willensstärke allein helfe da nicht. Die Wissenschaftler aus London fanden in Guðlaugars Körper eine ungewöhnlich große Menge braunes Körperfett. Tiere, die Winterschlaf halten, und auch Neugeborene sind mit dieser körpereigenen Heizung ausgestattet. Die braunen Fettzellen haben besonders viele Mitochondrien. Sie sind die Kraftwerke der Zelle und können durch einen einzigartigen Mechanismus bei Kälte sofort Wärme produzieren. Erwachsene brauchen diesen natürlichen Heizapparat nicht mehr. Wenn sie frieren, erzeugt ihr Körper durch Muskelzittern die nötige Wärme, deshalb haben sie nur noch sehr wenig braunes Fett. Bei Guðlaugar aber wurde eine dicke Schicht zwischen den Schulterblättern und im Nacken gefunden. Das hat ihn gerettet.

Ruth hat mir empfohlen, den Leuchtturmwächter Óskar Sigurðsson zu besuchen: »Seit fünfzig Jahren beringt er Vögel. Es gibt niemand auf der Insel, der mehr für den Vogelschutz getan hat als er. Für seinen Einsatz hat ihm die Regierung eine Ehrenmedaille verliehen. Das Wichtigste aber ist sein tiefes Gespür für die Natur, er kann dir gewiss viel erzählen«, macht Ruth mich neugierig.

So begebe ich mich auf den Weg zum Leuchtturm im Süden der Insel nach Stórhöfði. Von 1906 an wurde der Leuchtturm stets von der gleichen Familie betrieben. Erst lebte Óskars Großvater dort, dann sein Vater und nach ihm wird der Sohn übernehmen, den er schon eingearbeitet hat. Es ist der letzte bemannte Leuchtturm Islands und zugleich eine wichtige Forschungsstation. Neben dem Beringen von Vögeln wird das Wetter beobachtet. Seit 1922 werden kontinuierlich Tag und Nacht alle drei Stunden die Messinstrumente abgelesen. Extrem hohe Windstärken wurden schon gemessen: 61 Meter pro Sekunde, das sind 220 Stundenkilometer und fast Weltrekord. Zum Vergleich, der Orkan Cyrill, der 2007 in Deutschland großen Schaden anrichtete, raste mit »nur« 202 Stundenkilometer über Europa hinweg.

Am Ende der flachen Ebene an der Südküste ragt eine Anhöhe auf, ein 122 Meter hoher ehemaliger Vulkan. Von dort oben sendet der

Leuchtturm seine Lichtsignale. Der Hang ist bunt gesprenkelt mit Papageitauchern. Ich wundere mich sehr, denn die dämmerungsaktiven Tiere verlassen nur morgens und abends ihre Bruthöhlen. Sie müssten alle auf ihren Eiern sitzen. Später erfahre ich, warum die Papageitaucher nicht brüteten, und selbst die ältesten Insulaner konnten sich an einen ähnlichen Vorgang nicht erinnern: Sei es, dass die Meere überfischt oder mit Giftstoffen verunreinigt sind, zu warm werden, Strömungsverhältnisse sich ändern oder welche Ursachen auch immer – die Vögel fanden ihre bevorzugte Nahrung nicht, den Sandaal, ein fingerlanges, durchsichtiges, dünnes Fischchen. Diejenigen, die schon ein Ei gelegt hatten, verließen es. War ein Küken geschlüpft, musste es verhungern. Es gab kaum ein Paar, dem es gelang, für Nachwuchs zu sorgen.

Die Kinder von Heimaey warteten im August vergeblich auf die ausfliegenden Jungvögel. Auf der Insel ist es Tradition, dass die Kinder mit Erlaubnis ihrer Eltern und Lehrer in der Nacht des »lundi-Flugs« aufbleiben dürfen. Die jungen Papageitaucher verlassen fast alle am gleichen Abend ihre Bruthöhlen. Auf dem Flug zum Meer verirren sie sich, von den nächtlichen Lichtern angezogen, in die Stadt. Unsanft gelandet, hocken sie rund und hilflos auf dem flachen Boden, denn nur von einer Klippe oder einer anderen erhöhten Stelle können sie starten. Damit die Vögel nicht den Katzen und Hunden zum Opfer fallen oder von Autos überfahren werden, laufen die Kinder mit Pappkartons durch die Straßen und sammeln die »Bruchpiloten« ein.

In früheren Jahren waren es jeweils Hunderte von Jungvögeln, denen die Kinder geholfen haben zu überleben. Es gibt sogar einen Wettbewerb für die meisten geretteten Vögel. Nach vollbrachter guter Tat schlafen die Kinder in ihren Betten und die Papageitaucher in ihren Pappkartons. Am nächsten Abend ziehen die Kinder mit den

Kartons zum Meer und lassen die Jungvögel fliegen. Ein bewegender Moment für die Kinder, die ihnen sehnsüchtig nachschauen.

Andererseits haben die Isländer keine Skrupel, ihr geliebtes Wappentier zu verspeisen: gebraten, gekocht, gepökelt oder geräuchert. Als traditioneller Leckerbissen steht »Papageitaucher« auf den Speisekarten und an Festtagen auf den Tischen. Gefangen werden die Tiere von professionellen Vogelfängern. Mit drei Meter langen Stangen, an denen sich vorn ein Netz befindet, stehen die Männer auf den Klippen und pflücken die Vögel aus der Luft, ähnlich wie ein Schmetterlingsfänger. Die Jagdsaison dauert von Juli bis Mitte August. Trotz des Fangs Tausender Vögel hatte sich die Anzahl in all den Jahren nicht verringert. An den Küsten Islands gibt es die weltweit größte Population von geschätzten zehn Millionen Papageitauchern. In diesem Sommer jedoch wurde auf den Westmännerinseln der Beginn der Jagd zuerst verschoben und dann ganz abgesagt.

Nah am Klippenrand sehe ich plötzlich eine Bewegung. Dunkelbraune Wollknäuel huschen umher, verschwinden unter den ausgebreiteten Flügeln einer Eiderente. Neugierig stecken sie ihre Köpfchen zwischen den Federn hervor und piepsen aufgeregt. Es muss die Ente sein, von der mir Ruth erzählt hat, die ihr Nest jedes Jahr erneut auf den Felsklippen baut, von denen kein Weg hinunter zum Meer führt. Die Küken müssten verhungern oder würden sich zu Tode stürzen, wenn Óskar, der Leuchtturmwächter, sie nicht in einem Korb hinuntertragen würde. Unten an der Küste nimmt die Entenmutter ihre Kinderschar wieder in Empfang.

Einsam steht der Leuchtturm auf der Anhöhe. Kein Haus, kein Mensch weit und breit. Ich klopfe an die Tür, blicke durch ein Fenster und sehe innen einen wohnlich eingerichteten Raum. Ich höre ein Geräusch und drehe mich um. Ein hochgewachsener, weißhaariger, weißbärtiger Mann von etwa siebzig Jahren steht vor mir. Er muss

Ein weltberühmtes Naturspektakel: der Geysir im Süden Islands. Er ist der Namensgeber aller aufbrausenden Quellen der Welt.

Vom Turm der Hallgrímskirche blicke ich auf die buntfarbenen Häuser Reykjavíks. Im Hintergrund ist der Hafen zu sehen.

Der Austurvöllur-Platz im Zentrum der Hauptstadt. Die Menschen nutzen die ersten schönen Tage im Frühling, um Sonne zu tanken.

Stilisierte Papageitaucher weisen mir den Weg zur Bank und zum Postamt.

Das Café Paris ist ein beliebter Treffpunkt für die modernen und welt-
offenen Hauptstädter.

Donnernd schickt der Eyjafjallajökull seine Aschewolke himmelwärts.

Von meinem Zelt im Tal des Markarfljót-Gletscherflusses habe ich eine
hervorragende Sicht auf den Vulkan.

In der Morgensonne scheint die Vulkanwolke zu glühen.

Ein Obsidian: In diesem Moment ahne ich noch nicht, dass ich später auf einen Berg steigen werde, der ganz aus diesem seltenen Vulkanglas besteht.

Lange habe ich vergeblich nach ihnen gesucht, den Papageitauchern, bis ich sie an den Klippen der Westfjorde und auf den Westmännerinseln entdecke.

Ich freue mich über die Zuneigung der Islandpferde. Reiter schätzen besonders ihre Trittsicherheit und den angenehm schwingenden Tölt.

Bei Wanderungen im Hochland sind die scheuen Schafe oft die einzigen Lebewesen, die mir begegnen.

In Island sind Blütenpflanzen rar, manchmal aber füllen sie ganze Täler, wie hier das Wollgras.

Die wilde, ursprüngliche Natur Islands begeistert mich, und der Gletschersee Jökulsárlón fasziniert mich durch seine bizarre Eiswelt.

Reiten zu können ist für Isländerinnen auf dem Land selbstverständlich.

Islandpferde auf der Farm »Lämmerspielplatz«. Im Hintergrund leuchtet weiß einer der Gletscher des Vatnajökull.

Isländer verbindet ein tiefes Gefühl mit ihren Pferden, ohne die früher ein Leben auf der unwirtlichen Insel niemals möglich gewesen wäre.

Islandpferde symbolisieren Freiheit und Lebenslust, Unabhängigkeit und Ausdauer.

Der wilde Gletscherfluss Markarfljót bahnt sich seinen Weg durch das Tal bei Þorsmörk.

Der Aldeyjarfoss, eingerahmt von hohen Basaltsäulen, gilt als einer der schönsten Wasserfälle Islands.

Europas mächtigster Wasserfall, der Dettifoss, beeindruckt mich durch die Urgewalt seiner tosenden und tobenden Wassermassen.

Ein Bad in der »Landmännerquelle« ist meine Belohnung nach der anstrengenden Wanderung auf der Laugavegur-Route.

Das Alpenschneehuhn vertraut auf seine Tarnfärbung und lässt mich nahe herankommen.

Fast hätte ich sie übersehen, so perfekt sind die Eier des Regenbrachvogels farblich an die Umgebung angepasst.

Eine etwa drei Tage alte Dreizehenmöwe wartet hungrig auf Futter.

Ich genieße die sonnigen Tage und die hellen Nächte des isländischen Sommers.

Im warmen Abendlicht leuchten die Basaltsäulen des Reynisfjall, des Hausbergs von Vík.

Der Zeltplatz von Land-
mannalaugar wird von
bunten Rhyolithbergen
eingerahmt.

Geschützt vor Regen und Sturm liegt mein Lager in einer versteckten
Felsgrotte.

Höhepunkt meiner Wanderung, die Oase Herðubreiðarlindir mit dem Vulkan Herðubreið.

Ein geheimnisvoller Ort, der Krater Askja mit dem schwefligen Wasser des Víti (im Vordergrund) und der Kratersee Öskjuvatn.

Im Sommer genießen die Schafe grenzenlose Freiheit. Erst im Herbst werden sie in die Täler getrieben und zu ihren Heimathöfen gebracht.

Selbst die Jüngsten sind dabei, wenn es gilt, die Schafe anhand der Markierungen ihren Besitzern zuzuordnen.

Für die Menschen auf dem Land ist der Schafabtrieb ein festliches Ereignis.

Die neunjährige Karin Sól möchte einmal Malerin werden.

Zuckerwatte – süß, aber schwierig zu schlecken.

Der Stadtsee in Reykjavík ist am Wochenende ein beliebtes Ausflugsziel.

Die Isländer sind Nachkommen der norwegischen Wikinger und der keltischen Bevölkerung Schottlands und Irlands.

Die nördlichste Hauptstadt der Welt zeigt sich mir von ihrer sonnigen Seite. Ich könnte mir vorstellen, hier noch eine Weile zu bleiben.

Wer wie ich Islands Schönheiten erleben durfte, möchte auf jeden Fall wiederkommen.

bei der Wetterstation gewesen sein, denn in den Händen hält er eine Kladde mit Messdaten. Ob er Óskar sei, frage ich. Er nickt, und ich stelle mich vor, erkläre ihm mein Anliegen. Stumm schaut er mich an. Am Ausdruck seiner Augen erkenne ich, dass er kein Wort verstanden hat. Wie selbstverständlich war ich davon ausgegangen, dass Óskar Englisch spricht wie alle Isländer, denen ich bislang begegnet bin. Wie schade, gerade mit ihm, der mir so viel erzählen könnte von Naturerlebnissen, Vogelbeobachtungen und seiner romantischen Einsamkeit im Leuchtturm, kann ich mich nicht unterhalten. Wie soll ich mich nur verständlich machen, wenn er nicht Englisch und ich kaum ein Wort Isländisch kann? »*Islandic – English translation!*«, versuche ich es noch einmal.

Aha! Er nickt, hat verstanden, läuft ins Leuchtturmhaus. Vielleicht holt er seinen Sohn zum Übersetzen. Doch er kommt allein zurück, in den Händen ein großes, schweres Buch: ein englisch-isländisches Wörterbuch. Oje, ein Gespräch mit Wörterbuch, wobei man jedes einzelne Wort nachschlagen müsste, ist so gut wie unmöglich. Óskar aber blickt mich erwartungsvoll an. Ich will ihn nicht enttäuschen, er soll das Buch nicht umsonst geholt haben. Wenigstens ein Wort will ich heraussuchen, aber welches? Am besten, ich sage ihm, dass ich Schriftstellerin bin, dann versteht er vielleicht, dass ich von ihm Geschichten hören wollte. Ich finde das englische Wort *bookmaker*, tippe darauf und dann auf mich. Óskars Augen weiten sich, als er das isländische Wort gelesen hat. Völlig überrascht starrt er mich an. Was ist daran so ungewöhnlich, Bücher zu schreiben, denke ich. Ich schaue noch einmal genauer hin und erkenne, ich habe mich geirrt und die klein gedruckten Buchstaben verwechselt. Ich hatte auf das Wort *boatmaker* gezeigt. Óskar war zu recht erstaunt, denn wie ein Bootsbauer sehe ich nun wirklich nicht aus.

Auch bei dem Gemälde an Ruths Hauswand hatte ich nicht richtig hingeschaut. Zwar lag ich mit der Bezeichnung »Delfin« nicht ganz falsch, gehört er doch zu den Walartigen. Aber dargestellt ist ein Schwertwal, auch Orca genannt. Und noch genauer: Es ist ein ganz bestimmter Orca mit Namen Keiko.

Ruth hat mir seine Geschichte erzählt: Als Baby, kaum ein Jahr alt, wurde er im Meer bei den Westmännerinseln gefangen. Keiko erwies sich als verspielt und sehr gelehrig. Er war die Attraktion im Meerwasseraquarium von Mexiko City, und bald entdeckte ihn Hollywood. Der junge Orca wurde ein Star, der Hauptdarsteller im Film »Free Willy«. Der Streifen, in dem der Junge Jesse dafür kämpft, dass der Schwertwal seine Freiheit wiederbekommt, rührte die Herzen der Menschen. Wer kennt nicht das Filmplakat, auf dem Jesse vor Freude die Arme in die Luft wirft und Keiko in hohem Bogen über ihn hinweg ins Meer springt.

Doch für den Hauptdarsteller gab es keine Freiheit, er vegetierte in einem Betonbecken dahin. Die Zuschauer hatten den Film für die Wirklichkeit gehalten und waren empört. Sie verlangten von den Filmbossen »Freiheit für Keiko«. Eine Fangemeinde formierte sich, gründete eine Stiftung und sammelte Geld, eine riesige Summe kam zusammen. Der Orca konnte seinen Besitzern abgekauft werden und wurde mit großem Aufwand in seine Heimat nach Island gebracht. Aber freilassen konnte man ihn nicht; während seiner Gefangenschaft hatte er Kunststücke gelernt, aber nicht wie man Fische fängt. Die Bucht von Klettsvík, in der Nähe der Hafeneinfahrt, wurde sein Aufenthaltsort. Dort sollte er langsam an die Freiheit gewöhnt werden.

Tiertrainer können ihren Zöglingen die seltsamsten Dinge beibringen, aber nur eine Walmutter kann ihrem Kind zeigen, wie man Fische fängt. Trotz großen Hungers wartete Keiko geduldig, bis ein freundlicher Mensch kam und ihn fütterte. Nach vier Jahren glaubten seine Betreuer, er sei nun fit für die Freiheit. Doch das Experiment misslang. Orcas leben und jagen zusammen in einem Verband miteinander bekannter Tiere, aber der an Menschen gewöhnte Schwertwal fürchtete sich vor seinen Artgenossen und schwamm allein durch den Atlantik. An der norwegischen Küste suchte er wieder den Kontakt zu den Menschen. Ein Jahr nach seiner Freilassung war er tot, offiziell an Lungenentzündung gestorben, in Wirklichkeit wohl an gebrochenem Herzen. Keiko war einsam und traurig, hatte sicherlich keine Freude mehr am Leben und konnte nicht verstehen, warum Menschen, die sich früher so intensiv mit ihm beschäftigten, ihn verlassen hatten und ihn in der Weite des Ozeans allein ließen. Er starb jung mit nur 27 Jahren. Ein Orca kann, wie der Mensch, fünfzig Jahre und älter werden.

Der lange Weg zur Landmännerquelle

Nun will ich hinauf in die Gletscherwelt, eine Woche durch das wilde Hochland wandern. Für den Einstieg in Islands Wildnis habe ich mir den *Laugavegur* gewählt, den bekanntesten und beliebtesten Wanderweg, der im Sommer von Tausenden Wanderern aus der ganzen Welt begangen wird. Zunächst erschrecke ich über die hohe Besucherzahl, aber da die Strecke fast hundert Kilometer lang ist, begegnet man unterwegs wenigen Leuten. Die meisten beginnen die Wanderung in den Bergen bei Landmannalaugar, der Landmännerquelle, und wandern abwärts in das Þórsmörk-Tal. Ich finde es spannender, vom Meer hinauf ins Gebirge zu steigen. Der Weg wird mich zwischen zwei Vulkanen hindurchführen, dem Eyjafjallajökull und dem Vulkan Katla unter dem Mýrdalsgletscher.

Die Nacht verbringe ich auf Meereshöhe am Wasserfall bei Skógar. Nicht nur wegen der nächtlichen Helligkeit liege ich schlaflos im Zelt; meine Stimmung ist gedämpft, weil mir der Abschied von den Westmännerinseln schwergefallen ist. Dort hatte ich so viele überraschende Dinge erfahren, interessante Menschen kennengelernt und Freundschaften geschlossen. Das Leben auf einer Insel hat etwas Verführerisches – es ist eine kleine, in sich geschlossene Welt, übersichtlich und begreifbar.

Es hat mich traurig gemacht, diese Geborgenheit wieder zu verlassen. Während das Schiff langsam durch die enge Hafeneinfahrt tuckerte, sah ich wieder die steilen Klippen, wie bei der Ankunft, aber inzwischen waren sie für mich ein vertrauter Anblick geworden. Rot und schwarz glänzte der Lavastrom, leuchtete der Eldfell im frühen Morgenlicht, und ich dachte an die Erzählungen der Inselbewohner, an ihre Geschichten, die mir einen tiefen Einblick in ihr Leben gewährt haben. Langsam entfernte sich das Schiff, Heimaey verwandelte sich in eine verschwommene, immer kleiner werdende Silhouette, dann lag nur noch das Meer vor mir, glatt und eisgrau.

Nach der Landung fuhr ich nach Vík, um mich mit Lebensmitteln für die Wanderung zu versorgen. Dort traf ich noch einmal Kolbrún, die Künstlerin, deren Glasskulpturen das Leben von der Geburt bis zum Tod symbolisieren. Sie erzählte mir begeistert von der gelungenen »Eruptionsende-Feier« vor einigen Tagen. Mit Musik, Tanz und Gesang hatten die Isländer ein großartiges Fest veranstaltet, nachdem der Eyjafjallajökull seine Aktivität eingestellt hatte.

Vorsichtshalber erkundige ich mich beim *Ferðafélag*, dem isländischen Wanderverein, ob die Passüberschreitung am Fimmvörðuháls bereits möglich sei. Die Auskunft ist positiv: kein Problem. Die frische Lava habe zwar den Pfad verschüttet, doch sei ein neuer Weg abgesteckt worden. Auch der Gletscher stelle keine Gefahr dar. Aber Vorsicht, er sei mit Asche bedeckt, und man müsse deshalb besonders auf Spalten achten.

So liege ich also in meinem winzigen Zelt, warte auf den Morgen und auf das nächste Abenteuer. Der Wasserfall Skógafoss rauscht und begleitet mich in den Schlaf. Das erste Mal habe ich ihn gesehen, als die Aschewolke niederging und sein Wasser pechschwarz gefärbt war. Wenig später besuchte ich in der Nähe das Museum des neunzigjährigen Gründers Þorður, da war das Wasser dunkelgrau. Noch immer, nach zehn Wochen, ist der Wasserfall getrübt, denn die auf dem Gletscher liegende Asche vermischt sich mit dem Wasser. Der 25 Meter breite Skógafoss stürzt sechzig Meter in die Tiefe. Hinter dem Wasserfall soll eine Goldtruhe versteckt sein. Þrasi, einer der ersten Siedler, hat seine bei Wikingerraubzügen erbeuteten Schätze hinter dem Skógafoss in Sicherheit gebracht. Einige Jahrhunderte später wäre es einem Dorfjungen, der auch den Namen Þrasi trug, fast gelungen, die Truhe zu bergen. Er kämpfte sich durch die Wucht des herabstürzenden Wassers, doch als er den Griff fasste und kräftig zog, riss dieser ab, und die Schatzkiste verschwand. Als Beweis für die Geschichte dient der Griff, ein goldener Ring, der in Þorðurs Museum zu sehen ist.

Als ich einschlafe, träume ich wild von Wasserstrudeln, glühender Lava und Möwen. Die Möwen sind Wirklichkeit, ihr Geschrei weckt mich auf. Sie nisten in dem vom Wasserfall ewig feuchten Felsgestein.

Mein Rucksack ist schwer, schließlich muss ich Lebensmittel für eine Strecke von hundert Kilometern dabeihaben, unterwegs gibt es keinen Nachschub. Schnaufend steige ich den Pfad rechts vom Skógafoss empor und folge dem Fluss, der in Kaskaden und glitzernden Wasserfällen durch das Steilgelände stürzt. Stunde um Stunde gewinne ich an Höhe, immer wieder bleibe ich stehen, um durchzuatmen und zurückzuschauen zur tief unten liegenden grünen Küste und weiter zum dunkelblauen Atlantik. Die Vegetation, die zunächst aus Zwergweiden, Polsterpflanzen, Moosen, Gräsern und Seggen besteht, wird immer karger. Zuletzt sind da nur noch Geröll und Flechten.

Nach fünf Stunden bin ich auf 900 Metern Höhe angekommen. Eine grüne Hütte mit rotem Dach wirkt von Weitem einladend und macht mir Hoffnung, dort übernachten zu können. Doch als ich ankomme, muss ich feststellen, dass die Hütte innen total verwahrlost ist. In diesem schmutzigen Raum möchte ich mich nicht einmal aufhalten, wenn draußen ein Schneesturm tobt. Was nicht so abwegig ist, denn mit krassen Wetterstürzen muss man in Island in dieser Höhe selbst im Sommer rechnen. Ich packe meine Wegzehrung aus und hocke mich auf die Treppe. Die Sonne scheint hell, der Himmel ist blau, und eine Schneeammer hüpft näher, als ein paar Brotkrumen zu Boden fallen. Der Wind weht zu heftig, um in dem ungeschützten Gelände mein Zelt aufzustellen. Ich muss weiter, obwohl mich der Aufstieg ermüdet hat.

Erfreulicherweise führt der Weg von nun an über ein nur noch mäßig ansteigendes Plateau. Auf einmal bemerke ich, dass ich auf Eis gehe – ich bin auf dem Gletscher! Ich habe es nicht sofort festgestellt, denn die schneeweiße Oberfläche ist mit grobkörniger Asche bedeckt. Aber wo Spalten den Gletscher durchziehen, blinken die Wände weiß. Ein mit Stöcken markierter Pfad führt mich an den Spalten vorbei über sicheres Terrain. Dennoch ist es ein unheimliches Gefühl, über einen Gletscher zu gehen, der erst kürzlich von einem Vulkanausbruch betroffen war. Feuer und Eis in innigster Verbindung zu erleben, ist beängstigend und faszinierend zugleich. Die Asche, die an der Küste niederging, war kalt. Diejenige, die auf den Gletscher fiel, muss heiß gewesen ein, denn der eisige Untergrund ist blasig aufgeworfen, Schollen und halbrunde Erhebungen haben sich gebildet. Ich schreite durch diese schwarze Gletscherwelt mit ihren seltsamen Formen und spüre auf einmal, wie allein ich bin. Kein Lebewesen weit und breit, nicht einmal eine kleine Schneeammer. In dieser totschwarzen Welt kann kein Leben überdauern.

In der Nähe des Passes Fimmvörðuháls liegt auf 1116 Metern Höhe die zweite Wanderhütte. Sie ist verschlossen und steht nur angemeldeten Wandergruppen zur Verfügung. In ihrem Windschatten kann ich mein Zelt aufbauen. Neben der Hütte erhebt sich im Westen der 1666 Meter hohe Eyjafjallajökull. Dunkel ragt der Kraterrand aus dem aschebedeckten Schnee heraus. Als ich eine Spur zum Gipfel entdecke, steht mein Entschluss fest: Ich fühle mich fit genug für den Aufstieg. Die meisten Sachen lasse ich im Zelt zurück. Nur mit einer Notausrüstung gefüllt, ist mein Rucksack angenehm leicht.

Das Wetter macht einen stabilen Eindruck, und Dunkelheit wird mich nicht überraschen, weil die Sonne die Nacht erhellt. Eine Trittspur führt mich im Zickzack aufwärts, schnell gewinne ich an Höhe und erreiche nach wenigen Stunden den Kraterrand. Eine weiße Wolke schwebt über dem tiefen Loch und steigt hoch hinauf in den Himmel. Unten im Kessel brodelt kochendes Wasser. Es wallt und quirlt, ist voll wilder Unruhe, erhitzt vom glühenden Inneren der Erde. Ein Anblick, der sich mir tief einprägt.

Müde von der Tour erreiche ich mein Zelt und schlafe sofort ein. Am nächsten Morgen schultere ich erneut den schweren Rucksack. Bald ist der Gletscher überquert, und ich gehe wieder auf vulkanischem Felsgestein. Der Weg führt mich weiter zwischen den beiden Vulkanen hindurch, linker Hand der Eyjafjallajökull und rechts der mächtige Mýrdalsgletscher, unter dem die Katla ruht. Dieser Gletscher beherrscht mit seiner immensen Ausdehnung von 700 Quadratkilometern die Landschaft, doch leider ist er nicht wie sonst schneeweiß, sondern pechschwarz vom Ascheregen aus dem Eyjafjallajökull.

Zu meinen Füßen tanzen Irrlichter. Es ist Dampf, der aus den Spalten und Rissen dringt und im Sonnenlicht wie verzaubert leuchtet. Die weißen Schleier hüpfen und drehen sich gleich Irrwischen und wehen davon. Sie beweisen, dass der Untergrund noch vulkanisch heiß ist. Plötzlich versperrt mir ein frischer Lavastrom den Weg. Er ist nicht mehr glutflüssig, ist schon erstarrt und kalt, aber mit seinen Aufwerfungen, Vertiefungen und den senkrechten Platten kaum zu überqueren. Dankbar entdecke ich ein unscheinbares Pappschild mit gelbem Pfeil, der zu einem mit kleinen Stöcken markierten Pfad weist. Zum Glück hat der Wanderverein eine Umgehung gebahnt. Es ist tröstlich zu wissen, dass vor mir Menschen in dieser lebensfeindlichen Umwelt gegangen sind.

Ein scharfer Grat, der in der Mitte eine Kletterstelle hat, liegt vor mir. Mithilfe fest verankerter Stahlseile lässt sie sich gefahrlos überwinden. Der Abstieg danach zur Morinsheiði, einem steinigen Plateau, bietet nach allen Seiten grandiose Ausblicke über die weite Berglandschaft. Gletscherflüsse stürzen in tiefe Schluchten hinab. Das dumpfe Grollen herabdonnernder Lawinen lässt die Luft erzittern. Die Geräusche des Wassers und der Lawinen hallen in der Stille wider und werden zu einer Melodie der Einsamkeit.

Gezwitscher dringt an mein Ohr, erlöst mich aus der melancholischen Stimmung. Ein zartes Vögelchen, der spatzenkleine Steinschmätzer, hat sich in das Ödland gewagt. Eigentlich gilt sein abgehackter, gepresster und gequetschter Gesang nicht gerade als wohlklingend, doch im trostlosen Steingeröll erfreut mich das Lied des Steinschmätzers wie eine liebliche Hymne auf das Leben. Zwischen dem Felsgestein entdecke ich immer öfter blühende Pflänzchen, und bald breiten sich Almwiesen aus. Zwischen den Gräsern leuchten Weidenröschen, Herzblatt, Storchschnabel, Frauenmantel und Knabenkrautorchideen. Tief unten rauscht in einem breiten Tal der Gletscherfluss Krossá und in einer schmalen Schlucht tost die Hvanná. Über die Almwiesen, die von zerklüfteten Felsen begrenzt werden, erreiche ich den in 240 Meter Höhe gelegenen Talgrund. Die geschützte Lage lässt eine für Island ungewöhnlich üppige Pflanzenwelt gedeihen, hier wachsen Birkenwälder, Büsche, Sträucher, Stauden, Farne, Blumen. Selten habe ich einen stärkeren Kontrast erlebt. Eben befand ich mich noch in der lebensfeindlichen, vulkanischen Gletscherwelt, nun tauche ich ein in die grüne Oase, die Þórsmörk, was »Wald von Thor« bedeutet. In der heidnischen Götterwelt war der Donnergott Þór für den Regen verantwortlich.

Das verborgen liegende Tal wird durch hohe Berge und reißende Gletscherflüsse von der Außenwelt abgeschirmt. Heute genießt es zusätzlichen Schutz als Naturreservat. Schafen, die den einstigen Birkenwald vernichtet hatten, ist der Zutritt verwehrt, nicht aber den Menschen. Ich erschrecke, als ich in »Básar«, dem ersten von drei Übernachtungsplätzen, ankomme. So ein Trubel! Zelt steht an Zelt, kaum ein Zwischenraum. Nach der Einsamkeit in den Bergen empfinde ich den Lärm und das Gewusel wie eine zu starke Brandung. Mein erster Gedanke: Hier kann ich nicht bleiben.

»Unterwegs ist mir niemand begegnet. Wo nur kommen die vielen Menschen auf einmal her?«, will ich vom Hüttenwart wissen, der den Zeltplatz betreut und auch für Ordnung in den Wanderhütten sorgt.

»Die kommen jeden Tag mit Bussen«, klärt er mich auf.

Ich staune. Ein Bus ist für mich ein Transportmittel der Zivilisation und bewegt sich auf gut ausgebauten Straßen. Nicht so in Island. Hochrädrige Busse, speziell für Flussdurchquerungen gebaut, dringen in die entlegensten Wildnisgebiete vor. Sie bewältigen Furten, an denen Geländewagen scheitern. Die Krossá ist solch ein tückischer Gletscherfluss, der gefurtet werden muss, um nach Þórsmörk zu gelangen. Schon manch risikofreudiger Jeepfahrer blieb in den Schlammfluten stecken. Der Hüttenwart startet dann seinen Traktor und zieht den abgesoffenen Wagen heraus, erzählt er mir.

Um zum nächsten, weniger dicht belegten Campingplatz zu gelangen, muss ich über diese wilde Krossá. Der freundliche Hüttenwart empfiehlt mir die Brücke. Zuerst glaube ich an einen Scherz, denn an einem ungezähmten Gebirgsfluss, der mit gewaltigen Kräften ständig die Landschaft verändert und die Ufer wegschwemmt, kann das Fundament einer Brücke nicht verankert werden. Es ist auch keine Brücke im eigentlichen Sinn, sondern ein Steg auf Rädern. Dieser fahrbare Übergang kann je nachdem, wie der Fluss seinen Lauf ändert, mit dem Traktor an eine andere Stelle gebracht werden.

Die Krossá rast, gurgelt und brodelt, ihr Wasser ist schmutzig graubraun. Nicht daran zu denken, sie zu durchwaten, sofort würde ich mitgerissen. Lebend gibt dieser Fluss niemanden frei. Was wäre, wenn es die Räderbrücke nicht gäbe? Ich müsste einen Übergang suchen, wo die Krossá sich in mehrere Arme aufgliedert und so die Wassermenge verteilt ist. Wenn es aber eine solche Furt nicht gibt, was könnte man tun? Vor diesem Problem standen früher die Isländer, wenn sie das unwegsame Inland durchquerten. Dann hieß es warten, bis der Fluss weniger Wasser führt, zum Beispiel morgens oder zu einer anderen Jahreszeit, oder sie mussten sich einen Weg über den Gletscher suchen. Mitunter war es auch möglich, zur Küste auszuweichen, wo manche Flüsse mit Fähren überwunden werden konnten. Laut Karte gibt es auf meinem Weg zur Landmännerquelle reichlich Gelegenheit, meine bei Reisen in Wildnisgebieten gewonnene Fähigkeit, Flüsse zu furten, unter Beweis zu stellen. Ich hoffe nur, dass sie weniger reißend sein werden als die Krossá.

Der zweite Zeltplatz, »Langidalur«, an dem es auch zwei Wanderhütten gibt, liegt idyllisch am jenseitigen Ufer der Krossá in einem Tal mit wuchernder Vegetation und ist von noch mehr Menschen belagert. Der Hüttenwart rät mir, nach »Húsadalur« zu gehen, dort würden weniger Zelte stehen, weil diesen Platz meist nur Tagesausflügler ansteuern. Er hat recht, es gibt sogar eine Einkaufsmöglichkeit, sodass ich meine Nahrungsvorräte ergänzen kann.

Es ist sieben Uhr abends, aber die hoch am Himmel stehende Sonne beflügelt mich, noch heute auf den Valahnúkur zu steigen, der neben dem Zeltplatz aufragt. Vom Gipfel überblicke ich das weite Tal der Krossá bis zu ihrem Ursprung am Mýrdalsjökull, wo die Gletscherzunge, aus der sie entspringt, vom Berg herabstürzt. Ich bewundere die Schönheit eines frei und wild sich fächerartig verzweigenden Flusses. Es ist eine Landschaft, in der der Mensch keine Rolle spielt, in der er zwar eine Zeit lang geduldet wird, aber im eigentlichen Sinn überflüssig ist.

Der klare, taghelle Abendhimmel lässt mich weit blicken. Im Osten sehe ich den Mýrdalsgletscher mit dem Flussbett der Krossá, im Süden den Eyjafjallajökull, im Norden das einige Kilometer breite Tal des Markarfljót, an dessen Ufer die Jugendherberge Fljótsdalur liegt, die ich gleich nach meiner Ankunft aufgesucht hatte und wo ich meine ersten Einblicke in die isländische Natur gewinnen konnte. Der Markarfljót fließt westwärts, und während ich ihm mit den Augen folge, meine ich, bis zum Atlantik sehen zu können.

Als ich zurück zum Campingplatz komme, schaue ich mich verblüfft um. Mein Zelt steht eingezwangt zwischen riesigen Zelthäusern und Zeltpavillons. Mir ist sofort klar: Ein Kinderferienlager wird eingerichtet, denn es ist Ferienzeit. Da der Aufbau noch nicht beendet ist und bis in die Nacht gehämmert und gesägt wird, wandere ich zum Ufer des Markarfljót, der bedeutend mehr Wasser führt als die Krossá. Ungestüm strömt er dahin. Sein Wasser ist grau, doch die Wellen schimmern rot, als die Mitternachtssonne hinter den Bergen verschwindet.

Die Zelte, in denen mindestens hundert Personen Platz finden, sollen schon am nächsten Nachmittag belegt werden. Eigentlich wollte ich einige Tage in Þórsmörk bleiben, die Täler und Schluchten erkunden und mit leichtem Gepäck auf Berge steigen, doch die Aussicht auf eine hundertköpfige, fröhlich lärmende und tollende Kinderschar treibt mich am nächsten Morgen auf den Weg zur Landmännerquelle, das heißt zunächst zum fünfzehn Kilometer entfernten Wanderweg-Etappenziel »Emstrur«. Bald nachdem ich losmarschiert bin, stehe ich unschlüssig am Ufer der Þröngá. Auf der anderen Seite des Flusses geht der Weg weiter. Doch die Furt sieht gefährlich aus. Skeptisch betrachte ich das brausende Wasser, blicke flussabwärts und

-aufwärts, nirgendwo zeigt sich eine günstigere Stelle. Also muss ich es hier probieren. Vorsichtshalber öffne ich den Hüftgurt, damit ich den Rucksack rasch abwerfen kann, falls mich das Wasser mitreißt, hänge mir die Schuhe mit zusammengebundenen Schnürsenkeln um den Hals und wage den ersten Schritt in die Fluten. Welche Kälte! Meine Füße durchfährt ein stechender Schmerz, als würden sie verbrennen. Es ist seltsam, die Sinneszellen der Haut können nicht unterscheiden zwischen extremer Kälte und Hitze. In beiden Fällen signalisieren sie dem Gehirn die gleiche Information: Schnell, entferne dich von der Gefahrenquelle! Doch ich darf nicht auf die Signale hören, muss den Schmerz ignorieren.

Das Wasser reicht mir über die Knie, was harmlos wäre, wenn nicht die reißende Strömung an mir zerren würde. Nur mühsam halte ich stand, verliere bei jedem Schritt fast die Balance und bin in Gefahr, von der Flut ergriffen zu werden. Meine Füße sind inzwischen völlig gefühllos. Die überreizten Sinneszellen haben es aufgegeben, Informationen zu funken. Erst als ich glücklich das gegenüberliegende Ufer erreiche, mich niederhocke und die Füße durchknete, kehrt der Schmerz stechend zurück. Meine erste Bewährungsprobe beim Durchwaten von Islands Flüssen habe ich bestanden. Doch ich befürchte, dass schlimmere Prüfungen auf mich warten.

Gegen Mittag erscheint ein Läufer in kurzem Trikot. Er hat nur eine Wasserflasche in der Hand. Er schnauft an mir vorbei, doch schon kommt der nächste. Von einer Anhöhe aus, erblicke ich eine Kette von Menschen in farbigen Sporttrikots. Schlagartig wird mir klar: Das ist der Laugavegur-Lauf, Islands berühmtester Langstreckenlauf! Jedes Jahr am 17. Juli starten die Teilnehmer an der Landmännerquelle und laufen 55 Kilometer bis Þórsmörk. Ich hatte den Termin im Notizbuch notiert, weil ich zu diesem Zeitpunkt vor Ort sein wollte, denn eine bessere Gelegenheit, möglichst viele Isländer zu treffen, konnte ich mir kaum vorstellen. Jetzt weiß ich auch, warum die Zelte und Pavillons aufgestellt worden sind. Keine Kinderschar wird erwartet, es sind die Teilnehmer des Wettkampfes. Am Abend werden sie die Siegerehrung mit Tanz und Gesang feiern.

So ein Pech! Den Termin hatte ich völlig vergessen. Da war ich zum richtigen Zeitpunkt zufällig in Þórsmörk und gehe weg, weil ich Lärm und Unruhe befürchtete. Ich sollte umkehren! Aber dann den gleichen Weg noch einmal gehen, wieder die eiskalte und reißende Þröngá durchwaten? Ich zögere, kann keinen Entschluss fassen und suche mir eine Stelle, wo ich die Strecke gut überblicken und die Läufer beobachten kann. Einer nach dem anderen ziehen sie an mir vorbei, insgesamt fast 300 Frauen und Männer. Sie haben eine Strecke hinter sich, die länger als ein Marathon ist, mit steilen Bergen und tiefen Schluchten, mit Kletterstellen und Flussquerungen, mit Schnee und Eis. Jemand, der diese körperliche Anstrengung bewältigt, muss besonders stark sein, könnte man denken. In der Mehrzahl aber sind es keine Berufssportler, das erkenne ich am Laufstil und den nicht trainiert wirkenden Körpern. Dennoch, keiner sieht richtig erschöpft aus, trotz der Strapazen. Die meisten haben sogar noch die Energie, mir einen Gruß zuzurufen. Ihre Gesichter strahlen vor Glück und Freude, sind nicht verzerrt oder von Schweiß überströmt. In den Augen leuchtet Stolz. Mir scheint, es ist nicht nur der Stolz auf ihre Leistung, sondern auch auf ihre geliebte Heimat.

Das vordere Drittel beherrschen die professionellen Sportler, an dritter Stelle übrigens eine Frau, dann folgen die untrainierten Läufer. Die Ausrüstung kann unterschiedlicher kaum sein. Einige haben Gürtel umgeschnallt mit Taschen für Wasserflaschen und Energieriegel, einer trägt eine Plastikflasche in der Hand, einem anderen schleudert bei jedem Schritt der Rucksack hart in den Rücken, wieder andere haben extra Schuhe für Flussquerungen dabei. Ich sehe Teilnehmer, die ihren Körper in ein schickes, viel zu enges Trikot gezwängt haben, knappe Shorts tragen oder auch eine schlabberige Trainingshose. Auffallend die überwiegend hübschen Frauen, groß und schlank, die Männer dagegen sind nicht besonders attraktiv, eher mittelgroß und stämmig. Aber alle lächeln mich an.

Nachdem das Hauptfeld an mir vorbeigespurtet ist, entscheide ich mich weiterzugehen. Ich schultere den Rucksack und setze meinen Weg fort. Manchmal kommen Nachzügler, und ich trete aus der Spur. Keiner versäumt es, sich zu bedanken, wobei es doch selbstverständlich ist, dass ich die Läufer nicht behindere. An der Emstruá-Schlucht überspannt eine Holzbrücke den schwindelerregenden Abgrund. An der gegenüberliegenden, senkrechten Felswand hängt ein Seil, an dem man sich hochziehen muss. Für Wanderer sind diese Hindernisse kaum ein Problem, doch für die erschöpften Langstreckensportler eine zusätzliche Erschwernis.

Helga, die Hüttenwirtin von »Emstrur«, verlangt tausend Kronen, etwa sechs Euro, für den Zeltplatz und schenkt mir im Gegenzug eine Banane. Auf meinen erstaunten Blick antwortet sie, die Organisatoren des Laugavegur-Laufs hätten als »Energiespritze« für die Läufer kistenweise Bananen bereitgestellt. Was übrig geblieben ist, verteilt sie nun großzügig an Wanderer. Per Funk hat die Hüttenwirtin Nachricht vom Ziel erhalten und teilt mir das Ergebnis mit: Thorlákur Jonsson ist Sieger, seine Zeit 4:48:01. In weniger als fünf Stunden hat er eine Strecke bewältigt, für die Wanderer vier Tage benötigen. Siegerin bei den Frauen ist Helen Olafsdóttir mit 5:21:12. Nur zwölf von 279 Läufern haben den Lauf abgebrochen; wer an den Messstellen das Zeitlimit überschritt, musste aufhören.

Seit drei Sommern arbeitet Helga als Hüttenwirtin, erzählt sie mir. Für diese ehrenamtliche Tätigkeit opfert sie ihren Urlaub. »Was kann

es Schöneres geben«, ruft sie enthusiastisch. »Schau dich doch um –
diese grandiose Landschaft! Einzigartig! Umgeben von Vulkanen,
wo gibt es das sonst? Es ist ein Geschenk, hier sein zu dürfen.«

Wer nicht so bergbegeistert wie Helga ist, dürfte von der kargen,
öden und einsamen Umgebung eher abgeschreckt sein. Einzig ein
kristallklarer Bach zaubert ein wenig Grün in die Steinlandschaft.
An seinem Ufer gedeiht mannshohe Angelika, auch Engelswurz
genannt. Es ist ein Doldenblütengewächs mit unverwechselbarem,
süßlichem Anisgeruch, dessen Wurzeln die Isländer früher gegessen
haben und das auch heute noch als Heilpflanze Bedeutung hat.

Bei der Verabschiedung am nächsten Morgen beschwört Helga
mich, unbedingt vom markierten Pfad abzuweichen und einen Abstecher zur Markarfljót-Schlucht zu machen. Ich zeige auf meinen
prallen Rucksack, mit dem ein Umweg von zwei Stunden wenig
angenehm sein würde. Doch sie lässt keinen Einwand gelten: »Du
musst den Canyon sehen! Unbedingt!«

Wenig begeistert befolge ich ihren Vorschlag. Schließlich habe
ich in meinem Leben schon in jede Menge Abgründe geblickt. Doch
ich muss der Hüttenwirtin recht geben, der Umweg ist der Mühe
wert. Über ein wüstentrockenes Plateau nähere ich mich dem Canyon. Nichts ist zu ahnen, bis man an der Abbruchkante steht und
hinabschaut in den 180 Meter tiefen Einschnitt. Als sei er mit einem
Zauberschwert geschlagen, so scharf und senkrecht stürzen die
roten Felswände in die Tiefe. Es heißt, eine Flutkatastrophe habe
den Canyon vor 2500 Jahren geformt.

Meine heutige Etappe ist achtzehn Kilometer lang und wird mich
zum Übernachtungsplatz am See Álftavatn bringen. Ich wandere
über eine steinige Ebene. Es ist still, kein Laut ist zu hören, nicht einmal das Gekrächze von Raben. Der Aschefall hat auch hier die Landschaft anthrazit gefärbt. Vorbei an einem markanten Berg, dem Hat-

tafell, der sich 700 Meter über dem Plateau erhebt, gelange ich zu einem tief eingekerbten Gletscherfluss, der als Wasserfall in eine Schlucht stürzt. Eine Brücke führt hinüber. Später muss ich zahlreiche, aber harmlose Flüsschen durchwaten. Sie bringen lebendige Abwechslung und Farbe in die triste und graue Steinlandschaft. An den Ufern gedeihen Quellmoose. Nie zuvor habe ich so grelles Grün in der Natur gesehen. Im Unterschied zu den mehr als hundert anderen Moosarten Islands wirkt das Quellmoos, das an sehr feuchten Stellen wächst, künstlich, wie mit einem Acrylfarbstoff besprüht. Gemildert wird das Giftgrün durch die weißen Farbtupfer des Wollgrases.

Am Zeltplatz sind zuerst nur wenige Wanderer zu sehen, die von der Gegenrichtung gekommen sein müssen. Kaum habe ich mein Zelt aufgebaut, zieht ein Unwetter auf. Der Wind faucht wie zornige Wildkatzen, schwarze Wolkenwände rasen heran. Im Nu ist der Himmel pechschwarz und Regen prasselt herab, schwerer, kalter Regen. Ein gewaltiger Wolkenbruch. Meine Zuflucht ist das Zelt, denn ohne Vorausbuchung darf man die Hütten nicht benutzen. Mein Unterschlupf, dem ich gar nicht so viel zugetraut hätte, hält der extremen Wasserprobe stand. Nach vierstündigem Platzregen ist der Himmel blank geputzt, die Sonne scheint wieder. Tropfnasse Wandergruppen treffen ein. Durchweicht bis auf die Haut verfluchen sie Island, dabei gibt es doch geeignete Ausrüstung, mit der man sich vor extremem Wetter schützen kann.

Ich bin immer wieder von Neuem überrascht, wenn nachts die Sonne scheint. Trotz der ermüdenden Tageswanderung fühle ich mich durch die Helligkeit motiviert und besteige am Abend einige der Berge rings um den See. Gegen Mitternacht färben sich die Wolken rosa. Die Landschaft wird in warme Farben getaucht, bekommt Tiefe, die Formen treten wie bei einem Relief plastisch hervor. Moose haben den Regen aufgesogen und glühen in leuchtendem Grün, kontrastieren mit dem Schwarz der Steine. Grün und Schwarz sind die vorherrschenden Farben Islands.

Von einem der Berggipfel blicke ich hinab auf den glatten Spiegel des Sees. Sein Name Álftavatn bedeutet »Schwanengewässer«, und natürlich steckt auch hier wieder eine Geschichte hinter dem Namen: Ein Farmer ritt einst mit seiner Tochter zum See, und als er Schwäne im Wasser sah, wollte er einige erbeuten. Da die Schwäne in der Mauser waren, konnten sie nicht davonfliegen. Als der Mann in den See ritt, warf das Pferd ihn ab, er ertrank. Später versuchten Nachbarn ihn zu bergen, doch der Tote war unauffindbar. Ein Jahr war vergangen, da erschien der Mann seiner Ehefrau im Traum. Eindringlich bat er sie, ihn heimzuholen und ordentlich zu begraben. Er beschrieb ihr die Stelle, wo sein Körper unter dem Wasser an einer Baumwurzel hängen geblieben war. Der Suchtrupp machte sich erneut auf den Weg zum Álftavatn und barg den Toten.

Bis nach Mitternacht hallte Lärm über den Zeltplatz. Eine große Wandergruppe Jugendlicher war wegen des stürmischen Regenwetters verspätet eingetroffen, und beim Zeltaufbau ging es entsprechend laut zu. Obwohl ich deswegen nur wenig geschlafen habe, wache ich wie immer früh am Morgen auf. Um sechs Uhr bin ich marschbereit. Ich will ungestört wandern und die Wandergruppen hinter mir lassen.

Der Pfad führt mich durch den grünen Talgrund am Ufer des Sees entlang. Tau glitzert an den Gräsern, und Goldregenpfeifer beleben die morgendliche Stille mit ihrem flötenartigen Gesang. Nach dem gestrigen Platzregen ist die Luft klar und frisch. Freude durchströmt mich. Welch ein Glück, dass ich durch Island wandern und die Natur hautnah erleben darf. Auch wenn es für die meisten Menschen in heutiger Zeit normal zu sein scheint, dass sie ihren Urlaub in fernen und fremden Ländern verbringen können, wird in meinem Bewusstsein immer der Gedanke gegenwärtig bleiben, dass dies keineswegs selbstverständlich ist. Frei zu reisen ist ein Privileg, das nicht zu allen Zeiten gegeben war und nicht alle Menschen in Anspruch nehmen können. Umso kostbarer ist diese Freiheit für mich.

An einem wirbelnden Bach fülle ich meine Wasserflasche. Island ist ein Land, wo man stets frisches Quellwasser zur Verfügung hat. Nachdem ich das Flüsschen Grashagakvíst, »Grasweidenbach«, durchwatet habe, beginnt der Aufstieg zum Jökultungur. Es ist der steilste Abschnitt auf der gesamten Strecke des Laugavegur-Wanderwegs. In engen Zickzackkurven geht es einen rutschigen Kiespfad empor. Lebhaft stelle ich mir vor, wie schwierig es für die Langstreckenläufer gewesen sein muss, an diesem Steilhang das Gleichgewicht zu wahren. Beim Aufstieg ist dieser Berg zwar anstrengend und schweißtreibend, ihn aber hinunterzurennen, muss höchst gefährlich sein.

Endlich bin ich oben auf dem Gipfel, tief unten schimmert der See Álftavatn wie Silber, und die Berge spiegeln sich in ihm. Weit überblicke ich die Landschaft, durch die ich in den letzten Tagen gewandert bin. Überall ragen kegelförmige Berge wie Figuren beim Hütchenspiel aus dem Plateau. Am Rand der Gletscher entspringen Flüsse, verzweigen sich vielfach und zaubern grüne Farben in das dunkle Vulkanland. Stille ringsum, nur ein Rauschen weit oben, als würde es aus dem Universum kommen.

Vergeblich bemühe ich mich, den traumhaften Anblick mit der Kamera zu bannen. Das Weitwinkelobjektiv verkleinert, das Tele zeigt nur Ausschnitte, auch mit dem Zoom kann ich die Wirklichkeit nicht angemessen abbilden. Die Fotos sind einfach nur langweilig, können rein gar nichts von diesem Glücksgefühl vermitteln, zwischen Himmel und Erde zu schweben. Vielleicht bringe ich Tiefe ins Bild, wenn ich einen geeigneten Vordergrund finde. Suchend schaue ich mich um, sehe nichts als Steine und die allgegenwärtigen Moose, dazwischen winzige Gebirgspflänzchen. Auf dem Boden liegend stelle ich die Linse auf eine Grasnelke scharf, die Landschaft im Hintergrund verschwimmt. Ich bin unzufrieden, ein größerer Vordergrund wäre nötig, am besten ein Mensch. Ja, ein Wanderer muss her, um der Fotografie die erforderliche Perspektive zu geben. Ich muss über mich lachen, da ich mir doch so viel Mühe gebe, Begegnungen auf ein Minimum zu reduzieren, und nun wünsche ausgerechnet ich mir einen Menschen herbei. Keiner wird jedoch so früh aus dem Zelt gekrochen und jetzt schon unterwegs sein. In diesem Moment sehe ich eine Bewegung unten in der Ebene. Tatsächlich, im Fernglas erkenne ich einen Wanderer. Island ist ein magisches Land, Wünsche scheinen sich wie von selbst zu erfüllen. So ergeht es mir nicht zum ersten Mal, und dieses Phänomen wird sich auf meiner Reise noch oft wiederholen.

Mit schussbereiter Kamera warte ich und verpasse fast den richtigen Augenblick, weil mich die Landschaft allzu sehr in ihren Bann zieht. Als die Person an der Felskante auftaucht, drücke ich schnell auf den Auslöser. Fragen kann ich vorher nicht, sonst wirkt die Aufnahme unnatürlich.

»Bitte entschuldigen Sie! Ich brauchte einen Vordergrund. Vielen Dank!«, rufe ich auf Englisch. Ich hatte einen Mann erwartet und bin nun ziemlich überrascht, eine junge Frau zu sehen. Sie ist die Erste, die wie ich allein wandert, während die Leute sonst meist in Gruppen unterwegs sind. Nachdem sie ihr verschwitztes Shirt gewechselt hat, setzt sich Monique neben mich und erzählt, dass sie als Reiseleiterin arbeitet und sich eine Woche freigenommen hat. Seit Langem schon wollte sie den Laugavegur in Angriff nehmen, endlich habe es geklappt. Als Monique hört, dass ich bis zum Herbst in Island bleibe, um am Schafabtrieb teilzunehmen, verspricht sie mir, den Kontakt zu einem Farmer herzustellen.

Schafe, die im Sommer frei im Hochland grasen, müssen vor Winterbeginn in die Täler zurückgetrieben werden. Eine anstrengende Arbeit, bei der die Reiter tagelang durchs Gebirge streifen, Wind und Wetter schutzlos ausgeliefert sind, und nachts in Höhlen Unterschlupf suchen. Schafzüchter, die ich bat, daran teilnehmen zu dürfen, lehnten immer ab und rieten mir, ich solle mich an Ishestar wenden. Der Name ist eine Zusammensetzung von *is* für Island und *hestar* für Pferd. Ishestar hat sich auf Reittourismus spezialisiert und bietet die Teilnahme am Schafabtrieb für rund tausend Euro an. Touristen wird ein luxuriöses Programm geboten, wobei bequeme Unterkunft, Essen, Trinken und Feiern einen großen Platz einnehmen. Mir aber geht es darum, die harte Treiberarbeit in den Bergen zu erleben und mitzuarbeiten. Inzwischen hatte ich die Hoffnung schon fast aufgegeben, einen Schafzüchter zu finden, der mich mitnehmen will. Vielleicht gelingt es mir nun durch die glückliche Fügung, Monique begegnet zu sein. Wir tauschen unsere Mailadressen aus, denn in jeder Jugendherberge und selbst auf den Zeltplätzen kann man in Island ins Internet gelangen.

Der breite Rücken des Jökultungur ist von flachen, abgerundeten, manchmal nur wenige Meter tiefen Rinnen durchzogen, die das Wasser in das Gestein gegraben hat. Der Wanderweg kreuzt diese unzähligen Vertiefungen. In stetem Auf und Ab geht es hinunter und wieder hinauf, eine mühsame Art, sich fortzubewegen. Dazu kommt noch, dass die Mulden mit Schnee und Eis gefüllt sind. Vorsichtig taste ich mich über fragile Schneebrücken und frage mich, wie es den Langstreckenläufern gelungen ist, diese gefährlichen Hindernisse zu überwinden.

Der Berg Jökultungur hat noch mehr zu bieten. Der Wanderweg führt durch eine der geothermisch aktivsten Zonen Islands. Dampf steigt überall auf. Es zischt und faucht, kochendes Wasser spritzt aus Erdspalten, steigt himmelhoch. Plötzlich stinkt es stechend nach Schwefelwasserstoff, und über Felsen und durch Täler rinnt schwefelgelbes und eisenoxidrotes Wasser. Die Erde kocht. Sie zeigt, wie wach, jung und lebendig sie ist und jederzeit bereit, die dünne Erdkruste mit ihrem heißen Atem wegzupusten.

Und dann erneut eine Überraschung. Vor mir erheben sich bunte Berge! Sie schillern in Rot, Gelb, Orange, Weiß, Grün. Wie bei einem Aquarell laufen die Farbtönungen weich ineinander, und wenn Sonnenstrahlen über diese vielfarbigen Berge gleiten, glühen sie auf, als würde die Erde von innen leuchten. Das märchenhafte Farbenspiel hat eine prosaische Erklärung: Rhyolith. Die Bezeichnung kommt aus dem Griechischen und bedeutet »fließendes Gestein«. Wenn Magma langsam erkaltet und im noch zähflüssigen Zustand durch einen Vulkanausbruch an die Erdoberfläche geschleudert wird, dabei abrupt abkühlt, entsteht das buntfarbige Material. Der 1190 Meter hohe Torfajökull hat mit seiner schier unerschöpflichen Produktivität für Islands größtes Rhyolithvorkommen gesorgt.

Staunend wandere ich durch die fremdartige Landschaft, an dampfenden Quellen vorbei, an Bächen mit rotem und gelbem Wasser und über Berge, die bunt sind wie aus dem Malkasten. Ich fühle mich, als wäre ich in ein früheres Erdzeitalter versetzt worden oder in die Szenerie eines phantastischen Films. Überhaupt will mir scheinen, dass Fantasy- oder Science-Fiction-Autoren sich Island zum Vorbild genommen haben.

Vor mir erhebt sich ein hoher Gipfel, und der ist nicht bunt, sondern schwarz! Rabenschwarz – und so heißt dieser Berg auch: Hrafntinnusker. Ich hebe einen Stein auf, fest und hart liegt er in meiner Hand und glänzt wie schwarzes Glas. Es ist Vulkanglas, besser bekannt als Obsidian. Nicht nur der Boden ist übersät mit Obsidian, der gesamte 1140 Meter hohe Rabenberg besteht ausschließlich daraus. Ein Berg aus Glas! Ein Schatzberg, denn Obsidian gilt als Halbedelstein, aus dem Schmuck gefertigt wird.

Vulkanglas bildet sich, wenn kieselsäurehaltige Lava schockartig abkühlt. Sie darf aber nicht zu viel Wasser und Kohlendioxid enthalten, sonst entsteht Bimsstein und bei langsamer Abkühlung Pechstein. Seltsam, bei gleichem Ausgangsmaterial und nur geringfügigen Abweichungen bilden sich völlig verschiedene Produkte.

Obsidian kommt auch außerhalb Islands vor, allerdings selten in so großer Menge. Vorkommen im Kaukasus und in der Türkei sind von alters her bekannt. Auf den Liparischen Inseln wurde Obsidian bereits in der Jungsteinzeit vor 7000 Jahren abgebaut und auf damals vorhandenen Handelswegen in weit entfernte Gebiete gebracht. In prähistorischer Zeit war das harte Vulkanglas mit seinen scharfen Kanten ein begehrter Rohstoff, aus dem Pfeilspitzen, Speere und Messer hergestellt wurden. In der griechischen Antike, im Römischen Reich und im Reich der Pharaonen wurde Vulkanglas als Schmuckstein geschätzt; man verarbeitete es zu kunstvollen Figuren, Vasen und Spiegeln.

Es heißt, das schwarze Glas würde die Seele spiegeln und Verborgenes aus der Tiefe ans Licht bringen. Vorsicht sei geboten, denn nicht nur die guten Eigenschaften träten klar hervor, sondern auch das Dunkle und Negative, das sich gleich einer Eruption Bahn breche. Nur in kleinen Dosen solle man sich der magischen Wirkung aussetzen. Wie aber, wenn gleich ein ganzer Berg aus diesem Material besteht und ich auf seinem Gipfel übernachten will? Ob alle meine seelischen Schwachstellen wie bei einem Vulkanausbruch offenbar werden?

Am Rabenberg bietet eine Hütte Unterkunft, und auf dem Sattel wurden schützende Ringmauern für Zelte aufgeschichtet, denn in dieser Höhe herrschen raue Wetterbedingungen. Innerhalb eines dieser brusthohen Obsidianringe errichte ich mein Nachtlager. Der Hüttenwirt warnt mich, jedoch nicht vor der unberechenbaren Wirkung des Obsidians, sondern vor Nebel!

»Auf keinen Fall darfst du allein starten, viele haben sich schon hoffnungslos verirrt«, betont er.

»Der Weg ist doch mit Steinmännern markiert«, wende ich ein.

»Oft ist der Nebel so dicht, dass du nicht von einem Steinhaufen zum anderen blicken kannst. Wenigstens zu zweit müsst ihr sein. Dann kann einer von euch die Markierung suchen, der andere wartet. Aber ihr müsst ständig Rufkontakt halten, dann kann nichts passieren.«

Mal sehen, denke ich, der Abendhimmel ist klar, nichts deutet auf Nebel hin.

Am nächsten Morgen öffne ich das Zelt – Waschküche! Milchiger Dunst ringsum! Da muss ich wohl den Rat des Hüttenwirts befolgen und mir Weggefährten suchen. Obwohl ich mir Zeit beim Packen nehme und sogar frühstücke, was ich sonst unterwegs tue, rührt sich nichts in den anderen Zelten. Ich beschließe, schon mal loszugehen. Den Beginn des Weges kennzeichnet eine mannshohe Steinpyramide, gut sichtbar selbst im Nebel. Es müsste doch möglich sein, den Weg auch ohne Rufkontakt zu finden, überlege ich. Ich zähle fünfzig Schritte zur nächsten Wegwarte und sehe die folgende in ähnlich nahem Abstand. Diese Markierungen sind ebenfalls aus Obsidian, es gibt kein anderes Gestein auf diesem Berg. Der Nebel verändert ständig seine Dichte, mal kann ich den nächsten Steinmann sehen, wenig später wird er vom Weiß verschluckt. Einfach blind loszustapfen, lasse ich lieber bleiben und warte. Bis ich wieder die Richtung erkennen kann, rezitiere ich Hermann Hesses Gedicht: *Seltsam im Nebel zu wandern, einsam ist Busch und Stein, kein Baum sieht den andern, jeder ist allein …*

Nach ungefähr einem Kilometer gelange ich zu einem zwei Meter hohen Steinkegel. Er wurde zum Andenken an Ido Keinan aufgeschichtet, der mit nur 25 Jahren am 27. Juni 2004 in einem Blizzard umkam, besonders tragisch für ihn, weil die Hütte in erreichbarer Nähe war. *So close to the safe hut nearby, yet so far*, steht auf der Gedenktafel. Der junge Mann war bei sonnigem Wetter gestartet und hatte nicht die nötige Ausrüstung dabei, um einen Schneesturm zu überleben. Als die Situation lebensbedrohlich wurde, geriet er in Panik. Der Akku seines Handys war fast leer. Mit letzter Energie alarmierte er nicht den Notdienst, landesweit unter 112 erreichbar, sondern rief seine Schwester in Israel an. Unglücklicherweise gibt es keine israelische Botschaft in Island, und so dauerte es Stunden, bis die Notfallnachricht über Paris zur französischen Botschaft nach Reykjavík und von dort zum Rabenberg gelangte. Zu spät für den jungen Israeli. Als die Rettungsmannschaft eintraf, war er tot.

Mit der Zeit lichtet sich der Dunst, und ich kann das breite Plateau erkennen, über das sich die Steinpyramiden in dichter Kette aneinanderreihen. Wie bei der gestrigen Wanderung ist auch dieser Bergrücken von zahlreichen Mulden zerfurcht, die der Wanderweg in stetem Auf und Ab quert. Aus dem Tal vor mir steigt schon wieder weißes Gewölk hoch. Kein Nebel diesmal, sondern Dampf, der aus heißen Quellen an die Oberfläche dringt. Kochendes Wasser spritzt und zischt, Fontänen steigen turmhoch in den Himmel, in Schlammlöchern brodelt und blubbert es wie in einem Hexentopf, wobei sie schweflingen Gestank ausdünsten.

Gegen Mittag stehe ich auf einem der bunten Berge und blicke hinunter in das Flusstal des Jökullgilskvísl. Mit seinem verzweigten

Adergeflecht hat er sich ein breites Bett geschaffen. Am Ufer, in einem grünen Wiesenfleck, liegt mein Ziel: Landmannalaugar, die »Quelle der Landmänner«. Früher war hier ein Rastplatz für Farmer auf der Suche nach ihren Schafen oder für Reisende zu Pferd. Ihre Tiere konnten sich auf den saftigen Weiden satt fressen, während die Männer ein Bad in den heißen Quellen nahmen. Heute ist das Gebiet ein beliebtes Ausflugsziel.

Der Blick von oben auf den Campingplatz erschreckt mich. Das bunte Mosaik einer riesigen Zeltstadt breitet sich unter mir aus. Am schlimmsten aber ist der Fuhrpark voller Busse, Wohnwagen und Geländefahrzeuge. Das passt so gar nicht zu meiner romantischen Vorstellung von Islands Wildnis. Dennoch, trotz der vielen Leute unten an der Landmännerquelle, freue ich mich, angekommen zu sein, und steige zügig ins Tal ab. Der Weg führt mich durch einen tiefschwarzen Lavastrom, der im 15. Jahrhundert den Berghang hinabgeflossen ist. Erstaunt erkenne ich, dass auch er aus Obsidian besteht. Nach dem gläsernen Berg, nun ein Fluss aus Glas! Der Wanderweg schlängelt sich labyrinthartig mitten hindurch. Im Sonnenlicht funkelt das schwarze Gestein golden, dann wieder schillert es in Regenbogenfarben.

Wie überrascht bin ich, als ich mein Zelt aufbaue und mir aus dem Nachbarzelt Monique entgegenlächelt. Zufall oder ist es Fügung, dass ausgerechnet sie meine Zeltnachbarin ist, wo doch der Campingplatz riesig groß ist mit Hunderten von Menschen?

»Probier nur gleich die heiße Quelle aus!«, ruft sie mir zu.

»Keine Lust, Badewanne ist mir zu langweilig. Ich schwimme lieber im kalten Wasser«, entgegne ich.

»Rede nicht, geh einfach rein, du wirst nicht mehr rauswollen!«

Ein Holzsteg führt in die sumpfige Wiese mit ihren munter murmelnden Bächen. Aus einem Gewässer steigt Dampf, hier mischt sich kaltes und heißes Quellwasser zur idealen Badetemperatur. Noch immer skeptisch lasse ich mich hineingleiten, und augenblicklich wird mein Körper von einem wohligen Gefühl durchflutet. Die Muskeln entspannen sich, werden weich und biegsam. Kein Vergleich mit einem Bad in der Badewanne! Das Wasser ist heißer, die Außentemperaturen kälter. Und dazu die Umgebung, was für eine prachtvolle Idylle! Der Bach, der sich zu einem natürlichen Pool erweitert hat, fließt durch eine Blumenwiese. Am Ufer wachsen Enzian, Weidenröschen, Alpenhelm, und mitten im weißen Blütenmeer aus Wollgras weidet eine Schafmutter mit ihren beiden Lämmchen.

Vom sandigen Grund des brusttiefen Pools steigt in Wirbeln heißes Wasser auf, ein warmer Wasserfall strömt vom Felsen herab. Ich lasse mich den Bachlauf entlangtreiben. Neben mir schwimmt ein Odinshühnchen, eifrig beschäftigt, mit nadelspitzem Schnabel Insekten vom Wasser aufzupicken. Leicht wie ein Korken kreiselt das Vögelchen umher, als würde es auf dem Wasser tanzen. In Wirklichkeit strudelt es mit den Beinen kleine Tierchen an die Oberfläche, um sie zu fressen.

Trotz seines Namens ist das zarte, kaum achtzehn Zentimeter kleine Geschöpf kein Huhn, sondern gehört zur Familie der Limikolen, verwandt mit Bekassine, Schnepfe und Brachvogel. Nur den Sommer verbringen die Odinshühnchen in kalten Gefilden, zum Überwintern fliegen sie zu den Küsten der Arabischen Halbinsel. Den Rücken zieren goldbraune und rotbraune Federn. An seinem rostroten Halsband erkenne ich, dass es ein Weibchen ist. Bei den Odinshühnchen sind die Geschlechterrollen vertauscht. Die auffällig gefärbten Weibchen werben mit einem Balzflug um die Männchen, während diese das Nest bauen, die Eier ausbrüten und sich um den Nachwuchs kümmern. Die Weibchen tragen außer dem Legen der Eier nichts zum Gelingen der Brut bei.

Mit einem scharfen Ruf »Twit« fliegt das Tierchen auf und flattert mit rasantem Flügelschlag gleich einer Schwalbe davon. Erst nach zwei Stunden verlasse ich das Bad.

Am nächsten Morgen verabschiedet sich Monique von mir. Sie hat per SMS die Nachricht bekommen, dass sie als Reiseleiterin einer Urlaubergruppe den »Goldenen Zirkel« zeigen soll. Damit sind die drei berühmten Highlights gemeint: Großer Geysir, Gullfoss-Wasserfall und Þingvellir, wo in Vorzeiten das Parlament tagte.

An den dicht besiedelten Zeltplatz gewöhne ich mich schnell und bleibe eine Woche. Mit leichtem Tagesrucksack ist das Unterwegssein ein Genuss. Ich wandere zur Brennisteinsalda, dem dunkelroten »Brennenden Berg« mit seinen dampfenden Erdspalten und Schwefellöchern, steige auf den blaugrünen Bláhnúkur und auf den höchsten Gipfel der Gegend, den Háalda. Und jeden Abend genieße ich ein heißes Bad in dem von Wollgras geschmückten Pool – ein Paradies in der Lavawüste.

Tödliche Forschungsreise

Eine Regenfront nach der anderen war herangesaust. Schwer prasselte das Wasser auf die Erde, und wenn es gerade nicht regnete, fauchte eiskalter Wind über die Berge und Täler. Wanderer, die während dieser Schlechtwetterperiode auf dem Laugavegur unterwegs waren, gewannen einen völlig anderen Eindruck als ich auf meinen sonnenbeschienenen Wegen. Wer nur drei Wochen Islandurlaub zur Verfügung hat und dabei zwei Regenwochen erwischt, wird vielleicht von diesem Land enttäuscht sein. Inzwischen scheint wieder die Sonne, und ich nehme mein nächstes Ziel in Angriff, den alten Versorgungsweg, der diagonal durch das Hochland führt, die Piste Sprengisandur. Der Name erinnert daran, dass man früher die gefährliche Route schnell hinter sich bringen musste. Besessen von panischer Angst, sprengten die Reiter mit ihren Pferden durch die Steinwüste, denn es gab unterwegs kein Futter für die Tiere. Die Strecke war gefürchtet wegen der Stürme, vor denen es keinen Schutz gab. Gletscherflüsse konnten plötzlich anschwellen und den Weg versperren. Schlimmer noch waren Einsamkeit und die abergläubische Furcht vor Trollen, Geistern und Dämonen. Doch es gab auch reale Gefahren durch räuberische Geächtete. Wer aus der Gemeinschaft ausgestoßen war, versuchte im Hochland zu überleben. Da die Ausgestoßenen nichts mehr zu verlieren hatten, scheuten sie sich nicht, Reisende zu überfallen.

Das gern und oft gesungene Lied »Sprengisandur« von Grímur Thomson spiegelt eindringlich, was die Menschen bei ihrer Reise empfanden:

Geschwind, reit geschwind über den Sand, jage hin!
Schon senkt sich die Dämmerung auf die Berge herab,
Dann sattelt ihr Ross, die Bergkönigin –
Und Gnade dem, der ihr kommt in den Weg! …
In der schwarzen Lava, der geächtete Mann.
Vielleicht fängt er sein verderbliches Treiben schon an?
Geschwind, reit geschwind, über den Sand, jage hin,
Schon schwindet die Sonne hinter den Bergen!
Viel böse Geister von dem Gletscher dann zieh´n,
Die sich im Dunkeln verbergen.
Das beste Pferd, gern geb ich es fort –
Wenn ich nur erst wäre an sicherem Ort.

Mein prall mit Verpflegung gefüllter Rucksack lastet auf den Schultern. Im Camp war in einem ausrangierten Bus ein Verkaufsladen eingerichtet worden mit einem überraschend reichhaltigen Angebot. Besonders die Honigfladen waren ein Leckerbissen, und der Kaffee hatte mich während der Regentage aufgemuntert.

Die Piste Sprengisandur ist etwa eine Tagesstrecke von der Landmännerquelle entfernt. Auf einem Wanderpfad gelange ich zunächst zum Frostastaðavatn, einem ausgedehnten Kratersee, auf dessen stillem Wasser Singschwäne schwimmen. Vom Kraterrand blicke ich noch einmal zurück und nehme Abschied von der Zauberwelt der bunten Berge. Beim Blick nach Nordosten empfinde ich ein beklemmendes Gefühl. Vor mir liegt eine Wildnis, die unpassierbar scheint. Gletscherflüsse, darunter die mächtige Tungnaá, bilden eine Seenlandschaft, aus der Berge wie Inseln herausragen. An Wasser wird es mir hier also nicht mangeln.

Noch immer gilt das unbewohnte Hochland als Herausforderung für Reisende, wenngleich es mit dem Geländewagen in wenigen Tagen durchquert werden kann. Pisten wurden angelegt, Unterkunftshütten gebaut und Wanderwege markiert. Es hat sich viel verändert in den hundert Jahren, seit Ina von Grumbkow die Sprengisandur entlangritt.

Im Flugzeug hatte ich noch intensiv an sie gedacht, doch dann verdrängten die eigenen starken Erlebnisse sie aus meinem Gedächtnis. Erst jetzt, da ich im Begriff stehe, ihren Spuren zu folgen, ist sie mir wieder gegenwärtig. Auf einem bemoosten Stein am Kraterrand sitzend, halte ich eine Art Zwiesprache mit ihr: Ina, du würdest es wiedererkennen, dein Island. Die Vulkane, die Gletscher, die reißenden Flüsse, die stillen Seen mit den Singschwänen, all das ist unverändert, genau so, wie du es erlebt hast. Auch das Wetter ist noch genauso wie zu deiner Zeit, mit Stürmen, Regen, Kälte und der Sonne bis Mitternacht. Aber das Reisen ist so viel bequemer und einfacher geworden, hat dadurch jedoch einen Teil seines Abenteuers verloren. Doch du hast damals die Entbehrungen nicht auf dich genommen, um ein Abenteuer zu bestehen, sondern wolltest verstehen, was mit deinem Verlobten geschah, der spurlos verschwand.

Ich gönne mir vom Kratersee Frostastaðavatn noch einen kurzen Umweg, um einen Blick in den benachbarten Krater Ljotipollur zu werfen. Er überrascht mich mit türkisblauem Wasser, das prächtig mit den karminroten Wänden kontrastiert. Nach diesem Abstecher schlage ich nun aber endgültig die Richtung zur Piste Sprengisandur ein. Schlagartig beginnt eine andere Welt – grau, steinig, trocken. Da wächst nichts, nicht der winzigste Grashalm. Nur Geröll, Kies, Steine, Sand – eine Urlandschaft, in der die Farbe Grau vorherrscht, Grau in allen seinen Nuancen und Schattierungen. Geformt wurde diese Wüste von den Gletschern der Eiszeit, die nach dem Abtauen eine Grundmoräne freigaben, die so gut wie unfruchtbar ist. Denn im Geröll versickert das Regenwasser schneller, als es von den Pflanzen genutzt werden kann.

Am nächsten Tag erreiche ich nach dreißig Kilometern den Stausee Krókslón, hier mündet der Abzweig von der Landmännerquelle in die Sprengisandur. Vor mir liegt eine einsame Strecke, die zwischen zwei mächtigen Gletscherbergen hindurchführt, im Süden der Vatnajökull, nördlich der Hofsjökull. Erst nach etwa hundert Kilometern werde ich die Oase Nýidalur erreichen, wo ich hoffe, Lebensmittel kaufen zu können.

Da Flüsse angestaut und zur Energiegewinnung genutzt werden, hat sich die Routenführung verändert, heute ist die Überquerung der Tungnaá kein Problem mehr. Für Ina von Grumbkow und ihre Reisegefährten stellte der Fluss ein unüberwindbares Hindernis dar. Sie schildert den dramatischen Versuch: *Da hielten wir vor dem vielverzweigten, tiefen und reißenden Strom … breit das trübe, gurgelnde, dahinjagende Wasser.* Dennoch gingen sie das Wagnis ein, doch Treibsand im Fluss machte das Durchqueren unmöglich: *Das Packpferd verschwindet fast völlig im Wasser. Das Tier macht verzweifelte Anstrengungen, so wie es die Vorderbeine auf den festen Boden zu setzen vermeint, bricht die trügerische Decke weiter, und ehe eine Minute seit seinem Einsinken verstrichen ist, gibt es ermattet den aussichtslosen Kampf auf, der Kopf sinkt zur Seite.* Das Pferd wurde gerettet. Von den Packsäcken befreit riskierte es einen starken Sprung, stand zitternd und triefend auf der Sandbank.

Die Reisenden gaben noch nicht auf. Sie wollten, außer zum Krater Askja auch zu den Fiskivötn, den »Fischseen«, die auf meiner Karte Veiðivötn heißen. Die Seen sind als Forellengebiet bei Anglern beliebt und inzwischen auf einer leicht zugänglichen Piste erreichbar. Auch der erneute Versuch, die Tungnaá an einer anderen Stelle zu furten, misslang, und Ina schrieb: *Jetzt leben sie weiter in der Phantasie als das unberührte Paradies der malerischen Seen, der wilden Schwäne, das unerforschte Naturwunder … und in den wachen Träumen auf dem Pferderücken male ich mir das Land, das ich nie sehen sollte.*

Auch ich verzichte auf die Fischseen, auf diese mit Wasser gefüllten Explosionskrater, die um das Jahr 900 und bei einer zweiten Eruption um 1480 entstanden sind. Gewiss sind sie ein landschaftlich reizvoller Ort, der für mich aber einen Umweg von mindestens siebzig Kilometern bedeuten würde. Wichtiger ist es mir, zum Askja-Krater zu gelangen, zu Inas Hauptziel. Von einer Forschungsreise in dieses Vulkangebiet kehrten ihr Verlobter, der Geologe Walther von Knebel, und dessen Begleiter, der Maler Max Rudloff, nicht zurück.

Zwei Meter hohe gelbe Stöcke markieren die Piste, damit sich bei Nebel niemand verirrt. Am frühen Morgen habe ich die Sprengisandur für mich allein. Als sich ab Mittag Geländefahrzeuge häufen, die eine Staubfahne hinter sich herziehen, gehe ich abseits querfeldein. Am Nachmittag erlischt die Sonne. Der Himmel wird grau wie die Erde. Heftiger Wind wirbelt Sand auf. Nur wenige Meter weit kann ich sehen und kehre zur Piste zurück, um mich nicht zu verlaufen.

Im Dunst nähert sich mir ein Objekt, das ich zuerst nicht einordnen kann. Für ein Tier ist es zu groß, für einen Jeep zu langsam, für einen Menschen zu schnell. Die Konturen werden schärfer, und aus dem Grau löst sich – ein Fahrradfahrer. Ich bin verblüfft. Ist es schon verrückt, zu Fuß über das Hochland zu gehen, mit einem Fahrrad ist es pure Schinderei. Das Rad schlingert und schlenkert, tief sinken die Reifen in den lockeren Sandboden ein. Nirgendwo ist fester Untergrund. Zudem muss der Fahrer ständig Steinbrocken ausweichen, deshalb immer auf den Boden schauen und fest den Lenker umklammern. Der Mann auf seinem Fahrrad kommt langsam näher. Er tut mir leid, wie er sich, vom Wind gebeutelt, mühselig durch die

Gegend kämpft. Ich dagegen habe die Erde unter den Füßen, muss nicht ständig nach unten blicken, kann meinen Blick schweifen lassen, als würde mir das weite Erdenrund gehören.

Der Mountainbiker radelt nicht vorüber, wie ich zuerst angenommen hatte, weil er so verbissen und in sich gekehrt in die Pedale trat. Er hält an und gönnt sich eine Pause. Im Gespräch wird mir klar, dass er es umgekehrt sieht. Er bedauert mich, weil ich langsamer vorankomme als er. Stolz berichtet er, dass er in drei Tagen die Sprengisandur schaffen wird. Ich bewundere ihn gehörig, sage aber zum Abschied, dass es mir gerade darauf ankomme, nicht zu schnell zu sein. Er schüttelt über so viel Unvernunft den Kopf, und mit einem freundlichen »*Take care!*« setzt er sich schwankend in Bewegung, ist bald im Sandsturm verschwunden.

Es ist ein Tag, der mir auch als Fußgänger keine Weitsicht und dadurch wenig Genuss beschert. Der Sturm dauert an. Am Abend finde ich in der weiten Ebene keine windgeschützte Stelle, um mein Zelt aufzubauen. Als ich es dennoch versuche, hätte es mir der Wind fast entrissen und für immer entführt. Mit einem flachen Stein scharre ich eine Kuhle, lege mich mit Matte und Schlafsack hinein und breite über mich den Zeltstoff, den ich an den Rändern mit Steinen beschwere.

Eine strahlende Sonne weckt mich am Morgen. Windstille und ein blitzblauer Himmel erwarten mich. Fröhlich packe ich meine Sachen und mache mich auf den Weg, nur eine flache Vertiefung bleibt zurück. Beim Blick auf die Karte sehe ich, dass ich gestern am angestauten See Þórisvatn vorbeigekommen bin, ohne im Sandsturm das zwanzig Kilometer lange Gewässer gesehen zu haben. Leitungsmasten durchziehen schnurgerade das Land und zeigen, dass hier Energie gewonnen wird. Seit Ina von Grumbkows Reise hat sich die Landschaft durch den Bau von Wasserkraftwerken verändert, und doch deckt sich ihre Beschreibung mit meinem Erlebnis: *In unbe-schreiblicher Eintönigkeit dehnte sich viele Meilen weit die ewig einsame Fläche vor uns aus – Hügel, Geröllflächen und aufs Neue Geröllflächen und Hügel. Dasselbe Bild den ganzen Tag bis in das Zwielicht der isländi-schen Sommernacht und wieder bis zum hell scheinenden Licht des Früh-himmels.*

Eintönigkeit erzeugt einen eigentümlichen Reiz, wie ich bei mei-nen Wanderungen in Wüstengebieten immer wieder beobachten konnte. Da das Auge von der Weite gebannt ist, richtet sich die Auf-merksamkeit nach innen. Meine körperlichen Grenzen verlieren ihre Bedeutung, als würde ich mich auflösen und mit der Umwelt verschmelzen, klein wie ein Sandkorn und dabei unermesslich groß bis zum Horizont.

Die heutige Wegstrecke ist aber keineswegs eintönig, linker Hand erfreue ich mich am Anblick des 1760 Meter hohen Hofsjökull, des-sen dreißig Kilometer langer und breiter Gletscher, er ist der dritt-größte Islands, weiß zu mir herüberstrahlt. Endlich ein Gletscher, den die Asche des Eyjafjallajökull nicht dunkel gefärbt hat. Südwärts, dem Gletscher Hofsjökull vorgelagert, erheben sich zackig und wild die Kerlingarberge. Vom Eis des Hofsjökull gespeist, fließt im Tal die Þjórsá nach Süden. Als der längste aller Flüsse Islands mündet sie nach 230 Kilometern bei Selfoss in den Ozean.

Schnatternde Töne lassen mich hoch in den Himmel blicken. Ein Schwarm grauer Vögel fliegt hinunter zur Flussniederung. Es sind Gänse, aber ihre zweisilbigen Rufe klingen anders als die von Grau-gänsen. Schon am Flugbild erkenne ich die Kurzschnabelgänse, ihr Körper ist kleiner und der Hals kürzer. Durchs Fernglas sehe ich, wie sie in den feuchten Moorwiesen am Ufer der Þjórsá landen. Von einer riesigen Gänseschar werden sie lärmend begrüßt, es müssen meh-rere Hundert, vielleicht sogar Tausende Vögel sein. Da ich gut vorangekommen bin, kann ich mir einen Abstecher leisten, um mich den Kurzschnabelgänsen zu nähern. Sie unterscheiden sich von allen anderen Gänsearten durch die Farbe ihrer babyrosa Beine, ein putziger Anblick. Damit wirken die Tiere ungeschützt, irgendwie hilfsbedürftig, doch sie können sehr wohl auf sich achten. Ihre einzigen Feinde sind Polarfüchse und der Mensch, der in früheren Zeiten ihre Eier sammelte. Heute stellt er ihnen mit Jagdwaffen nach, dementsprechend vorsichtig sind die kurzschnäbeligen Gänse. Auf Grasbülten stehen ihre Wächter, die aufpassen, damit die anderen in Ruhe grasen können. Jetzt, Ende Juli, ist die Brutzeit vorüber, die Jungen sind geschlüpft und schon so groß wie die Alten. Nun mästen sie sich, um für den Winter gerüstet zu sein. Diese Gänseart zieht nicht weit, nur bis Schottland und Nordengland, einige bleiben sogar in der kalten Jahreszeit in Island.

Beim Querfeldeingehen entdecke ich eine Reihe halb zerfallener Steinwarten. Diese Markierungen hat der dänische Forschungsreisende Daniel Bruun mithilfe Einheimischer vor gut hundert Jahren gesetzt. In den Anfangsjahren der Besiedlung wurde das Inland häufig zu Pferd durchquert, alljährlich ritten die Siedler aus dem Osten zur Thingversammlung in den Süden. Später mussten Bischöfe aus dem südlich gelegenen Bischofssitz Skálholt die Sprengisandur entlangreiten, um die Kirchengemeinden im Norden und Osten zu inspizieren. Danach geriet die Route in Vergessenheit. Island wurde von der harten dänischen Herrschaft niedergedrückt, die Menschen hatten unter Naturkatastrophen, Seuchen und Hungersnöten zu leiden, die Bevölkerungszahl sank rapide, viele starben und andere wanderten aus. Wer auf seinem Bauernhof an der Küste sein Auskommen hatte, für den gab es keine Notwendigkeit, das gefährliche Hochland zu queren. Das änderte sich, als die Zeit der Abenteuerreisen begann. Der erste Autotourist wagte sich 1933 auf die Sprengisandur, und für motorisierte Islandreisende ist das Hochland heute eines der letzten Wildnisgebiete Europas und eine Herausforderung an ihre Fahrkünste.

Am Abend finde ich am Ufer eines Baches einen geeigneten Platz zum Zeltaufbau, der mir alles bietet, was mir unterwegs wichtig ist: Wasser zum Trinken und Waschen, Wind- und Sichtschutz hinter einem Felsen und eine schöne Aussicht. Nicht immer ist es möglich, diese Bedingungen vereint zu finden. Deshalb suche ich, während ich wandere, fast schon automatisch die Gegend nach guten Rastplätzen ab.

In der Nacht weckt mich ein Geräusch. Zuerst sachte und zart tröpfelt es, dann prasselt der Regen gewaltig herab. Ein scheußliches Gefühl, nur durch eine hauchdünne Zeltplane vom Unwetter getrennt zu sein. Am Morgen regnet es weiter. Es nützt nichts, ich muss aufstehen. Tatenlos im winzigen Zelt auszuharren ist weitaus schlimmer, als durch Regen zu stapfen. Zuvor muss ich mich im engen Zelt halb im Liegen anziehen, was äußerst lästig und gar nicht so einfach ist. Denn meine Behausung ist nicht einmal hoch genug zum Sitzen, geschweige denn zum Stehen. Weniger fröhlich als am gestrigen Sonnentag packe ich das Zelt nass ein und marschiere los, schütze mich und den Rucksack mit Regenkleidung und Plane. An diesem Tag stört mich kein Fahrzeug.

Weil das Wetter keine ablenkenden Ausblicke und erholsamen Pausen zulässt, komme ich schnell voran. Nachdem ich einen angeschwollenen Fluss durchwatet habe, erreiche ich am späten Abend den Rastplatz Nýidalur. Mitten im Niemandsland stehen Hütten des isländischen Wandervereins, daneben ein begrünter Zeltplatz. Der Wasserreichtum, den ein Gletscherfluss in das 800 Meter hoch gelegene Gebirgstal bringt, hat die Wüste ergrünen lassen. Am Ufer wachsen Quellmoose; Gräser und Binsen bilden Rasenflächen, und ein rotvioletter Blumenteppich blendet das Auge. Im kargen Hochland, wo pflanzliches Leben auf ein Minimum beschränkt bleibt, wirkt die Menge und Größe der Blüten wie eine ungeheuerliche Verschwendung. Sie sind fast handtellergroß und wachsen dicht an dicht. Es ist das Arktische Weidenröschen, eine der wenigen Pflanzen, die vom amerikanischen Kontinent nach Island gekommen sind.

In diesem grünen Tal hatte auch Ina von Grumbkow mit ihren drei Begleitern das Lager aufgeschlagen, ohne dass ihnen Schutzhütten zur Verfügung gestanden hätten. Nur dort, wo es Gras für die Pferde und Wasser gab, konnten sie rasten. Oft zeigte sich tagelang nicht ein einziger Halm Gras, sodass sie zwölf und mehr Stunden reiten mussten, bis sie eine Wasserader erreichten. Vor hundert Jahren war das Klima kälter, in den Tälern lag Schnee, und so bangte die kleine Reisegruppe, ob sie im Nýidalur-Tal am Fuß des Tungnafellsjökull genügend Futter finden würde.

Den 1520 Meter hohen Berg kann ich am nächsten Morgen nur erahnen. Der Gipfel bleibt wolkenverhangen, Nebelschwaden wallen bis hinunter ins Tal. Hier versuchten die Reisenden zum dritten Mal, einen direkten Weg zur Askja zu erzwingen. Die Männer waren losgezogen, um das Terrain am Vonarskarð-Pass zu erkunden. Ina blieb allein mit den Pferden im Lager zurück, zeichnete und schrieb in ihr Tagebuch: *Als der Regen nachließ, erkletterte ich bis zu 200 Meter Höhe die Wand des Tungnafellsjökull, um dort zu photografieren und eine Skizze aufzunehmen. Die Sonne war hinter den Wolkenbänken über dem Hofsjökull verschwunden … umragt war ich an drei Seiten von dem schwärzlich verwitterten Palagonit des Berges. Dicht über mir ballten sich die vom Gletscher zu Tal ziehenden Nebelschwaden – alles um mich, über und unter mir wild, düster, ohne sichtbares Leben, zu gewaltig und großartig.*

Nach zwölf Stunden bangen Wartens kehrten die Männer zurück. Sie hatten zwar den Übergang gefunden, der jedoch wegen Gletscherspalten, Schlammströmen, wild zerrissener Lava für eine Karawane mit Packpferden unpassierbar war. Sie mussten der Piste Sprengisandur weiter nach Norden bis an die Küste zum Fischerdorf Akureyri folgen und von dort wieder südwärts vorstoßen.

Mir ist möglich, was ihnen verwehrt blieb. Von der Sprengisandur zweigt östlich die F 910 ab, eine schwierig zu begehende Piste, die vor allem risikofreudige, das Abenteuer suchende Geländefahrer anlockt, aber auch mir einiges abverlangen wird. Noch in Sichtweite der Hütte die erste Tücke: Ein vom Regen angeschwollener Fluss muss durchwatet werden. Zwei Geländewagen, die vom Norden kommend zur Raststätte Nýidalur wollten, müssen umkehren, nachdem die Fahrer feststellen, dass der Wasserstand weit über einen Meter ist, zu hoch auch für mich. Ich warte eine Weile, vielleicht habe ich Glück und von Süden kommt ein Super-Jeep und nimmt mich mit hinüber. Doch ich bin kein geduldiger Mensch, deshalb verpacke ich meine Sachen wasserdicht und suche mir abseits der von den Fahrzeugen ausgefahrenen Furt eine günstige Stelle. Inzwischen haben sich einige der Leute eingefunden, die in der Wanderhütte übernachtet haben, und jetzt skeptisch meinen Versuch beobachten.

Der Fluss strömt dunkelbraun dahin, unmöglich zu erkennen, wie tief er ist. Alles in mir sträubt sich, das sichere Ufer zu verlassen. Trotzdem wage ich den ersten Schritt, taste mich vorsichtig über den steinigen Grund. Nach wenigen Schritten schon reicht mir das Wasser bis zur Hüfte. Es kostet mich äußerste Anstrengung, den Boden unter den Füßen nicht zu verlieren, die Strömung reißt an mir. Es ist unheimlich und beängstigend, diese Urgewalt des Wassers zu spüren. Am anderen Ufer angekommen durchströmt mich ein Glücksgefühl, als sei mir das Leben neu geschenkt worden. Begeistert klatschen die Zuschauer in die Hände und rufen mir Glückwünsche zu. An diesem Tag bin ich wahrscheinlich die Einzige, die es über den Fluss geschafft hat. Wäre ich allein gewesen, ohne die moralische Unterstützung der anderen, hätte ich die Überquerung sicherlich nicht gewagt.

Der Fluss war nur das erste Hindernis. Wieder liegt ein hundert Kilometer langer Weg vor mir, diesmal voller Plackerei und Schlechtwetter. Eine Woche lang werde ich unterwegs sein, bis ich den Stützpunkt Dreki am Fuß der Askja erreiche.

Tiefe Bachläufe kann ich umgehen, andere durchwaten, dann beginnt der Aufstieg zum 1140 Meter hohen Vonarskarð-Pass, der mit einer Steinpyramide markiert ist. Die Aussicht ist mir wegen des Nebels verwehrt. Nach zwei Tagen erreiche ich das Seengebiet Gæsavatn. Es klart etwas auf, und ich schöpfe Hoffnung auf angenehmere Wanderbedingungen. Endlich fällt kein Regen mehr, sogar die Sonne lässt sich blicken, doch sobald der Boden trocken ist, wirbelt der Wind fein zerriebenen Sand auf. Gegen Abend des fünften Tages fegt ein Sturm durch die Gegend, der es mir unmöglich macht, mein Zelt aufzustellen. Weglos irre ich durch ein Lavafeld, suche Deckung hinter Steinen, doch keiner ist groß genug. Eine Kuhle zu scharren und das Zelt über mich zu legen kommt diesmal nicht infrage. Der Sturm ist zu heftig, die Temperatur unter null Grad, zudem nähert sich rasend schnell eine schwarze Unwetterfront, die mir gefährlich werden könnte. Ich benötige dringend Schutz vor Hagel, Schnee und Eiseskälte. Kaum noch kann ich meinen Körper zwingen, sich weiter vorwärtszubewegen. Erschöpft vom Kampf gegen die Elemente wanke ich dahin. Ringsum nur Ödnis, trockene Täler, Lavafelder und kahle Berge. Da erblicke ich an einer der Bergflanken eine Felsformation mit einer Höhlung. Voller Hoffnung klettere ich den steilen, aus lockerem Geröll bestehenden Hang hinauf. Endlich oben erwartet mich eine Enttäuschung: Die Grotte ist angefüllt mit Lavagestein. Verzweifelt stoße ich mit dem Fuß dagegen. Das Gestein gibt nach, die Platten liegen nur lose aufeinander. Mit einem flachen Stein beginne ich zu graben, schaufle mit aller Kraft Gesteinsschutt nach draußen. Der Erfolg beflügelt mich. Ich komme mir vor wie eine Neandertalerfrau der Steinzeit, die sich ein komfortables Lager bereitet. Endlich habe ich eine ebene Fläche geschaffen, lang und breit genug für mich. Ermattet krieche ich in den Schlafsack, blicke dankbar hinauf zum Felsdach, das sich über mir wölbt. Nun kann draußen ein Unwetter toben, ich bin geschützt vor Nässe und Kälte.

Fast bin ich eingeschlafen, da durchzuckt mich ein plötzlicher Schreck, und ich bin wieder hellwach, habe ich doch völlig vergessen, dass ich mich in einem aktiven Erdbebengebiet befinde. Es muss kein Vulkanausbruch sein, ein leichtes Beben würde genügen, um den Felsen über mir zusammenbrechen zu lassen. Die Felsgrotte ähnelt einer halb geöffneten Muschel – eine geringe Erschütterung, und sie klappt zusammen. Ich wäre spurlos verschwunden, niemand wüsste, was geschehen ist, wie bei Walther von Knebel, dem Verlobten von Ina von Grumbkow, und seinem Begleiter. Sollte ich nicht irgendeine Nachricht hinterlassen, damit eine sinnlose Suche gar nicht erst gestartet wird? Es müsste ein Zeichen sein, das gut sichtbar ist, aber nicht vom Sturm weggeweht, vom Regen weggespült wird. Vielleicht ein Zettel in einer Steinpyramide ... und während ich noch überlege, wie ich am besten mein Verschwinden erklären könnte, schlafe ich ein.

Am nächsten Morgen erwache ich frisch und munter. Vorsichtig öffne ich die Augen zuerst nur halb und merke an der Helligkeit, dass die felsige Muschelschale nicht zugeklappt ist.

Nebel verschleiert die Sicht, oder sind es Wolken, die die Berge einhüllen? Der Weg ist kaum zu erahnen, Sturm und Regen haben fast alle Spuren verwischt. Immer wieder befürchte ich, mich verirrt zu haben, bis ich wieder eine Steinwarte oder einen gelben Markierungsstock finde. Am siebten Tag, es regnet noch immer, erreiche ich die an der »Drachenschlucht«, gelegene Raststätte Dreki, einen Stützpunkt der Zivilisation. Hier gibt es plötzlich Dinge, die einem Menschen guttun, der aus der Wildnis kommt: heiße Dusche, Toilette mit Wasserspülung, weiches Toilettenpapier, ein Dach über dem Kopf, eine Küche und Menschen, mit denen man sich austauschen kann. Nur etwas gibt es nicht, einen Einkaufsladen, dabei habe ich meine Nahrungsmittel fast aufgebraucht, denn auch am letzten Rastplatz Nýidalur gab es keinen Laden. Außer an der Landmännerquelle, wo die Verkaufsstätte neu eingerichtet worden war, kann man bei allen Rastplätzen im Hochland keine Einkaufsmöglichkeit erwarten. Für diejenigen, die motorisiert unterwegs sind, ist das kein Problem. Im Rucksack allerdings kann man für eine lange Wanderstrecke nicht ausreichend Verpflegung mit sich tragen. Ich wusste das vorher und behalte meine Kondition auch dann, wenn ich längere Zeit nichts esse; das habe ich bei meinen Reisen schon oft trainiert.

Im Vorraum der Hütte trockne ich mein Zelt und hole mir vom Ranger die Erlaubnis, die Küche in der Wanderhütte benutzen zu dürfen. Das ist möglich, da zurzeit nur wenige Gäste da sind. Mein Essensproblem löst das nicht grundsätzlich, denn außer Tee und Brühwürfeln habe ich nichts zu kochen. Die heiße Flüssigkeit stillt erst einmal den gröbsten Hunger und bringt meinen rumorenden Magen zum Schweigen. Als Notration habe ich noch Schokolade und Trockenfrüchte dabei.

Während einer Regenpause stelle ich mein Zelt auf. Der Untergrund ist nicht aufgeweicht, sondern hart und steinig. Nur mit Mühe kann ich die Heringe einschlagen. Trotz des folgenden zweitägigen Dauerregens bleibt mein Zelt innen trocken, am dritten Tag lacht mir beim Öffnen des Reißverschlusses die Sonne entgegen. Das ist das Schöne an Island: Man muss sich keine Gedanken wegen des Wetters machen; es wird immer anders, als man denkt. Und es ist voller Überraschungen, fällt abrupt von einer Wetterlage in die andere. Ebenso unberechenbar dreht sich der Wind, kann innerhalb weniger Stunden abwechselnd aus allen vier Himmelsrichtungen wehen.

An diesem strahlend schönen Tag will ich zur Askja aufsteigen. Die Askja ist eigentlich kein Berg, sondern ein Krater, der eingebettet in einem uralten Vulkanmassiv liegt, dem Dyngjufjöll. Askja bedeutet auf Isländisch »Schachtel«, eine im Deutschen nicht gerade attraktive Bezeichnung für diese ungewöhnliche und berühmt gewordene, viele Kilometer große Caldera. Für Fahrzeuge wurde eine acht Kilometer lange Piste mitten durch den Lavastrom gebahnt, der bei der letzten Eruption bis Dreki geflossen ist. Erlebnisreicher ist der dreistündige Fußpfad, der steil in das Gebirgsmassiv Dyngjufjöll hineinführt. Ein Aufstieg von 800 Höhenmetern liegt vor mir. Geformt wurde Dyngjufjöll durch zahlreiche Vulkanausbrüche, die unter den Gletschern der Eiszeit stattfanden. Das 1150 Meter hohe Bergmassiv hat die riesige Ausdehnung von 600 Quadratkilometern.

Schwarze Lava und cremefarbener Bimsstein bedecken den Pfad, der mich an bizarren Steinformationen entlangführt. Steinerne Natursksulpturen, die aussehen wie Krokodile, reißen den mit Zähnen gespickten Schlund auf, und urzeitliche Saurier scheinen im Sprung erstarrt zu sein. Hochtäler und tiefe Schluchten öffnen sich meinem Blick. Am Horizont leuchtet die weiße Spitze des Snæfell herüber, dessen 1833 Meter hoher Gipfel immer mit Schnee bedeckt ist. Direkt gegenüber erhebt sich die Herðubreið, ein Vulkan, den die Isländer zur Königin unter den Bergen erwählt haben.

Bei jedem Höhenmeter wird nicht nur die Aussicht in die Weite großartiger, auch das Gebirgsmassiv selbst mit seinem ungeheuren Askja-Krater wird mehr und mehr sichtbar. Diese kesselartige Einsenkung ist unermesslich groß und erschließt sich mir nur allmählich.

Geologisch gesehen ist die Askja noch jung. Sie zählt nur 4500 Jahre und entstand, als sich die Magmakammer bei einem Ausbruch entleerte und daraufhin der Boden einsank. Ein 45 Quadratkilometer großer Krater, von 400 Meter hohen Wänden umgeben, bildete sich. Jahrtausendelang ruhte sich die Askja aus, sammelte Kräfte und füllte wieder eine Magmakammer mit glutflüssigem Gestein. Dann urplötzlich eine gigantische Explosion, die in nur acht Stunden die Existenz der Menschen in Ostisland vernichtete. Eine mit Asche und Bimsgestein beladene Explosionssäule stieg dreißig Kilometer hoch in den Himmel und senkte sich über den östlichen Teil Islands. Das Unglück geschah am 29. März 1875, danach war das Weideland meterhoch mit Asche bedeckt und vergiftet. Zahlreiche Menschen packten ihr Hab und Gut und wanderten nach Amerika aus, auch der Großvater von Christina Sunley, der ich später am See Myvatn begegnen werde.

Nach dem Ausbruch senkte sich erneut der Boden unter der nun leeren Magmakammer, ein kleinerer Krater im Krater bildete sich, der Öskjuvatn. Er füllte sich mit Wasser und ist mit 220 Metern der tiefste See Islands. Wenige Meter neben dem Kratersee hatte sich beim Ausbruch ein Loch mit einem Durchmesser von kaum dreißig Metern gebildet, der Viti. Aus diesem Minikrater ist das Unheil gekommen, das mit seinem Ascheregen den Menschen die Heimat nahm und sie zum Auswandern zwang.

Der Pfad führt mich weiter steil bergan. Ich bin überrascht, als ich von einer Kuppe plötzlich tief hinab auf eine Wasserfläche blicke, und benötige einen Moment, um zu begreifen, dass der Öskjuvatn unter mir liegt, der See, der nach dem Ausbruch 1875 entstanden ist. So weit ausgedehnt hatte ich ihn mir nicht vorgestellt. Sein Wasser ist tief dunkelblau, auf seiner stillen Oberfläche spiegeln sich die karminroten und schwarzen Kraterwände. Es ist ein eindrucksvoller, zugleich unheimlicher See, denn in ihm sind vermutlich die beiden Männer ertrunken, nach denen Ina von Grumbkow auf der Suche war. Womöglich hat der See sie verschluckt und hält sie für immer in seiner Tiefe gefangen.

Im Zickzack geht es den rutschigen, mit lockerem Geröll bedeckten Pfad zum Seeufer hinab. Stille. Kein Mensch, kein Tier ist zu sehen. Eine fast ausschließlich anorganische Welt umgibt mich, die düster wirkt mit ihren dunklen Farben, zwischen denen das Rot einiger Gesteine umso auffälliger lodert. Ein Lavastrom von einem weiteren Ausbruch im Jahr 1921 hatte sich in den See ergossen. Er hat einen Holzkahn verschüttet, der unter unsäglichen Mühen auf den Berg geschleppt wurde, um nach den Verschollenen zu forschen. Bei den Eruptionen, die bis 1929 andauerten, ist auch die kleine Insel Askur inmitten des Sees entstanden.

Ringsum ist der Öskjuvatn von senkrechten, 300 Meter hohen Wänden umschlossen, nur an der Seite meines Abstiegs ist ein flacher Zugang möglich. Ein paar Meter wate ich in den See hinein. Unterirdische Quellen erwärmen das Wasser am Ufer, zur Seemitte hin kühlt es rasch ab. Ich habe nicht die Absicht, darin zu schwimmen. Zu große Kälte lähmt das Atemzentrum, und die Menschen versinken innerhalb weniger Sekunden.

Der Krater Viti, »Hölle«, ist vom großen Öskjuvatn nur durch einen schmalen Grat getrennt. Das kleine Kraterloch inmitten seiner senkrechten Wände ist mit milchigblauem, warmem Wasser gefüllt, in dem man baden kann. Zwischen den beiden Seen steht eine Steinpyramide mit einer Gedenktafel, die an die beiden Forscher erinnert, die vermutlich am 10. Juli 1907 hier ums Leben kamen. Einziger Überlebender des Unglücks war der Geologiestudent Hans Spethmann.

Nachdem damals die Reisegruppe den Kraterkessel erreicht hatte, wurde das Lager eingerichtet, danach ritten die isländischen Führer mit den Pferden zu einem Weideplatz. Die drei Expeditionsteilnehmer blieben allein zurück. Als Spethmann in der Nacht von seinen Erkundungen am nördlichen Kraterrand zurückkehrte, waren seine Gefährten nicht mehr da. Sie hatten an diesem Tag vorgehabt, mit dem Faltboot den See zu befahren und zu vermessen. Die Männer waren wie vom Erdboden verschluckt und wurden seitdem nie wieder gesehen, auch vom Boot gab es keine Spur.

Als Ina von Grumbkow die Nachricht vom Tod ihres Verlobten erhielt, schien ihr ein so spurloses Verschwinden unfassbar. Walther von Knebel war ein guter Schwimmer, und sie konnte nicht glauben, dass er ertrunken sein könnte. Sie wandte sich an die Königlich Preußische Akademie der Wissenschaften zu Berlin, die auch von Knebels Expedition finanziert hatte. Eine Suchaktion wurde bewilligt, und Ina bat Hans Reck, einen Freund ihres Verlobten, die Expedition zu leiten. Nach unsäglichen Mühen, sie saßen tagtäglich bis zu fünfzehn Stunden im Sattel, erreichten sie endlich die Askja. Ina brannte vor Ungeduld und Aufregung. Trotz ihrer Sorgen sieht sie die Schönheit und Einzigartigkeit der Natur und schreibt: *Schon erhebt sich vor unseren Blicken die 300 Meter hohe Südwand des Sees aus den Dunstschleiern der Ferne – nur weiter, nur schneller vorwärts; – und dann – unvergesslicher erster Eindruck: der von der Sonne beschienen silbern aufblinkende, große türkisblaue See – überraschend schön und großartig – leise atmend in der Abendbrise, wie das schlagende Herz der Dyngjufjöll, inmitten der stolzen Bergwände.*

Ina und Hans entwarfen einen Plan für die systematische Erforschung der Umgebung. Sie blieben elf Tage, umrundeten den See zu Fuß, befuhren ihn mit dem Holzkahn, der von der isländischen Suchaktion am Ufer zurückgelassen worden war, und konnten sich als einzige Erklärung für das Unglück nur vorstellen, dass eine Steinlawine von den Kraterwänden herab das Faltboot jäh zum Kentern gebracht hatte. Zur Erinnerung an die Vermissten bauten sie eine Steinpyramide. Der Ranger vom Rastplatz Dreki hatte mir erzählt, dass diese Warte noch immer am Kraterrand des Öskjuvatn stehe, weiter entfernt von der erst in heutiger Zeit errichteten steinernen Gedächtnisstätte.

Nicht nur mit Geländewagen, auch mit Bussen kommen Ausflügler hierher, fotografieren oder steigen zum Baden den glitschigen Hang in das tiefe Loch des Viti-Kraters hinab. Am Seeufer befeuern fünf Italiener einen tragbaren Grill. Der Duft erweckt meinen geschrumpften Magen zu neuem Leben. Ich muss so erbarmungswürdig geschaut haben, dass sie mir spontan ein Würstchen reichen. Ich warte, bis der letzte Besucher die Askja verlassen hat und wieder Stille einkehrt, die nur ab und zu von polternden Steinen unterbrochen wird. Für Ina von Grumbkow scheint es ein Trost gewesen zu sein, den Ort des Geschehens zu kennen. Ihre Gefühle drückt sie mit folgenden Worten aus: *Aller Schmerz schwindet in dem klaren Empfinden, dass nicht mehr Trauer uns erfüllen darf, von dem Augenblick an, in dem wir ahnend das Verständnis unendlicher Wahrheit streiften ... Wohl wenigen Sterblichen wird ein solch königliches Grab zuteil, wie den beiden, denen dieser majestätisch leuchtende See die Gruft ward. Nur wenige Könige dürften für ewige Zeiten in den Gräbern bleiben, in denen man sie zur irdischen Ruhe brachte. Sind denn, nach menschlichem Begriff, jene ungestört, die in den goldenen Särgen des Eskordial, in den Grabkammern der ägyptischen Pharaonen ruhen?*

Königin der Berge

Bei einer Umfrage im Jahr 2001 wurde die Herðubreið zum schönsten aller Berge Islands, zur »Königin der Berge«, gewählt. Warum gerade dieser Vulkan solch einen nüchternen Namen trägt, der ins Deutsche übersetzt »Breite Schulter« bedeutet? Weil er solitär inmitten einer weiten Ebene steht? Diese Eigenheit weisen auch Snæfellsnesjökull und Snæfell auf, die ebenfalls Anwärter auf die Auszeichnung gewesen wären. Es muss das Unerklärliche, der Mythos gewesen sein, der die Herðubreið zum Lieblingsberg der Isländer erhoben hat. Denn er soll mit der Götterburg Asgard aus der nordischen Sagenwelt der *Edda* identisch sein. Auf dem Gipfel thront Gottvater Odin und überblickt die Welt, und dort ist auch der Eingang in die prunkvollen Säle der Asenburg. Einer davon heißt Walhall und ist der Aufenthaltsort der Helden nach ihrem Tod. Selbst der Garten Idafeld, wo sich die Götter zum Würfelspiel trafen und über das Schicksal der Welt entschieden, ist am Fuß der Herðubreið zu finden – die Oase Herðubreiðarlindir. Allerdings entstand die nordische Mythologie vom Göttergeschlecht der Asen lange bevor ein Mensch Island betreten hatte. Möglicherweise haben spätere Autoren, als sie die mündlichen Überlieferungen niederschrieben, landschaftliche Eigenheiten Islands in den Text einfließen lassen. Der Prosateil der *Edda* wurde von Snorri Sturluson verfasst, der von 1179 bis 1241 lebte und auf Geheiß des norwegischen Königs Hákon während der Sturlunger-Kämpfe ermordet wurde. Zu Zeiten des Dichters Snorri gab es Reitwege durch das Inland, und vielleicht kannte er sogar aus eigener Anschauung die Herðubreið.

Dieser Vulkan soll mein nächstes Ziel sein. Schön und geheimnisvoll wirkt die Breitschultrige aus der Ferne, wie sie unvermittelt aus der flachen Umgebung herausragt. Mit ihrer kreisrunden Form, den steil abfallenden Wänden und der leicht gewölbten Oberfläche ähnelt sie einem sorgfältig geschliffenen Juwel. Sie galt lange als unbezwingbar. Der Erforscher der Nilquellen, Richard Francis Burton, versuchte 1872 vergeblich sein Glück. Erst 1908 gelangten Hans Reck und der isländische Führer Sigurður Sumarliðason auf den Gipfel.

Von der Askja ist der Berg nur etwa vierzig Kilometer Luftlinie entfernt, doch ich werde nicht der Piste folgen, sondern wähle einen schwer begehbaren Pfad durch die Lavawüste. Unterwegs wird es kein Wasser geben, deshalb habe ich leere Plastikflaschen, die ich in der Dreki-Hütte gefunden habe, mit Wasser gefüllt. Der Ranger hat mir freundlicherweise aus seinem eigenen Vorrat ein Brot verkauft, zudem habe ich auch diesmal als eiserne Reserve Schokolade, Trockenfrüchte und Nüsse dabei.

Am frühen Morgen starte ich, der Vulkan liegt in Sichtweite vor mir. Schleierwölkchen umwehen zart den Gipfel. Im Morgenlicht schimmert der Berg blau-lila und glänzt, als sei er aus Glas – ein Glaspalast, so wird die Asengötterburg beschrieben. Tatsächlich enthält das Felsgestein reichlich vulkanisches Glas, diesmal nicht den schwarzen Obsidian, sondern Hyaloklastit. Diese Glasfragmente entstehen, wenn Lava unter Luftabschluss im Kontakt mit Wasser und Eis einen thermalen Schock erfährt.

Anfangs ist der Pfad durch das Lavafeld mit gelben Stöcken markiert, aber bald sehe ich keine mehr. Ich vermisse sie nicht, denn ich kann mich gut anhand der Karte orientieren. Bei Nebel oder einem der in diesem Gebiet häufigen Sandstürme sollte man diesen Weg besser nicht wählen und auf der Piste bleiben. Die Lava, durch die ich wandere, wird Ódáðahraun genannt, »Wüste der Untaten« oder auch

»Missetäterwüste«. Sie ist das größte Lavafeld Islands, zahlreiche Lavaströme haben sich bei immer neuen Ausbrüchen übereinandergeschoben. Und eine Wüste ist es tatsächlich, obwohl es häufig regnet; aber das Wasser versickert sofort. Ich bin umgeben von schwarzen Schollen, wild zerrissenen und zersplitterten. Schier endlos dehnt sich die Ebene aus, und nur langsam verrinnt die Zeit beim mühsamen Vorwärtskämpfen. Um mich abzulenken, denke ich daran, was Ina von Grumbkow in ihrem Buch geschrieben hat. Sie ist in umgekehrter Richtung unterwegs gewesen, von der Herðubreið zur Askja.

Was war das für eine mutige Frau, die eine so ungewöhnliche Reise in ein damals kaum bekanntes Land wagte? Sie entstammte einem alten pommerischen Adelsgeschlecht ohne Landbesitz. Als sie 1872 geboren wurde, starb im gleichen Jahr ihr kaum dreißig Jahre alter Vater. Vielleicht führte das vaterlose Heranwachsen dazu, sie in ihrer Selbstständigkeit zu stärken. Sie wuchs in Hamburg auf, als Stadtkind hatte sie Reiten nicht gelernt. Ina erwähnt in ihrem Buch, erst in Island mit der Reitkunst vertraut worden zu sein. Über ihren Lebensweg bis zur Islandreise und über ihre Ausbildung weiß man nichts. Universitäten waren Frauen damals noch verschlossen, der Inhalt ihres Buches und ihr Schreibstil zeugen dennoch von umfassender Bildung und weitreichenden Kenntnissen auf geologischem und historischem Gebiet. Es gelangen ihr eindringliche Schilderungen der isländischen Natur und des Lebens der Isländer. Sie war künstlerisch begabt, malte und zeichnete. Das Porträtfoto, abgebildet in ihrem Buch, zeigt eine ernst blickende Frau. Ihr Gesicht ist herb, energisch reckt sie ihr längliches Kinn, presst entschlossen die Lippen zusammen, doch der Blick ihrer dunklen Augen lässt eine empfindsame Frau vermuten, von schwermütiger und grüblerischer Natur. Für damalige Verhältnisse war sie ein »spätes Fräulein«, als sie mit 35 Jahren die Verlobte von Knebels wurde. Noch ungewöhnlicher war, dass sie nach dem Verschwinden ihres Verlobten mit inzwischen vierzig Jahren ihren um vierzehn Jahre jüngeren Reisegefährten Hans Reck heiratete. Mit ihm zusammen ging sie später nach Afrika, um nach Saurierknochen zu graben. Über ihre letzten Jahre deckt sich, wie über den Beginn ihres Lebens, ein Schleier. Das Buch *Isafold*, das mich bei meiner Islandreise begleitet, ist ihr Vermächtnis.

Entlang vulkanischer Hügel, dann wieder über ausgedehnte Lavaflächen, erreiche ich die Schutzhütte Brædðafell und habe Glück. In einer Tonne hat sich Regenwasser angesammelt, so kann ich meine längst leeren Flaschen auffüllen.

Die mit Lava versiegelte Erde sieht fremdartig aus wie ein ferner Planet, daher haben die amerikanischen Astronauten Neil Armstrong und Buzz Aldrin in der Lavawüste für ihre Mondlandung trainiert. Sicherlich mag eine riesige schwarze Fläche bedrückend, vielleicht sogar abschreckend wirken, dennoch kann ich mich daran nicht sattsehen und bin immer wieder begeistert von dem enormen Ausmaß der Wüste. So weit ich blicken kann, nur Lava. Woher rührt meine Begeisterung? Vor meinem inneren Auge ist die Lava nicht schwarz, sondern rot. Glühend strömt sie aus dem Bauch der Erde und vermittelt mir eine Ahnung urgewaltiger Kraft. In Island begreife ich, was es heißt, ein Erdenbürger zu sein: ein winziges Wesen auf einem sich immer neu gestaltenden und sich selbst formenden Planeten.

Im warmen Licht der zum Horizont sich neigenden Sonne erkenne ich, dass die Lava nicht einfach schwarz ist. Sie schimmert in feinen Schattierungen dunkler Farben, changiert von Dunkelviolett zu Schwarzgrün über Rotbraun bis zu Kohlrabenschwarz. Die Oberfläche ist mit einem vielgestaltigen Muster überzogen, ist verziert mit wellenförmigen Wülsten, sich schlängelnden Vertiefungen, rosettenförmigen Gebilden und mehrfach geflochtenen Zöpfen. Unendlich ist die Vielfalt, kein Muster wiederholt sich. Zwischen diesen plastisch geformten Gesteinen wächst eine Weide, sie steht nicht aufrecht, sondern kriecht mit ihrem Stamm, ihren Zweigen und Ästen zwischen den Spalten der Lava, nutzt jeden Vorsprung, jede Einsenkung, um sich windend fortzubewegen. Es geht ihr gut in diesem extremen Lebensraum, die Blätter sind saftig grün, sie hat geblüht und Samen gebildet. Die Weide muss schon Jahrzehnte, vielleicht Jahrhunderte überlebt haben, denn ihr Stamm ist stark und knorrig.

In der Nacht träume ich vom Aufstieg auf die Herðubreið. Ich höre eine Stimme. Eindringlich warnt sie mich. Doch ich kann nicht verstehen, vor welcher Gefahr ich mich in Acht nehmen soll. Als ich am Morgen das Zelt öffne, erhebt sich der Berg wolkenfrei in den blauen Himmel und glänzt verheißungsvoll. Noch ist er einige Kilometer entfernt, und ich mache mich wieder auf den Weg. Der unheimliche Traum ist schnell vergessen.

In direkter Linie wandere ich durch die Lava auf die Herðubreið zu, die Richtung ist wieder mit gelben Pflöcken gekennzeichnet. Laut Karte beträgt die heutige Strecke nicht mehr als fünfzehn Kilometer, dennoch gelange ich erst nachmittags ziemlich erschöpft am Fuß des Vulkans an. Für einen Aufstieg ist es zu spät, zudem wird die »Königin« von Wolken verhüllt.

Der Übernachtungsort, die Oase Herðubreiðarlindir, befindet sich im Osten, die Aufstiegsroute aber beginnt im Westen. Wer vom Zeltplatz startet, muss zwölf Kilometer nördlich um den halben Berg herum, sich durch zerklüftete, zersprengte, zerfaltete Lava quälen, dann den Berg erklimmen, wieder absteigen und die gleiche schwierige Strecke zurückgehen. Bei guter Kondition und im Sommer ist diese lange Tour zu schaffen, denn selbst in der Nacht ist es hell genug, den Rückweg zu finden. Wer mit einem Fahrzeug unterwegs ist, hat es einfacher: Man biegt von der südlichen zur Askja führenden Piste nach rechts ab, umfährt den Berg weiträumig und parkt das Auto auf einer lavafreien Fläche direkt beim Einstieg.

Weil ich am nächsten Tag versuchen will, auf den Gipfel zu gelangen, bleibe ich auf der Westseite der Herðubreið und finde zwischen Felsblöcken einen sichtgeschützten Platz für mein Zelt. Unweit entfernt fließt ein Gletscherbach; an ihm kann ich mich waschen und ausreichend mit Flüssigkeit versorgen. Die Felsen dienen mir als Schutz. Haushoch umschließen sie in der Mitte einen Raum mit feinkörnigem Sand, eine weiche Unterlage für einen bequemen Schlaf. Ich fühle mich geborgen wie in einer Burg. Am Morgen erwache ich voller Erwartung. Ob mir der Aufstieg gelingen wird? Das Zelt und alles, was ich am Berg nicht benötige, lasse ich in der Felsenburg zurück.

Um sechs Uhr in der Früh erreiche ich den Einstieg, erkennbar an einem mit Seilen umspannten Parkplatz, wo aber kein Auto steht. Auf einer Bildtafel ist der Routenverlauf rot eingezeichnet. Steinmänner markieren den Beginn, zudem ist eine Trittspur gut erkennbar. Hans Reck und Sigurður Sumarliðason, die als Erste die Herðubreið bestiegen haben, hatten keinerlei Anhaltspunkte, mussten ihren eigenen Pfad finden.

Der kreisrunde Berg ist von schroffen Felsabstürzen umgeben. Wie die Festungsmauern einer Burg umschließen diese Steilfelsen den Plateaugipfel. Nur an einer einzigen Stelle ist ein Durchschlupf möglich. In der *Edda* wird dieser Spalt zwischen den Felswänden als das westliche Tor der Götterburg Asgard beschrieben. Sichtbar ist der Eingang zwischen den »Burgmauern« nur, wenn man in direkter Linie vor der Bergflanke steht. Von meinem etwa drei Kilometer entfernten Zeltplatz konnte ich ihn nicht sehen. Recks isländischer

Bergführer wird diesen Einschnitt gekannt haben, ohne aber zu wissen, ob der Aufstieg tatsächlich möglich war. Für isländische Bergsteiger ist der Gipfel heute ein beliebtes, aber wegen Steinschlag nicht ungefährliches Ziel. Ein Schutzhelm wird unbedingt empfohlen. Ich muss auf ihn verzichten, denn auf einer wochenlangen Wanderung wollte ich solch ein unhandliches Stück nicht mitschleppen. Um mich nicht unnötig in Gefahr zu bringen, steige ich früh am Morgen auf, bevor die Sonnenwärme das vom Eis fixierte Lockergestein gelöst hat. Außerdem sind dann auch keine Bergsteiger über mir, die eine Steinlawine auslösen könnten.

Die Beschreibungen vom Aufstieg sind widersprüchlich. Verglichen wird der Hang mit einer Schutthalde, dann wieder mit einer Sanddüne. Die einen sind ohne Schwierigkeiten auf den Gipfel gelangt, die anderen in Bergnot, sogar in Lebensgefahr geraten. Die Route scheint manchmal gut erkennbar zu sein, dann wieder in die Irre zu führen. Diese Widersprüche haben ihre Ursache in unterschiedlichen Wetterbedingungen und jahreszeitlichen Veränderungen. Von großem Einfluss ist zudem, ob Bergsteigergruppen kurz zuvor oben waren und einen Weg eingetreten haben. Vor einigen Jahren benötigte man sogar Eispickel und Steigeisen, weil die Flanken von ausgedehnten Schneefeldern bedeckt waren. Die Königin der Berge gewährt dem einen Einlass, während sie andere brüsk abweist.

Gleich zu Beginn geht es steil und geradlinig hinauf. Der Pfad aus Sand, Asche, Geröll ist tief ausgetreten. Bei jedem Schritt rutsche ich wieder ein Stück zurück, eine gute Übung für die Wadenmuskulatur. Nach hundert Metern beginnt sich der Pfad in engen Zickzackkurven hinaufzuschlängeln. Die Spuren meiner Vorgänger, noch immer gut erkennbar, sind jetzt weniger fest eingetreten – ein Zeichen, dass zahlreiche Bergsteiger den Versuch vorzeitig abgebrochen haben. Die Herðubreið hat eine Höhe von 1682 Metern über Meereshöhe und ragt etwa tausend Meter aus der Lavahochebene empor. Ungefähr nach der Hälfte des Aufstiegs ist der Steilhang überwunden, und der senkrechte Felsgürtel beginnt. Eine etwa vier Meter lange Felsrinne muss jetzt durchklettert werden, dann geht es weiter auf locker aufgeschichtetem Geröll, aber wesentlich steiler als zuvor. Beidseits ist man von Felsmauern eingegrenzt.

Immer öfter muss ich stehen bleiben und Atem schöpfen. Dummerweise drehe ich mich dabei vom Bergweg, blicke nach unten und erschrecke. Es geht fast senkrecht hinab, ich kann bis zum Bergfuß blicken. Falls ich stolpere und ins Rutschen gerate, ist nirgendwo ein Halt. Mein Bauch signalisiert mir, dass ich sofort absteigen sollte. Zweifelnd blicke ich nach oben und wieder nach unten, mir scheint beides gleich gefährlich. Eher ist der Abstieg noch riskanter, weil der Schwerpunkt meines Körpers dann nach vorn geneigt ist, ein Straucheln und … Mit dem Gesicht zum Berg fühle ich mich vorerst sicherer und steige weiter.

Mit einem Mal jagt mir der Gedanke, dass ich irgendwann wieder hinunter muss, Furcht ein. Ich spüre, dass ich mich mehr und mehr verkrampfe. Angst kann hilfreich sein, um vor Gefahr zu warnen, ist aber ein schlechter Ratgeber, lässt man sich von ihr beherrschen. Bemüht, nur ja nicht ins Rutschen zu kommen, achte ich nicht auf die von Vorgängern getretene Spur, die im Geröll kaum noch sichtbar ist, und folge Tritten, die, wie ich zu spät erkenne, nur von einer Person stammen. Ohne dass ich es bemerke, weichen sie von der Aufstiegroute ab und führen diagonal nach rechts. Ich schöpfe Mut, weil die Spur nun nicht mehr so steil ist. Plötzlich enden die Tritte vor einem unberührten Schneefeld. Mein Vorgänger muss umgekehrt sein. Jedenfalls sehe ich keine Fußabdrücke mehr, weder im

Schnee, noch im vom Schmelzwasser feuchten Geröll. Vorsichtig, in dem Steilgelände um Balance bemüht, blicke ich nach links – und erkenne meinen Irrtum. Weit entfernt von mir ist deutlich eine aufwärts führende Spur erkennbar. Ich habe mich verstiegen! Von der richtigen Route bin ich etwa hundert Meter entfernt. Unmöglich, den Kieselhang zu queren, um wieder auf die Spur zu treffen, er würde mir unter den Füßen wegbrechen. Es bleibt nur umzukehren, doch beim Blick nach unten werden meine Knie weich. Ich bin müde und abgekämpft. Wenn ich jetzt absteige, verliere ich den Halt und stürze ab. Ich muss erst einmal hinauf, mich ausruhen, neue Kräfte sammeln und meine Nerven beruhigen.

Furchtsam mustere ich den Berg. Wo gibt es eine reelle Chance, trotz dieser falschen Route auf den Gipfel zu gelangen? Über mir sind senkrechte Felsen, dort geht es auf keinen Fall. Jenseits des Schneefeldes sind die Felsen nicht so steil, klettern muss ich allerdings auch dort. Ich habe Erfahrung im Felsklettern, aber jetzt bin ich ohne Sicherung und ohne Seilpartner in unbekanntem Gebiet unterwegs. Doch ich habe keine Wahl.

Zunächst muss ich das Schneefeld queren. Es fließt Wasser aus ihm heraus, ein Zeichen, dass der Schnee unten abtaut und sich ein Hohlraum gebildet hat. Einzubrechen, wäre katastrophal. Ich steige an seinem Rand nach oben, bis ich glaube, dass die Schneedecke mein Körpergewicht beim Queren tragen wird. Gerne würde ich nur sacht auftreten, aber ich muss mit dem Absatz Stufen schlagen, um auf der glatten, schneeigen Eisfläche nicht ins Rutschen zu geraten. Endlich drüben, erweisen sich die Felsen ungeeignet zum Klettern. Es sind zwar riesige Blöcke, sie liegen aber nur lose auf der vom geschmolzenen Schnee feuchten Unterlage. Ich muss mich dennoch an ihnen emporziehen. Die Angst hält mich fest im Griff. In meinem Kopf spielen sich grausige Bilder ab, was passiert, wenn einer dieser

Felsen, an denen ich mich festklammere, mit mir den Berg hinabstürzt. Ich versuche, den Film zu löschen, aber er lässt sich nicht vertreiben.

Ein letztes Hochziehen, mein Kopf schiebt sich über den Felsrand, ich stütze mich mit den Händen ab, winkle die Knie an, und schon stehe ich oben. Geschafft! Ich überblicke eine leicht gewölbte Ebene – den Gipfel. Steinblöcke liegen übereinander, dazwischen Reste von Schnee.

Ich setze den Rucksack ab, hole den Fotoapparat für ein Gipfelfoto heraus. Gerade, als ich abdrücken will, sehe ich nichts mehr. Eine weiße Helligkeit umgibt mich und versperrt mir die Sicht. Nebelwolken hüllen den Berg vollkommen ein, machen mich zur Gefangenen der »Bergkönigin«. In unglaublicher Schnelligkeit ist der Nebel von unten aufgestiegen, ohne dass ich es bemerken konnte, hat sich wie ein Deckel über den Gipfel gelegt. Ich zwinge mich zur Ruhe. Keine Sorge, beruhige ich mich, meine Ausrüstung schützt mich vor Kälte. Notfalls kann ich sogar die Nacht auf dem Gipfel verbringen. Frühmorgens ist es meist wolkenfrei, dann kann ich absteigen. Der Gedanke ist tröstlich, schiebt er doch den gefürchteten Abstieg noch etwas auf. Lieber noch wäre mir, ich könnte zaubern, dann würde ich mich sofort hinunterwünschen.

Allmählich lichtet sich der Nebel. Ich gehe am Gipfelrand entlang in Richtung der richtigen Aufstiegsroute, die ich an einer Steinpyramide erkenne. Wie ärgerlich! Hier wäre ich gefahrlos und ohne Herzklopfen hinaufgelangt. Wie dumm von mir, mich zu versteigen; es hätte mich mein Leben kosten können. Mit Schokolade und Trockenfrüchten stärke ich mich, der Abstieg scheint mir nun gut machbar. Da – wie von Zauberhand, von einem Moment auf den anderen, löst sich der Nebel vollends auf. Erst jetzt habe ich Muße, das Gipfelplateau zu betrachten. In der Mitte erhebt sich ein Kegel. Ich erinnere mich: Es ist der 150 Meter hohe Sitz *hlidskjalf* von Gottvater Odin, von dem aus er die Welt überblickte, so wird es in der *Edda*-Sage beschrieben.

Geologen bezeichnen die Herðubreið als Tafelvulkan, der unter den gewaltigen Gletschern der Eiszeit entstand. Das Eis war so mächtig, dass es von der glutflüssigen Lava nicht durchbrochen werden konnte, aber ein Teil des Gletschers schmolz durch die Hitzeeinwirkung und bildete eine Barriere zwischen Feuer und Eis. Durch das Gewicht des Wassers konnte sich die Lava nicht zu einem Kegel formen, sondern wurde platt gedrückt. Als die Eiszeit vorüber war, brach die Herðubreið noch einmal aus. Dabei bildete sich der kleine Vulkankegel auf der abgeflachten Oberfläche.

Wie magisch werde ich von diesem spitzen Hütchen angezogen. Erst wenn ich dort oben stehe, werde ich wirklich auf dem Gipfel angekommen sein. Die helle Sonne, die weite Sicht flößen mir Mut ein. Ich sehe keinerlei Anzeichen, dass ein erneuter Nebelüberfall drohen könnte.

Die Oberfläche des Plateaus besteht aus mehrere Meter großen Steinblöcken, die durcheinanderliegen, als hätte jemand Fuhren mit Steinen angekarrt und sie einfach abgeworfen. Es dauert fast eine halbe Stunde, bis ich diese Blockhalde überquert habe. Vor mir erhebt sich jetzt der Kegel. Er besteht ebenfalls aus Steinblöcken, bietet aber beim Aufstieg keine Schwierigkeiten. Oben angelangt, erlebe ich eine Überraschung. Ich traue meinen Augen kaum: Der Fels bricht vor mir senkrecht nach unten ab, und ich blicke in ein tiefes Loch. Unten strahlt, blendend weiß, ein eisiger See, umgeben von kobaltblauem Wasser.

An der höchsten Stelle des Kraterrandes wurde ein metallener Obelisk mit einer Schatulle für das Gipfelbuch errichtet. Ich blättere die Seiten durch, alle Bergsteiger waren in Gruppen oder wenigstens zu zweit oben. Keiner schreibt etwas über Angst beim Aufstieg, die Leute schwärmen über die wunderbare Aussicht auf die Berge und Gletscher ringsum. Ich bleibe, bis Wolkenschleier am Horizont aufziehen. Erholt und ausgeruht gelingt mir der Abstieg problemlos. Auf die Herðubreið zu steigen, lohnt sich, und wer sich an die Wegführung hält, begibt sich auch nicht in Gefahr.

Nachts um drei Uhr wecken mich dröhnende Geräusche, als würden Düsenjäger ihre Motoren starten. Sturm braust über die Missetäterwüste. Wie bin ich froh, mein Zelt im Schutz der Felsen aufgebaut zu haben, will mir aber einen Eindruck vom Unwetter verschaffen. Kaum bin ich aus dem Windschutz herausgetreten, packt mich der Orkan mit Gewalt und wirft mich nieder. Staub, Sand, Asche fegen durch die Luft, nehmen mir den Atem. Schnell krieche ich zurück, kann gerade noch sehen, dass ein orangeroter Mond am Himmel hängt, und schon taucht die aufgehende Sonne die Eisspitze des Snæfell in leuchtendes Pink.

Am Vormittag stürzt Regen aus dunklen Wolken. Ich packe zusammen und mache mich auf den Weg zum Camp Herðubreiðarlindir. Der Berg, den ich nördlich umrunde, ist bis zum Wandfuß verhüllt. Gestern noch stand ich auf seinem Gipfel und hatte eine wunderbar freie Sicht auf das weite Land ringsum. Mühevoll stolpere ich durch zerklüftete Lava. Regen peitscht mir ins Gesicht. Zersplitterte Schollen, tiefe Spalten und Gräben, Verwerfungen und Aufwölbungen erschweren das Vorwärtskommen, aber auch hier markieren gelbe Holzstöcke die Richtung.

Im Camp gibt es zwei Hütten, eine für den Ranger, die andere für angemeldete Gäste und für mich einen Platz für mein Zelt. Eine isländische Familie hat die Hütte gemietet. Ich frage, ob ich mein Zelt im Vorraum trocknen darf, und werde gleich zum Essen eingeladen. Ausgehungert, wie ich bin, kann ich nicht widerstehen. Es gibt einen köstlichen Eintopf. Herrlich das Gefühl, wieder einmal richtig satt zu sein. Wann war ich das zum letzten Mal? Es muss in Skógar am Wasserfall gewesen sein, als ich meine Wanderung begann. Seitdem habe ich nur von dem gelebt, was ich im Rucksack tragen konnte.

Sicherlich gibt es wenige Gebiete auf der Erde, wo das Wetter so unvermittelt wechselt wie in Island. Vom einen Moment zum anderen hört es auf zu gießen, und schon scheint wieder die Sonne. Mit dem isländischen Ehepaar und ihren beiden Kindern wandere ich zur Höhle von Eyvindur, der mit Beinamen *Fjalla* hieß, »der vom Berg«. Wegen ihm und anderer Gesetzlosen, die sich im Lavafeld Ódáðahraun versteckten, entstand die Bezeichnung »Missetäterwüste«. Fjalla-Eyvindur war ein passionierter Dieb, besonders auf Schafe hatte er es abgesehen. Er war so geschickt, dass er schon bald eine eigene Herde besaß. Als die Farmer sich wehrten und ihn verfolgten, floh er in die Wüste, wo er zusammen mit seiner Frau Halla Jónsdóttir eine Diebesbande anführte. Sie hatten sich verschiedene Schlupfwinkel wohnlich eingerichtet, und es gelang ihnen immer wieder, im letzten Moment ihren Verfolgern zu entkommen. Endlich fing man sie doch. Der pfiffige Eyvindur bat eindringlich, bevor er eingekerkert würde, die Messe besuchen zu dürfen. Als seine Bewacher durch die Predigt abgelenkt waren, gelang ihm die Flucht. Wie es sich für einen Dieb gehört, stahl er ein Pferd, das vor der Kirche angebunden war, und ritt hinein in das Ódáðahraun. Seine früheren Schlupfwinkel lagen weit entfernt in einem anderen Gebiet, und so hatte der arme Eyvindur nichts außer den Fetzen, die er auf dem Leib trug, keine warme Kleidung für den hereinbrechenden Winter, vor allem kein Feuer und nichts, womit er es hätte entzünden können.

Doch er hielt durch, einen langen, eiskalten Winter lang. Mit einem Stein tötete er das Pferd, ernährte sich von rohem Fleisch und den Wurzeln der Engelwurz, die in Herðubreiðarlindir in großer Menge wächst.

Kaum zehn Minuten von der heutigen Hütte entfernt, erreichen wir das Winterquartier des Diebes. Es ist ein zwei Meter tiefes Loch, gerade so breit und so lang wie mein Zelt. Oben hatte er es mit Stöcken und mit dem toten Pferd abgedeckt, von dem er sich ernährte. Das Schlupfloch war gut gewählt, denn an der hinteren Wand sprudelt eine Quelle, so konnte der Flüchtling seinen Durst stillen, wenn draußen ein Schneesturm tobte. An Eyvindurs Höhle ist eine Infotafel mit Erklärungen angebracht, die nicht ohne Bewunderung schildern, wie der Dieb tapfer Kälte, Hunger und Einsamkeit getrotzt und überlebt hatte. Nach diesem Winter, dem schrecklichsten seines Lebens, brach er auf, um seine Frau zu suchen, und fand sie als Magd auf einem Bauernhof in den Westfjorden. Schließlich, nach einem zwanzigjährigen Dasein als Outlaw, wurde er begnadigt und wieder in die Dorfgemeinschaft aufgenommen. So konnten er und seine Frau ihren Lebensabend friedlich in der alten Heimat, den Westfjorden, beschließen.

Früher verbreiteten die Gesetzlosen Furcht und Schrecken, und man vermied es, allein unterwegs zu sein. Heute, da diese Gefahr nicht mehr besteht, erinnert man sich eher mit Sympathie an die »Vogelfreien«, sieht in ihnen einsame Helden, die einer unwirtlichen Natur standhielten und es wagten, außerhalb der Gemeinschaft zu leben. Eine Skulptur des Bildhauers Einar Jónsson will Mitgefühl mit einem solchen Menschen wecken. Sie stellt einen vom Schicksal gezeichneten Mann dar. Sein Blick irrt unstet umher, das sorgenvolle Gesicht drückt trotzigen Widerstand aus. Auf dem Rücken trägt er sein totes Weib, auf dem Arm seinen kleinen Sohn, der vertrauensvoll das Köpfchen an die bärtige Wange des Vaters schmiegt. Zu Füßen des Mannes läuft sein Hund, der treue Freund des Menschen; er darf nicht fehlen. Das Denkmal kann in Reykjavík bewundert werden, eine Kopie steht in Akureyri. Ob Kunst oder Kitsch, darüber kann man verschiedener Meinung sein. Mich hat ein anderes Mahnmal weit stärker beeindruckt. Es befindet sich auf der Kjöler-Route bei den heißen Quellen von Hveravellir und nennt sich »Die Gefangenen der Freiheit«. Der Künstler Magnús Tómasson hatte die ungewöhnliche Idee, Steine auf einen Sockel zu legen und sie ringsum mit Gitterstäben einzuschließen. Einfach und schlicht, doch von symbolischer Kraft.

Der Hufabdruck von Odins Pferd

Bei meinem Abschied zeigt sich die Oase Herðubreiðarlindir von ihrer schönsten Seite. Über die Lavawüste spannt sich ein Regenbogen. Am Himmel schwirren Küstenseeschwalben, weiß leuchten ihre Schwingen vor den blauschwarzen Regenwolken. Inmitten des stillen Sees Álftavatn schwimmt ein einsamer Sterntaucher. Sprudelnde Bäche, murmelnde Flüsschen, kleine Wasserfälle beleben die Landschaft. Der in der porösen Lava versickerte Regen tritt hier östlich des Vulkans wieder ans Tageslicht. Weil sich ringsum meilenweit Ödland erstreckt, erscheint der Reichtum an pflanzlichem und tierischem Leben umso ungewöhnlicher.

Der Zeltplatz, den ich zunächst für mich allein gehabt hatte, füllt sich mit Reisenden verschiedener Nationen, die alle mit Fahrzeugen unterwegs sind. Mein nächstes Ziel ist der nördlich gelegene Myvatn-See. Da die Piste dorthin für einen Fußwanderer nicht reizvoll ist, will ich den Bus nehmen, der täglich zu einer geführten Tagestour die Strecke Myvatn-Askja-Myvatn fährt. Die Rückfahrt dauert nur zwei Stunden, trotzdem will die Reiseleiterin den halben Tagespreis kassieren. Das halte ich nicht für angemessen, und so schaue ich mich unter den Gästen auf dem Zeltplatz nach einer Mitfahrgelegenheit um. Die beiden Franzosen, ein verliebtes Pärchen, kommen nicht infrage, da würde ich nur stören. Die Italiener hätten sicherlich nichts dagegen, aber sie haben die kleinsten Autos, sitzen zu viert darin und sind bis zum Wagendach mit Gepäck ausgepolstert. Bei den Isländern ist die Rückbank mit ihrem Nachwuchs besetzt. Bleiben noch die Deutschen, deren Abenteuer- und Expeditionsfahrzeuge mit Aufklebern der verschiedenen Reiseländer geschmückt sind, aber auf den Rücksitzen stapelt sich die Ausrüstung. Wie ich suchend herumschaue, fallen mir zwei Jeeps ins Auge, perfekt für Islands Schotterpisten geeignet, geländegängig, funktionell, aber nicht angeberisch aufgemotzt. Nun muss ich nur noch die Besitzer überzeugen, mich mitzunehmen, was mich etwas Überwindung kostet. Am Straßenrand zu stehen, macht mir nichts aus, denn diejenigen, die halten, tun es freiwillig. Wer aber traut sich, Nein zu sagen, wenn er angesprochen wird? Keine angenehme Situation für beide Seiten. Aber entschlossen schiebe ich meine Bedenken beiseite, schließlich passiert es höchst selten, dass ich mich für ein Auto entscheide, und so nähere ich mich meinen auserwählten Fahrtgenossen, zwei Frauen mit ihren Männern und einem Kind. Ich vermute, dass es Isländer sind, aber als eine der Frauen sich umdreht, steht hinten auf ihrem Anorak in Großbuchstaben »Siemens«. Oje, es sind Deutsche! Es ist mir peinlich, bei den eigenen Landsleuten als Bittsteller aufzutreten. Ich nehme auch diese Hürde und spreche die Frau an. Sie guckt irritiert, versteht offensichtlich nichts, nimmt mich bei der Hand und führt mich zu einem Mann, ihrem Bruder, wie sich später herausstellt. Er spricht perfekt Englisch, und ich erfahre, dass sie aus Polen stammen. Ohne eine Sekunde zu zögern, willigen sie ein, mich mitzunehmen.

Unsere Fahrt geht nicht zum Myvatn, sondern weiter nördlich zum Hafenort Húsavík. Spontan entschließe ich mich, bis dorthin mitzufahren, denn dann bin ich nah am Ausgangspunkt meiner Wanderung von Ásbyrgi zum Dettifoss entlang des Jöksulá á Fjöllum-Canyons.

Mit Slawek und seiner Schwester Jola sitze ich in einem Wagen, hinter uns in ihrem eigenen Geländefahrzeug Justyna mit ihrem Mann und der zehnjährigen Tochter Suzanna. Die beiden Fahrzeuge stehen per Funk miteinander in Verbindung, und ich verstehe bald, dass Slawek der Organisator ist. Er betreibt ein Off-Road-Unternehmen und führt Kunden, die sich eine solche Fahrt allein nicht zutrauen, durch unwegsame Gebiete. Seit sieben Jahren unternimmt Slawek Reisen auf Island, und er weiß, wo die landschaftlich schönsten Stellen zu finden sind.

Für mich ist es ein aufregendes Erlebnis, mit dem Auto durch einen Fluss zu fahren. Die Lindaá, wenige Kilometer weiter nördlich, ist der erste Fluss, den wir kreuzen. Er hat eine gefährlich tiefe Furt. Die meisten Fahrzeuge kommen hier nicht weiter und müssen umkehren. Einige, die es riskiert haben, stecken im Flussbett fest. Unser Geländewagen ist hochgelagert, zudem hat Slawek eine Luftansaugvorrichtung am Dach angebracht, damit kein Wasser in den Motor kommt. Routiniert lenkt er den Jeep den Uferabhang hinab und hinein in die Fluten. Hoch spritzt die Gischt. Wir schieben eine gewaltige Bugwelle vor uns her, das Wasser reicht bis zur Frontscheibe. Slawek lässt sich davon nicht beirren. Ruhig, mit gleichmäßiger Geschwindigkeit steuert er durch den Fluss. Der zweite Wagen folgt, nachdem Slawek per Funk ein paar Tipps zum Fahrverhalten gegeben hat.

Unweit dieser tief ausgefahrenen Stelle schieben zwei Mountainbiker ihre Räder durch den Fluss, das Wasser reicht ihnen dort nur bis zu den Waden. Für die Autos ist diese seichte Furt jedoch nicht benutzbar, weil das Ufer wegen hoher Lavablöcke für Fahrzeuge unpassierbar ist. Ein paar Kilometer weiter helfen wir einem französischen Paar, seinen Wagen aus dem Morast zu ziehen. Es war von der Piste abgewichen, um Picknick zu machen. Die Räder drehten im Schlamm durch, gruben sich tief ein. Allein hätten die beiden ihr Auto nicht freibekommen.

Die Fahrt ist für mich ein abwechslungsreiches Erlebnis. Anders als in den Westfjorden genieße ich diesmal die schnelle Fortbewegungsart als Kontrast zu meiner wochenlangen Wanderung. Wir folgen einsamen Pisten, und Slawek wiederholt seine Informationen, die er per Funk durchgibt, netterweise für mich auf Englisch. In der Nähe von einigen Wasserfällen steigen wir aus und nehmen uns Zeit, sie zu besichtigen. Dabei freunde ich mich mit Justyna an. Sie ist Dolmetscherin für Polnisch-Deutsch und spricht fast ohne Akzent, obwohl sie noch nie in Deutschland war.

Mitunter ist die Piste so schmal, dass nur ein Fahrzeug Platz hat. Wenn zwei sich begegnen, muss eines zurückstoßen, bis es zu einer Ausbuchtung gelangt.

Die Strecke führt westlich des Jökulsá á Fjöllum-Canyons entlang, den ich später in umgekehrter Richtung und näher an der Abbruchkante entlangwandern will. Wir besichtigen den Wasserfall Dettifoss und die Felsen von Ásbyrgi. Dann folgen wir der Küstenstraße nach Húsavík, nur dort kann ich Lebensmittel für meine Wanderung einkaufen.

Húsavík ist mit 2500 Einwohnern die größte Ortschaft der Region und Verwaltungssitz. Dieser Teil Islands wurde früher als alle anderen Gebiete schon um 860 besiedelt. Noch bevor Ingólfur Arnarson sich dauerhaft in Island niederließ und Raben-Flóki einen Winter in den Westfjorden zubrachte, umrundete der Schwede Garðar Svárarsson mit seinem Schiff Island und fand heraus, dass es sich um eine Insel handelt, die er nach sich selbst Garðarshólmi, »Garðars-Insel«, nannte. Vom Winter überrascht, schlug er mit seiner Mannschaft in der geschützten Bucht das Lager auf, seitdem heißt diese Stelle Húsavík, »Hausbucht«. Später kam es zum Streit. Sein Gefolgsmann Náttfari und zwei Sklaven entflohen in ein abgelegenes Tal, und blieben dort, als Garðar nach Schweden zurückkehrte. Weil aber Náttfari als Knecht nicht zur Oberschicht gehörte und er seinem Herrn den Gehorsam verweigert hatte, wird er im

sogenannten Landnahmebuch nicht als der »erste Siedler« anerkannt.

Im Hafen von Húsavík liegen bunte Ausflugsboote vor Anker. Die
geschützte Bucht bietet Walen günstige Lebensbedingungen, deshalb hat sich die Tourismusbranche auf die Beobachtung der Mee-
ressäuger spezialisiert. Auch meine polnischen Freunde fahren voller Erwartung mit einem Boot hinaus, während ich auf den Hausberg
Húsavíkurfjall steige. Unter mir liegt die Ortschaft mit ihren bunten
Häuschen und roten Dächern. Die aus norwegischem Holz errich-
tete Kirche ragt mit ihrem fast dreißig Meter hohen Turm heraus.
Weit blicke ich über die Bucht Skjálfandi, die von weiß verzierten
Bergketten eingerahmt ist.

Im Ort gibt es eine Kuriosität zu besichtigen, das weltweit einzige
Penis-Museum. Angefangen hatte alles, als Sigurður Hjartarson auf
einer Farm als Hütejunge arbeitete und der Bauer ihm eine Peitsche
gab, die aus einem Bullenpenis hergestellt war. Daran erinnerte er
sich wieder, als ihm ein Bekannter einen Finnwalpenis schenkte, um
ihn zu necken. Was als Spaß gedacht war, entwickelte sich bei
Sigurður zur Passion. Jedes Mal, wenn ein Wal erlegt wurde, genügte
ein Anruf von der Fischfabrik, und Sigurður erschien mit seinem
Präparationsbesteck. Dank seiner Sammelleidenschaft umfasst seine
Kollektion inzwischen die Phalli aller auf Island beheimateten Säuge-
tiere vom Buckelwal bis zur Maus. Nur der Penis eines Menschen
fehlt noch in der Sammlung, obwohl dies nur eine Frage der Zeit ist,
denn an der Wand hängen eidesstattlich beglaubigte Testamente,
wo ihm die Manneszierde nach dem Tod der jeweiligen Spender ver-
macht wird. Dass sich seine eigenartige Sammlung großer Beliebt-
heit erfreut, zeigt die Zahl von 8000 Besuchern im letzten Jahr.

Nach herzlichem Abschied von den polnischen Freunden fahre
ich mit dem Bus zum Ausgangspunkt meiner Wanderung nach

Ásbyrgi. In der Nähe gibt es keine Siedlung, dafür einen großräumigen Zeltplatz mit einem Infozentrum und einem attraktiven, nach modernen didaktischen Richtlinien eingerichteten, naturkundlichen Museum.

Ásbyrgi ist eine 3,5 Kilometer lange und einen Kilometer breite Schlucht, die von hundert Meter hohen Steilfelsen umgeben ist und aussieht wie der gewaltige Abdruck eines Pferdefußes. Sogar der Hufstrahl hat sich in versteinerter Form als Felsensporn inmitten der Schlucht erhalten. Die Mythendichter meinten, es müsse der Huf von Odins sagenhaftem Pferd Sleipnir sein, das acht Beine besaß, mit denen es seinen Herrn schnell wie ein Gedanke an jeden gewünschten Ort tragen konnte. Geologen haben für die scharf gestochene, ovale Form eine andere Erklärung. Einst strömte hier der Gletscherfluss Jökulsá á Fjöllum, der als Wasserfall über die Basaltfelsen rauschte. Ein Erdbeben hatte dann den Flusslauf in sein heutiges Bett gedrängt und das alte trockengelegt. Bei Ásbyrgi handelt es sich so gesehen um einen »fossilen« Wasserfall.

Wie eine Insel im ehemaligen Flussbett liegt in der Mitte der Schlucht der keilförmige Felsen Eyjan. Ein Klettersteig führt auf das 65 Meter hohe Plateau hinauf, das kniehoch mit Heidekraut, Zwergweiden, Heidel- und Krähenbeeren bewachsen ist. Ich wandere bis zum Ende des fast vier Kilometer langen Felsens und blicke hinunter in die bewaldete Schlucht und auf die Baumkronen von Birken, Ebereschen und Nadelbäumen. Ein Merlinfalke schwebt im Aufwind, tanzt vor den senkrechten Wänden auf und nieder.

Die erste Augustwoche hat begonnen. Jetzt wird es bereits eine Stunde vor Mitternacht dämmrig. Die Vögel reagieren auf die kürzer werdenden Sonnenstunden, schließen sich zu Schwärmen zusammen, und ihre Rufe klingen nach Aufbruch. Nicht mehr lange, und sie werden nach Süden ziehen. An den Sträuchern reifen die Beeren, die Silberwurz schmückt sich mit federartigen Fruchtständen, und Pilze schießen aus dem Boden. Wie eine erste, leise Mahnung an die dunkle Winterzeit breitet sich eine melancholische Stimmung aus. Noch sind die Blätter grün, verströmen aber bereits einen herbstlichen Geruch. Bald werden sie sich verfärben.

Die 35 Kilometer lange Strecke von Ásbyrgi zum Wasserfall Dettifoss will ich in drei Etappen zurücklegen. Ich folge einem schmalen Pfad durch hüfthohe Wiesen, wo zwischen Grasrispen gelber Hahnenfuß leuchtet. Es ist sechs Uhr morgens, Tau glitzert an den Halmen wie kostbares Geschmeide. Der sonnenbeschienene Pfad ist von Vögeln bevölkert. Rotdrosseln, Wiesenpieper, Bekassinen und Goldregenpfeifer hocken mit ausgebreiteten Flügeln auf dem Boden und wärmen sich in der Morgensonne. Einst gehörte diese fruchtbare Gegend den Bauern von Ás, die zu den reichsten Landwirten Islands zählten. Bei wiederholten Flutkatastrophen im 17. und 18. Jahrhundert wurden ihre Gehöfte zerstört, sodass sie schließlich ihre Ländereien aufgeben mussten.

Nach etwa zwei Wanderstunden auf schmalen, sich schlängelnden Wegen durch Wiesen, Weidenwäldchen und Birkengehölze dringt das Rauschen des Flusses an mein Ohr, und bald darauf stehe ich an der westlichen Abbruchkante des Canyons. Tief unten strömt lehmbraun der Gletscherfluss Jökulsá á Fjöllum, der sich 120 Meter in den Basalt eingegraben hat. Er ist der zweitlängste Fluss Islands und entspringt am Nordrand des Gletschers Vatnajökull.

Der Pfad führt nun entlang der Schlucht nach Süden. Immer neue Einblicke in die Flusslandschaft mit ihren Windungen und Wasserfällen eröffnen sich mir und weite Blicke über das offene Heideland, wo Heidekraut wächst, Birken und Weiden in Bonsaigröße gedeihen – und Pilze! Birkenpilze, Rotkappen, Steinpilze, Maronen, Butterpilze, wie gesät stehen sie am Wegrand. Als passionierter Pilzsammler ist es für mich eine Qual, an diesen Köstlichkeiten vorbeigehen zu müssen. In meiner Familie ist es eine fest verwurzelte Passion, Pilze zu sammeln. Jeden Herbst gingen wir Kinder mit den Eltern und Großeltern »in die Pilze«, und diese Leidenschaft ist mir geblieben. Schließlich kann ich der Verlockung nicht mehr widerstehen und nehme die prächtigsten mit. Aber es ist mir nicht möglich, sie zu braten, denn diesmal habe ich meinen Kocher nicht dabei. Darum schneide ich sie in dünne Scheiben und breite sie bei jeder Rast in der Sonne zum Trocknen aus. Neben den Pilzen sind es Heidelbeeren, die mich verführen. Immer wieder bücke ich mich nach den süßen Früchten.

An wasserundurchlässigen Stellen haben sich malerisch von Binsen und Schilf umwachsene Tümpel gebildet. Vergeblich suche ich nach tierischem Leben. Kein Fischchen schwimmt zwischen den Wasserpflanzen, kein Frosch oder Molch ist zu sehen, keine Kröte oder Unke. Wie auch sollten Tiere, die nur im Süßwasser überleben können, auf die vom Meer umgebene Insel gelangen?

Andere Wanderer begegnen mir nicht, auch auf dem Zeltplatz ist es erfreulich ruhig. Keine Wohnmobile stehen da, nur drei einsame Zelte, deren Bewohner anscheinend in der Umgebung unterwegs sind. Ein Bach plätschert durch die Blumenwiese, Felsen bieten Windschutz. Nachdem ich mein Zelt aufgebaut habe, spaziere ich mit leichtem Gepäck zum Berg Rauðhólar; die rote Schlacke hat ihm zu seinem Namen verholfen. Der Weg windet sich am Flussufer durch ein Felslabyrinth, vorbei an Höhlen und Grotten. Vor 9000 Jahren öffnete sich hier die Erde und spie ungeheure Mengen Lava aus. Die Masse erstarrte zu Basaltsäulen, bildete wabenartige Strukturen, Rosetten und Spiralen. Staunend betrachte ich die Vielfalt dieser natürlichen Kunstwerke. Ich sehe in den gigantischen Felsen phantastische Figuren, sie gleichen Felsenburgen, Vulkanschlote ragen wie Türme empor, und Felszacken erinnern an Riesen und Gnome. Es sind die steinernen Zeugnisse eines erbitterten Kampfes zweier feindlicher Kräfte: Feuer und Wasser. Als glühende Lava emporschoss, traf sie auf den kalten Gletscherfluss, ein Ringen der Titanen begann. Das eiskalte Wasser ließ die Glut erstarren, verdampfte dabei aber in großer Menge. Die erkaltete Lava bildete Mauern aus Basalt und versperrte dem Fluss den Weg, worauf das strömende Wasser Schwachstellen im Gestein fand, Spalten durchspülte und erweiterte, Gestein abtrug. Bis heute dauert dieser Prozess fort.

Der Schlackeberg Rauðhólar, ebenfalls ein Zeuge der gewaltigen Eruptionen, ist durch Wind und Wetter zu einem Hügel geschrumpft. Schön anzuschauen ist er mit seinen flammenden Farben von Rot, Orange, Gelb und Schwarz. Vom Gipfel blicke ich hinunter in die tiefe Schlucht der Jökulsá mit den schroffen Felswänden, und weiter schweift mein Blick über die hügelige Hochebene.

Zurück am Zeltplatz höre ich klägliches Piepsen, als sei ein Vögelchen in Not. Das Geräusch führt mich in dicht verwachsenes Buschwerk. Das Gepiepse narrt mich, erschallt mal von hier, dann wieder von dort. Wo nur steckt der hilfsbedürftige Vogel? Durchs Blättergewirr fällt ein Sonnenstrahl, und in seinem Licht huscht ein braunes Etwas davon, klein wie eine Maus. Da, wieder, es hüpft von Ast zu Ast und ist schon wieder verschwunden. Gerade noch konnte ich den Zaunkönig erkennen. Nach und nach sehe ich die gesamte Zaunkönigfamilie: fünf gerade flügge gewordene Jungtiere und ein Elternvogel, der unermüdlich nach Nahrung sucht, um die hungrigen Schnäbel zu stopfen. Es ist nur schwer vorstellbar, wie die Vorfahren der heute in Island beheimateten Zaunkönige die weite Strecke übers Meer zurückgelegt haben. Sie zählen nicht zu den Zugvögeln und überwintern meist im Brutgebiet. Fest steht: Alle Singvögel Islands stammen vom europäischen Festland und sind einst von Windströmungen zur Insel verdriftet worden.

Am nächsten Tag könnte ich es zum Wasserfall Dettifoss schaffen, denn es sind nur neunzehn Kilometer. Da ich aber den Canyon länger genießen möchte, steige ich vom Hochplateau hinunter zum Karl og Kerling, zwei Felsen, die versteinerte Riesen oder Trolle darstellen. Auf gleicher Ebene mit dem Fluss zu sein vermittelt mir eindrucksvoll seine mitreißende Gewalt. Wild und nicht zu bändigen strömt er dahin, bricht durch den Basalt und stürzt in schäumenden Wasserfällen über Steilstufen. Beim rötlichen Felsen Katlar, der mitten im Fluss liegt, sind gleich drei Wasserfälle zu bewundern. Rechts und links brodeln die Fluten des eingeengten Flusses vorbei, wütend und tosend. Über eine natürliche Steinbrücke gelange ich auf den im Fluss liegenden Felsen und fühle mich wie auf einem Boot im Strom, denn der Katlar-Fels schwankt unter meinen Füßen. Das Wasser hat ihn unterhöhlt, ihn aus seiner felsigen Verankerung gelöst. Nicht mehr lange, und der Fels hält der Erosionskraft nicht mehr stand und wird vom Fluss mitgerissen werden.

Nachdem ich das Hochplateau wieder erklommen habe, baue ich in einer windgeschützten Kuhle auf einem breiten Felsenrücken mein Zelt auf. Frühmorgens, noch im Schlafsack, höre ich die Rufe fliegender Wildgänse. Als ich das Zelt öffne, um ihnen nachzuschauen, blickt mich ein spitzschnauziges Gesicht an – ein Polarfuchs. Neugierig hat er sich angeschlichen, angelockt von fremdartigen Gerüchen. Erschrocken macht er ein paar Sprünge und wendet sich mir wieder zu. Ich halte den Atem an, erstarre in Bewegungslosigkeit. Der Fuchs umrundet mein Lager, bis er mich erschnuppern kann, und verschwindet mit einem Satz im Heidekraut.

Ich schultere wieder meinen Rucksack und begegne nach wenigen Wanderminuten der bevorzugten Beute der Polarfüchse, einem

Alpenschneehuhn. Mit lautem Gegacker flattert es auf. Merlinfalken segeln über den Canyon. Zu Schwärmen vereint, fliegen Singvögel zwitschernd am Himmel. Ihre Rufe klingen für mich wie: »Lass uns ziehn! Auf nach Süden, lass uns ziehn!«

Ich wähle die schwierigere, aber landschaftlich eindrucksvollere Wegvariante auf der Talsohle der Schlucht. Dazu muss ich erneut steil absteigen und später einen Klettersteig, der aber eine Seilsicherung hat, emporklimmen. Dafür werde ich mit fotogenen Wasserfällen, üppiger Vegetation und einer wildromantischen Klamm belohnt.

Wieder oben auf dem Hochplateau empfängt mich eine graue Steinödnis. Wie eine ungeheure Arena bildet sie die passende Kulisse für den Auftritt des Dettifoss, Europas mächtigsten Wasserfall. Von Weitem schon kündet er sich durch donnerndes Getöse an und durch Sprühregen, in den die Sonnenstrahlen einen Regenbogen zaubern. Leuchtend überspannt er die Schlucht. Der Dettifoss beeindruckt weniger durch seine Fallhöhe, sie beträgt nur 45 Meter, als durch die Urgewalt des Wassers. Auf einem klitschnassen Pfad gelange ich bis zur Abbruchkante, stehe den stürzenden Massen auf gleicher Ebene gegenüber. Graubraun strömt der Fluss heran, erreicht die Basaltstufe und wirbelt tosend hinunter in die tiefer gelegene Schlucht; er sprüht dabei Wassertröpfchen, die als Wolke hoch in die Luft steigen.

Durchnässt von der Gischt, betäubt vom Donnergetöse fällt es schwer, einen klaren Gedanken zu fassen. Ich kann meinen Blick nicht von dem schrecklich-schönen Wasserfall lösen, spüre den Sog, und Schwindel erfasst mich. So ähnlich muss es auch dem Bauernjungen Kristján Jónsson ergangen sein, als er um 1860 durch die Einöde ritt und sich unverhofft diesem Spektakel gegenübersah. Die Naturgewalt inspirierte ihn zu einem Gedicht, das in einer Zeitschrift in Reykjavík veröffentlicht wurde und ihn mit einem Schlag berühmt machte. Der junge Bauer personifiziert in seinem Gedicht, das hier etwas gekürzt wiedergegeben wird, den Dettifoss. Er spricht zu ihm, als sei er ein Freund.

Wo nie vom Gestein, dem düstergrauen,
Ein Blümlein zur Sonne lacht;
Wo Wogen mit grimmigen Klauen
Die hohen Kräfte erfassen mit Macht …
Doch ob nun Geschlechter gekommen, gegangen,
In deinen Wogen zu ruhn ich mich sehne,
Wenn einst mein Ende gekommen ist;
Hier, wo gewiss kein Mensch eine Träne,
An meinem entseelten Leib vergießt;
Und wenn die Gemeinde mit Klagen und Weinen,
Umsteht einen anderen toten Sohn,
Dann lache du über meinen Gebeinen,
Wie Riesen lachen – mit stolzem Hohn!

Als man herausfand, dass der Dichter der Sohn eines armen Bauern war, der nur die Grundschule besucht hatte, wollten ihm wohlhabende Bürger eine weiterführende Ausbildung an einer höheren Schule in Reykjavík finanzieren. War es seine schwermütige Neigung oder eine unglückliche Liebe, der junge Dichter nahm sich mit 26 Jahren das Leben.

Der Mückensee

Vom Nordwind getrieben schlagen die Wellen plätschernd ans Ufer. Im glitzernden Wasser dümpeln Enten, und eine Singschwanfamilie schwimmt der Seemitte zu. Lachmöwen stürzen senkrecht in den See und tauchen wieder auf, manchmal mit einem Fischchen im Schnabel. Der zebragestreifte Nachwuchs der Ohrentaucher hockt den Eltern auf dem Rücken und lässt sich bequem übers Wasser rudern. Dicht sind die Seeufer mit Gräsern und Binsen bewachsen. Glockenblumen, Storchschnabel, Bachnelkenwurz und Hahnenfuß setzen bunte Tupfer mitten hinein. Die mannshohen Stauden der Engelwurz verströmen einen süßlichwürzigen Geruch, der an Anis erinnert. Am Himmel stellen sich dunkelviolette Wolken zur Schau. Wie ein dramatisches Bühnenbild wechseln sie ihre Formen, werden in Fetzen zerrissen und ballen sich wieder zusammen, jagen vom Wind verfolgt dahin. Glutrot versinkt die Sonne und wirft, schon jenseits des Horizonts, einen rötlichen Widerschein auf Wasser und Himmel als Abgesang eines langen Tages.

Vom Dettifoss konnte ich mit dem Bus zum Myvatn, dem »Mücken-see«, fahren. Mein Zelt baue ich auf dem Campingplatz direkt am Seeufer auf. Der buchtenreiche Myvatn mit seinen zahlreichen Insel-chen ist mit 37 Quadratkilometern der viertgrößte See Islands. Trotz seiner Größe ist er erstaunlich flach, an der tiefsten Stelle nur fünf Meter, in anderen Bereichen kaum einen Meter tief. Sieben Monate ist er zugefroren, dafür erwärmt er sich im Sommer auf über zwanzig Grad Celsius. Algen und Wassertiere gedeihen dann überreich, vor allem Mückenlarven finden ideale Lebensbedingungen, daher

auch sein Name. Glücklicherweise stechen die Zuck- und Tanz-
mücken nicht, mitunter aber treten sie in solchen Mengen auf, dass
sie die Sicht verdunkeln und man keinen Atemzug machen kann,
ohne ein paar Tierchen zu verschlucken. Ihre Vielzahl ermöglicht
den Vogelreichtum des Sees. Neben sechzehn verschiedenen Entenarten brüten hier Küstenseeschwalben, Lachmöwen, Singschwäne,
Graugänse, Gänsesäger, Sterntaucher und Eistaucher. Die Anzahl
schwankt von 30 000 bis 2000 brütenden Paaren, abhängig vom
wechselnden Futterangebot. In schlechten Mückenjahren gelingt es
wenigen Vogeleltern, ihre Jungen aufzuziehen, bei einem Massen-
auftreten der Mücken dagegen ist der See ein Magnet für Brutvögel.

Geologisch gesehen ist das Gewässer recht jung. Vor 3500 Jahren
verschloss ein Lavastrom den Abfluss. Die vom Gletschereis aufge-
schürfte Senke füllte sich mit Wasser. Vor 2000 Jahren bebte die Erde
wieder, Spalten öffneten sich, und Lava floss erneut in Richtung See.
Glühende Gesteinsmassen deckten den südlichen Teil zu, das Wasser unter dem Lavadeckel erhitzte sich, begann zu kochen und verdampfte. Dabei entstand ein enormer Druck, der nicht entweichen
konnte, bis er eine kritische Größe erreichte und explosionsartig
durch die Decke brach. Der gewaltige Dampfstrahl riss Lava mit sich
empor, die erkaltend einen regelmäßig geformten Kegel bildete, einen sogenannten Pseudokrater. Eine geologische Besonderheit, die
es höchst selten gibt.

Täglich strömen Hunderte Besucher zum Myvatn, ist er doch einer
der touristischen Höhepunkte. Die meisten Reisenden bleiben kaum
eine Stunde und fahren dann weiter zu anderen Sehenswürdigkeiten,
ohne zu ahnen, wie viel mehr es in dieser Gegend zu entdecken gibt.
Die Bauern haben sich auf Sommergäste eingestellt, bieten Gästezimmer und lukullische Köstlichkeiten an, zum Beispiel mit Schafsdung
geräucherte Forellen. Die Siedlungen sind klein und überschaubar ge-

blieben, eigentlich sind es nur ein paar Bauerngehöfte. Mein Standquartier, der Zeltplatz Bjarg, gehört zum Ort Reykjahlið. Am Seeufer fällt mir ein Gedenkstein auf mit den Namen von fünfzehn Personen, darunter sieben Kinder, das Jüngste erst vier Jahre alt. Meine Phantasie gaukelt mir ein furchtbares Unglück vor, vielleicht sind sie im See ertrunken oder in einem Feuer umgekommen.

»Nein, nein, so war das nicht«, ruft lachend Þórhalla, die mir im Vogafjós-Café eine Forelle serviert, und klärt mich auf: »Dieser Stein erinnert an meine Vorfahren. Im Jahr 1895 siedelten sie sich hier im Niemandsland an, denn nach einem schlimmen Vulkanausbruch waren die meisten Leute weggezogen.«

Die Bauerngehöfte am Seeufer wurden im Jahr 1729 vernichtet, im sogenannten Myvatn-Feuer. Lange hatten sich die Menschen in Sicherheit gewiegt und nicht geahnt, dass sie in einer der vulkanisch aktivsten Zonen der Welt lebten. Unter ihren Füßen blubberte eine riesige Magmablase, die auch heute noch aktiv ist und bei einem neuen Ausbruch die Menschen bedrohen kann. Der Riss, der Island diagonal durchquert, trennt auch das Myvatn-Gebiet in eine westliche und östliche Platte. Niemand konnte damals etwas von auseinanderdriftenden Kontinenten wissen, keiner dachte an tödliche Gefahr. Schließlich hatte sich die Erde jahrhundertelang ruhig verhalten, bis sie zu beben begann und der »Höllenkrater« Viti beim Vulkan Krafla explodierte. Spalten öffneten sich, aus denen glutflüssiges Gestein hervorbrach. Im Juli 1729 erreichte einer der fünf Lavaströme das Seeufer beim heutigen Reykjahlið, zerstörte alle Anwesen und versiegelte das fruchtbare Weideland.

Einzig die Kirche wurde verschont. Schon floss der Glutstrom auf sie zu, man glaubte das Gotteshaus unrettbar verloren. Da teilte sich die Lava wie durch ein Wunder und strömte an beiden Seiten vorbei. Später erkannte man, dass die Kirche auf einer Anhöhe lag und deshalb von der glühenden Masse nicht erreicht werden konnte. Heute hat Reykjahlið eine neue Kirche, doch die Grundmauern und Eingangsstufen des alten Gotteshauses sind noch sichtbar. Mehr als drei Meter hoch türmt sich die erstarrte Lava beidseits, winzig ist der Fleck, den sie um die Kirche herum freigelassen hat, bevor sie weiterströmte zum See. Fast 300 Jahre sind seit dem Myvatn-Feuer vergangen, aber noch immer sieht die Lava aus, als sei sie vor Kurzem noch flüssig gewesen. Flechten und Moose wachsen auf dem Gestein, aber weite Landstriche am See sind für landwirtschaftliche Nutzung verloren gegangen.

Wie zauberhaft ist der Tag. Die Sonnenstrahlen fallen aus der Stille auf die glatte Oberfläche des Sees. Vögel flattern über das ruhige Wasser, fliegen auf und fallen nieder. Im warmen und hellen Sonnenschein springen Forellen und verschwinden wieder. So schrieb Jón Jónsson, genannt Voga Jón, der hundert Jahre nach dem Vulkanausbruch in der schmalen Oase zwischen der Lava seinen Bauernhof bewirtschaftete. Er ist der Urgroßvater von Þórhalla, der Bauerntochter vom Vogafjós-Café, die mir nun gegenübersitzt. Die Busse mit den Tagesgästen sind abgefahren, die Gaststätte hat sich geleert, so kann das hochgewachsene, blonde Mädchen sich Zeit für ein Gespräch nehmen. Nächstes Jahr mache sie ihren Schulabschluss, erzählt die Achtzehnjährige. Am liebsten würde sie erst einmal die Welt kennenlernen. Nach Australien, ja, dorthin möchte sie gerne, und blickt verträumt in die Ferne. Die Mutter wünscht sich, dass die Tochter in der Gaststätte mitarbeitet, diese vielleicht später einmal übernimmt. Na ja, das sei nicht ihr Herzenswunsch, sagt Þórhalla. Sie möchte sich lieber um die Tiere kümmern, doch den Bauernhof soll einmal ihr Bruder bekommen. Er treibt gerade die Kühe zum Melken herein. Nur durch eine Glasscheibe getrennt liegt der Stall direkt neben dem Restaurant, sodass man beim Essen in den Kuhstall blickt und sieht, woher Milch- und Fleischprodukte kommen. Þórhalla bemerkt, dass die Kühe am Gatter kehrtmachen und zur Weide zurückgaloppieren. Das Mädchen springt auf und eilt dem Bruder zu Hilfe. Sie ruft mir noch zu: »Komm morgen wieder, dann zeige ich dir das Buch meines Urgroßvaters.«

Drei Berge erheben sich am See, der höchste mit 771 Metern ist der Hliðarfjall, den ich als Ersten besteigen will. Nordöstlich vom Ort Reykjahlið führt mich der Pfad, der sich entlang eines Lavastroms schlängelt, hinauf ins Hochland. Deutlich kann ich erkennen, wie die Lava im Jahr 1729 geströmt ist. Wie ein Fluss hat sie sich den Weg durch das Gelände gebahnt, verzweigte sich, vereinigte ihre Adern wieder und floss als ein Strom weiter.

In einem Weidengebüsch zwitschern Birkenzeisige. Durchs Fernglas erkenne ich die feuerroten Federn am Scheitel. Sie bleiben, wie auch die Zaunkönige, den Winter über in Island, schließen sich zu kleinen Trupps zusammen und suchen gemeinsam nach Nahrung. Statt größerer Wildtiere kann ich Schafe beobachten, die das halbe Jahr sich selbst überlassen sind und sich deswegen scheu verhalten. Immer sind es drei Schafe, ein Muttertier und ihre beiden Zwillinge. Warum schließen sie sich nicht zu Herden zusammen? Schafe bilden nur dann einen Verband, wenn ein Hirte sie hütet. In Island aber werden sie zu Beginn des Sommers freigelassen. Sofort zerstreuen sie sich, kein Schaf kümmert sich um das andere. Eine Bindung existiert nur zwischen der Mutter und ihren Lämmern. Einen Sommer lang erleben die Schafe unbegrenzte Freiheit, doch im Herbst müssen sie wieder in den Stall und werden mit Heu gefüttert. Den Winter im Freien würden sie nicht überleben.

Benedikt, genannt Fjalla-Bensi, der Anfang des letzten Jahrhunderts in dieser Gegend lebte, hatte es sich zur Aufgabe gemacht, zu

Weihnachten in die Berge zu ziehen, um versprengte Schafe zu suchen, damit sie nicht den Wintertod sterben müssten. Nur begleitet von seinem Hund Leo und dem Hammel Knorz machte er sich auf den Weg.

Einmal geriet er in einen Schneesturm, der tagelang wütete, und überlebte ihn nur mit knapper Not. Das ist eine wahre Geschichte; ein Bauer im einsamen Hochtal Möðrudalur erzählte sie mir. Ob er die Novelle »Advent im Hochgebirge« kenne, fragte ich. Schmunzelnd ging er zum Regal und zog das Buch von Gunnar Gunnarsson heraus, klopfte auf den Einband und sagte bedeutungsvoll: »Man könnte glauben, der Schriftsteller sei dabei gewesen. Er hat unseren Fjalla Bensi gut beschrieben. Mein Vater hat mir die Geschichte so erzählt, wie sie hier im Buch steht.«

Literatur und Wirklichkeit untrennbar miteinander verwoben, das gibt es wohl nur in Island, wo Bücher nicht nur in jedem Haushalt vorhanden sind, sondern auch gelesen werden, und zahlreiche Menschen, unabhängig von ihrem Brotberuf, sich zum Schriftsteller und Dichter berufen fühlen.

Drei Schafe blicken mich an. Die Lämmer, im Frühjahr geboren, sind in der Größe kaum von der Mutter zu unterscheiden. Sie schauen und schauen, können sich nicht entscheiden, ob ich harmlos oder gefährlich bin. Mit hoch erhobenen Schnauzen schnuppern sie, riechen mich aber nicht, denn der Wind weht von ihnen zu mir. Plötzlich dreht sich die Mutter um, die Zwillinge folgen synchron ihrer Bewegung, wenden mir ihre dicken Hinterteile zu und hoppeln, um sichere Distanz bemüht, davon. Gleichzeitig, wie auf Verabredung, bleiben die drei wieder stehen und gucken erneut unverwandt in meine Richtung. Erst als ich mich weit genug entfernt habe, widmen sie sich beruhigt den Gräsern.

Nach einer Wanderung von zwei Stunden durch die karge, mit niedrigen Pflanzen bewachsene Hügellandschaft, bei der mir außer Schafen und Vögeln keine anderen Lebewesen begegnen, erreiche ich den hochragenden, felsigen Berg Hliðarfjall. An den kaum sichtbaren Fußspuren erkenne ich, dass er nur selten bestiegen wird. Gelbe Markierungsstöcke zeigen mir den Einstieg. Auf rutschigem Kies geht es geradlinig empor, weiter oben erleichtern Zickzackkurven den Aufstieg.

Auf einen Berg zu steigen und auf dem Gipfel eine weite Rundsicht zu genießen vermittelt ein erhabenes Gefühl. Es hat etwas Königliches, hoch über den Niederungen zu sein, das Land ausgebreitet unter sich zu sehen und sich dem Himmel so nah zu fühlen. Doch in das Glücksgefühl mischt sich eine gewisse Wehmut, weil ich allein in einsamer Höhe stehe. Bin ich aber mit anderen Menschen auf einem Berg, dann ist das Erlebnis nicht so tief, das Empfinden nicht so stark. So ist die Einsamkeit der Preis, den ich bezahlen muss, will ich meine Gefühle so intensiv erleben.

Kein Haus, keine Ortschaft, überhaupt keine menschlichen Spuren sind von oben zu sehen, auch die Gebäude am See bleiben hinter den Hügelketten verborgen. Ringsum erblicke ich eine apokalyptisch anmutende Urlandschaft und erkenne das fürchterliche Ausmaß der zerstörerischen vulkanischen Ergüsse. Die Lava hat das Land förmlich überschwemmt, ist vom Norden, wo sich in zehn Kilometern Entfernung der Vulkan Krafla befindet, bis zum südlich gelegenen Myvatn geflossen, und das nicht nur einmal. Immer wieder hat sich Schicht über Schicht gelegt und neue, bisher unversehrte Gebiete bedeckt; das letzte Krafla-Feuer ereignete sich 1984. Eine schwarzgraue Ebene breitet sich unter mir aus – schrecklich und zugleich schön in ihrer enormen Größe und beherrschenden Gewalt. Inmitten der schwarzen Unfruchtbarkeit sehe ich drei weiße

Punkte – Schafe! Was suchen sie dort, wo kein Hälmchen wächst und es kein Wasser gibt?

Die 828 Meter hohe Krafla hebt sich kaum von der Umgebung ab, so hoch hat sie die Niederungen mit Lava gefüllt, denn der Vulkan hat die Magmamassen weniger zum Aufbau eines Kegels genutzt, sondern das dünnflüssige Gestein großzügig über die Gegend verteilt. In diesem aktiven Vulkangebiet hat man ein Geothermal-Kraftwerk gebaut, um Energie zu gewinnen. Kaum war es fertiggestellt, begann die Krafla zu rumoren, als wolle sie sich über die Störung beschweren. Zwischen 1974 und 1984 erschütterten neun Eruptionen die Gegend. Glühende Lava näherte sich auf etwa einen Kilometer dem Kraftwerk, das trotzdem weiter Strom produzierte. Aus Sicherheitsgründen hat man allerdings die zweite Turbine jahrelang nicht dazugeschaltet, sodass erst seit Kurzem die volle Leistung erreicht wird.

Türkisblaues Wasser leuchtet seltsam künstlich inmitten der Lava gleich unterhalb des Geothermalwerks. Es wurde aus der Tiefe emporgepumpt und in einem Kieselgurwerk zur Herstellung von Filteranlagen verwendet. Noch immer heiß wird es in ein Becken geleitet für ein Naturthermalbad unter freiem Himmel, das Reisende gern in Anspruch nehmen. Kieselgur ist ein Sediment aus Kieselalgen und macht die Haut der Badenden weich und geschmeidig.

Östlich, in etwa fünf Kilometer Entfernung, schimmern die buntfarbigen Námafjall-Berge, heben sich in Rot und Gelb von der düsteren Umgebung ab. Dort befindet sich das größte Solfatarengebiet Islands, das sind Schlamm- und Schwefelquellen. Vom Berggipfel kann ich die farbigen Berghänge und die zahlreichen Dampfwolken wahrnehmen. Die brodelnden Löcher, aus denen es zischt, dampft und pfeift, die fauchenden Schwefelspalten und blubbernden

Schlammpfuhle mit ihren irisierenden Farben, werde ich am nächsten Tag aus der Nähe betrachten.

Mein Blick schweift weiter nach Süden. Zwei Kilometer vom Myvatn entfernt erhebt sich ein grauer, gleichmäßig geformter 450 Meter hoher Kraterberg, der Hverfjall. Er entstand vor 2000 Jahren und ist einer der schönsten seiner Art, bestehend aus lockerem Aschetuff. Vulkanologen glauben, eine einzige Explosion habe diesen mondkraterähnlichen Tuffringberg geschaffen. Eine enorme Feuersäule muss kilometerhoch in den Himmel geschossen sein, Wasserdampf und glühendes Gestein mit sich reißend. Als das Material herabfiel, hat es den kreisrunden Ringwall aufgehäuft. Er umschließt eine kraterähnliche Öffnung mit einem Durchmesser von 1200 Metern und 140 Metern Tiefe. Durch die Explosion bildete sich diese trichterartige Einbuchtung, an deren Grund bei einer Nachverpuffung ein kleiner Tuffkegel entstanden ist.

Als Menschen erstmalig in dieses Gebiet kamen und den fremdartig geformten Tuffberg erblickten, war der Glutwall längst erkaltet. Dennoch fühlten sich phantasievolle Betrachter inspiriert, in diesem Berg die Flammenburg zu sehen, die einst die Riesentochter Gerda schützte, eine Sagengestalt aus der *Edda*. Nur der Mutigste aller Männer konnte zu ihr gelangen.

Am Fuß des Berges liegt Dimmubórgir, die »Dunkle Stadt«. Sie wurde nicht von Menschen erbaut, sondern ist eine Geisterstadt für Trolle, Gnome und Dämonen, die allesamt zu Stein erstarrten. Ihre Fratzen und Grimassen kann man noch sehen, ihre verzerrten Gestalten erahnen. Zwei Trolle sind in dem Moment versteinert, als ihre Münder sich berührten – ein für immer verewigter Kuss. Schwarze Burgen und hohe Türme, Kirchen und Dome, Säulen und gotisch anmutende Gewölbe in den verschiedenen Stadien des Zerfalls und der Zerstörung bilden ein wüstes Durcheinander. Verwinkelte Gassen führen an ruinenartigen Gebäuden vorbei, durch Tore hindurch, immer wieder öffnen sich neue Räume und verschließen sich, ein zerrissenes Labyrinth, in dem man sich verlaufen kann. Einmal musste man einen verirrten Besucher lange suchen, seitdem sind Wegweiser angebracht. Entstanden ist die Dunkle Stadt bei dem gleichen vulkanischen Ereignis, das auch die Pseudokrater geformt hat. Als die Lava aus den Feuerspalten hinab in das Feuchtgebiet der Myvatn-Senke kroch, bildete sie an dieser Stelle einen Lavasee. Die Feuchtigkeit unter der Lava verdampfte und stieg in Schloten und Röhren durch den glühenden Deckel empor. An diesen Stellen kühlte die Lava schneller ab und erstarrte zu bizarren Formen.

Die Details der Geisterstadt kann ich vom Gipfel des Hliðarfjall nicht wahrnehmen, verschaffe mir aber einen Überblick über die Stationen, zu denen ich in den nächsten Tagen wandern werde. Nirgendwo sonst auf der Erde gibt es diese Vielfalt an vulkanischen Phänomenen wie am Myvatn. Eingerahmt werden diese bizarren Erscheinungen von hohen Tafelbergen – Vulkanen, die in der Eiszeit entstanden sind und vom Gletschereis glatt geschliffen wurden.

Bevor ich zum Zeltplatz zurückkehre, gönne ich mir ein Bad, jedoch nicht im türkisfarbenen künstlichen Thermalbad, sondern in einer der zahlreichen, mit heißem Wasser gefüllten Spalten in der Lavalandschaft, die sich dort bilden, wo die beiden Kontinentalplatten auseinanderweichen. Durch einen Einschlupf gelange ich hinunter in die vom Felsen halb überdachte Höhle. Nur ein fahler Lichtschimmer fällt von oben herein. Þórhalla hatte mir erzählt, dass früher die Dorfbewohner häufig hier gebadet haben. Es gab eine Badestelle für die Frauen und eine zweite für die Männer, wobei das Wasser beider Spalten im Austausch steht. Die Sicht ist zwar durch Felswände versperrt, aber alle Geräusche hört man überdeutlich. So konnten die

Männer die Frauen beim Bad belauschen und umgekehrt, was zu vergnüglichen Späßen führte.

Entspannt und warm steige ich aus dem Höhlenbad wieder an die Oberfläche. Dort fällt mir ein Messinstrument auf, ein simples u-förmiges Rohr, das mich durch seine Einfachheit begeistert. Mit je einem Schenkel ist es in der amerikanischen, mit dem anderen in der europäischen Kontinentalplatte verankert, das horizontale Verbindungsrohr zwischen den beiden senkrechten Rohren wurde durchtrennt. An dem sich ständig vergrößernden Spalt kann man erkennen, wie die Kontinente sich bewegen. So wird der abstrakte Begriff der Plattentektonik augenfällig und fassbar.

»Räuchert ihr die Forellen tatsächlich mit Schafdung?«, frage ich Þórhalla, denn so habe ich es gelesen.

»Früher haben wir das so gemacht, da hatten wir dreihundert Schafe. Jetzt sind es nur noch achtzig, da fällt nicht genug Dung an, deshalb räuchern wir mit getrockneten Kuhfladen.«

Die Forelle liegt mit Spargel, Ei und Salat garniert auf dem Teller. Das dunkelrote Fleisch hat einen kräftigen, würzigen Geschmack, denn das Räuchern mit Dung ist ein sehr langsamer Prozess, weil er nur glimmt. So entsteht keine große Hitze, aber viel Rauch.

»Hier, probier mal unser Vulkanbrot.« Þórhalla reicht mir ein dunkles Brot, das mich an Pumpernickel erinnert und auch so ähnlich schmeckt. Der in ein Behältnis gefüllte Teig wird im Erdboden versenkt und dort von der Hitze des Vulkans gebacken. Das dauert Stunden länger als in einem Backofen und verleiht dem Brot seinen eigenen Geschmack.

Þórhalla hat daran gedacht, das Buch ihres Urgroßvaters Voga Jón mitzubringen. »Niemand in der Familie konnte es lesen«, erzählt sie, »weil es auf Englisch geschrieben ist, aber wir haben es aufbewahrt. Es ist sein Vermächtnis, genau wie diese Mauer dort.« Das Mädchen zeigt auf einen Schutzwall aus Lavasteinen, der statt eines Zauns die Weiden abgrenzt. »Er hat sie mit seinen eigenen Händen gebaut, sie erinnert uns ständig an ihn.«

Es ist ein sonniger Tag, ich sitze windgeschützt auf der Terrasse des Cafés nahe am See. Der Wind kräuselt die Oberfläche, lässt die Wellen blinken und glitzern. Ich öffne das Buch, auf dessen erster Seite mir der Verfasser entgegenblickt. Es ist ein gemaltes Porträt, sehr ernst blicken die Augen in einem Gesicht, dessen Rundung durch den damals modischen Backenbart noch betont wird, das gelockte Haar trägt er halblang. Das Buch ist nicht übersetzt worden, wie ich zunächst glaubte, der Bauer hat es auf Englisch verfasst, obwohl er nie Unterricht in dieser Sprache hatte, die er sich im Selbststudium aneignete.

Jóns Vater, der als Knecht bei einem reichen Landbesitzer sein Brot verdiente, starb, bevor der Junge geboren wurde. Die Mutter heiratete wieder, und Jón bekam noch mehr Geschwister. Wie es auf dem Land üblich war, mussten die Kinder schon früh mithelfen, den Lebensunterhalt zu sichern. Als Jón achtzehn Jahre alt war, ging er nach Dänemark, um eigenes Geld zu verdienen, mit dem er Land kaufen und heiraten könnte. Vier Jahre musste seine Verlobte auf seine Rückkehr warten. Arbeitsreiche Jahre folgten, Jón ertrug die Monotonie der immer gleichen Tätigkeiten nur schwer, er hungerte nach Bildung. Die wenigen Bücher, die der Pfarrer besaß, hatte er bald gelesen, und so zweigte der Bauer ab und zu vom Familienhaushalt Geld für neue Bücher ab. Englisch lernte er, indem er mit dem Wörterbuch englische Bücher las. Doch gab es weit und breit niemanden, mit dem er die Sprache hätte sprechen können. Fremde kamen damals selten nach Island. Dann aber hörte man in England von den kapitalen Lachsen am Myvatn, und eines Tages trafen Sportangler ein. Jón stellte sich ihnen sofort als Dolmetscher zur Verfügung, aber welche Enttäuschung – die Engländer verstanden ihn nicht: Jón sprach die Wörter so aus, wie sie geschrieben werden. Doch es dauerte nicht lange, bis er die richtige Aussprache beherrschte. Jón beendete seine Lebensgeschichte mit einem optimistischen Ausblick für die Zukunft seiner Kinder. Zwei Jahre später, mit nur 37 Jahren, starb er an einem vereiterten Blinddarm und ließ seine Frau mit vier Kindern allein zurück.

»Gefällt dir das Buch?«, fragt Þórhalla und setzt sich neben mich.

»Ein entbehrungsreiches Leben hat dein Urgroßvater gehabt, das tut mit leid. Er konnte nicht alle seine Träume verwirklichen, seine Talente und Begabungen nicht entwickeln«, sage ich, noch benommen von dem tragischen Ende des Buches.

Þórhalla widerspricht: »Ich glaube, das siehst du falsch. Mein Urgroßvater war glücklich, dass er mit seiner Hände Arbeit etwas geschaffen hatte, zum Beispiel diese Mauerwälle, die bis heute stehen. Und er war froh, dass er seine Familie ernähren konnte, was damals überhaupt nicht selbstverständlich war.«

Eine blonde Frau am Nebentisch ist auf unser Gespräch aufmerksam geworden. »Wie ich gerade höre, sind Sie auch Schriftstellerin«, spricht sie mich an und stellt sich als Christina Sunley vor.

Überrascht rufe ich: »Dann sind Sie die Autorin von *Freyas Geheimnis*? Mir hat ihr Buch sehr gefallen.«

»Das freut mich. Die deutsche Übersetzung war eine der Ersten, jetzt ist mein Buch auch auf Isländisch erschienen, und man hat mich zu einer Lesereise eingeladen.«

Mit ihrem ersten Roman wurde die Amerikanerin Christina Sunley sofort zur Bestsellerautorin. Ihr ist es gelungen, isländische Mythologie und Dichtkunst mit einer tragisch-spannenden Familiengeschichte zu verweben. Ihre Romanheldin Freya durchbricht die Hülle ihrer Einsamkeit, reist auf der Suche nach einer verschollenen Cousine und ihrer eigenen Vergangenheit nach Island. Schließlich entwirrt sich der verschlungene Knoten ihrer Herkunft, aber anders als erwartet.

»Mein Leben wurde durch einen Vulkanausbruch bestimmt«, erzählt die Autorin, die in den USA geboren und aufgewachsen ist. »Wenn es 1875 nicht den Ausbruch der Askja gegeben hätte, wäre mein Großvater mit seinen Eltern nicht nach Kanada ausgewandert, und ich hätte nicht dieses Buch geschrieben. Ist es nicht seltsam, wie weit zurückliegende Ereignisse unser Leben beeinflussen können?«

»Die bildhaften Landschafts- und Naturbeschreibungen in Ihrem Buch haben mich sehr beeindruckt«, sage ich.

»Während der acht Jahre, die ich daran gearbeitet habe, bin ich drei Mal durch Island gereist, ich habe in Reykjavík die isländische Sprache studiert und einen wichtigen Teil des Manuskripts in einem abgeschiedenen Haus geschrieben, in der Nähe der Farm, wo mein Großvater aufgewachsen ist«, erzählt sie mir. Dann verabschiedet sich Christina Sunley. Sie will wieder einmal zur Askja, die durch ihren lange zurückliegenden Ausbruch die Weichen für ihr Leben gestellt hat.

»Du triffst dich mit Ómar?« Erstaunen und Bewunderung jedes Mal, wenn ich den Leuten erzählte, dass ich Ómar Ragnarsson interviewen möchte. In Island gibt es wohl kaum jemanden, der ihn nicht kennt. Er ist so etwas wie ein Allroundgenie: Filmemacher, Journalist, Reporter, Fotograf, Entertainer. Seit Jahren kämpft der Fernsehstar gegen die Zerstörung von Islands unberührter Natur.

Bereits in Deutschland war ich auf Ómar aufmerksam geworden, denn es waren seine Fotos und Filmaufnahmen vom Ausbruch des Eyjafjallajökull, die mich am meisten beeindruckten. Sie waren in deutschen Zeitungen erschienen und im Fernsehen gesendet worden. Mit seinem eigenen Flugzeug hatte er gewagt, über den Vulkan zu fliegen und von oben den Krater zu filmen.

Es war einfach, seine Telefonnummer herauszufinden, ich musste nur im Telefonbuch nachschauen. Kurios aus unserer Sichtweise: Die Menschen sind nicht nach dem Vatersnamen aufgelistet, sondern nach Vornamen. Unter Ó wie Ómar fand ich ihn mit gleich fünf Nummern, die ich eine nach der anderen anwählte. Plötzlich hörte ich seine Stimme, und er war sofort bereit, sich mit mir zu treffen. Im Augenblick habe er aber keine Zeit, denn er filme gerade ein neues Staudammprojekt. Und so ging es weiter, wie beim Märchen vom Wettlauf zwischen Hase und Igel, wobei ich der Hase war. Kaum war ich dort, wo ich ihn treffen sollte, war er schon wieder woanders. So vergingen Monate. Sobald ich mich eine Zeit lang in einer Jugendherberge oder auf einem Zeltplatz aufhielt, rief ich ihn an, so auch am Myvatn.

»Hallo, Carmen! Bist du immer noch in Island?«, schallte seine kräftige Stimme in mein Ohr. »Treffen kann ich dich nicht, bin unterwegs, dokumentiere gerade wieder eine Umweltzerstörung für meinen nächsten Film.«

»Wo bist du denn diesmal, Ómar?«

»Am Myvatn!«

»Das passt! Ich bin auch hier!«

»Na, dann komm schnell zum Flugplatz, ich fliege in einer Stunde!«

Die Flugpiste von »Mýflug air« ist von Reykjahlið zu Fuß in wenigen Minuten erreichbar, und endlich stehe ich Ómar gegenüber. Er lässt mich gar nicht erst zu Wort kommen.

»Los, steig ein!«, befiehlt er. »Ich lade dich zu einem Rundflug ein und zeige dir mein Island.«

Plötzlich sitze ich neben ihm in seiner Cessna, einen Kopfhörer als Schutz gegen den Lärm über die Ohren gestülpt, und schon beginnt sich der Propeller zu drehen. Ehe ich recht begreife, was geschieht, rollen die Räder, Ómar drückt einen Hebel, und wir heben ab. Skeptisch blicke ich auf die einfachen Armaturen. Da hat ja ein Auto eine umfangreichere Ausstattung, denke ich. Bei so wenig technischem Inventar könnte ich vielleicht selber fliegen lernen. Schon werde ich gefesselt von dem Blick nach unten auf den Myvatn. Erst aus der Luft erschließt sich mir die ihm eigene Schönheit.

Im Wasser verstreut liegen die Inselchen mit ihrer eingedellten Mitte. Es sieht aus, als habe jemand Schüsseln und Näpfe in den See geworfen. Überrascht erkenne ich, dass sich neben dem großen See noch zahlreiche Tümpel und Weiher ausbreiten. Wir steigen höher, und ich sehe die Lavaströme, die auf den Mückensee zugeflossen sind. Dann fliegen wir nur noch über Lava, ein schier unendliches, erstarrtes Meer. Selbst aus dem Flugzeug ist nicht auszumachen, wo es endet. Schwarzgraue Lava versiegelt die Erde im weiten Umkreis des Horizontes, beeindruckend und erschreckend zugleich. Wieder einmal vermittelt sich mir eine Ahnung, was ein Vulkanausbruch wirklich bedeuten kann, welche zerstörerische Gewalt er entfesselt, wie unerbittlich Vulkane das Land formen und verändern. Wir nähern uns der Herðubreið, und ich blicke hinab auf das ovale Rund des Gipfels und hinein in den türkisblauen, eisigen Kratersee.

»Dort auf dem Gipfel war ich«, versuche ich Ómar mit Zeichensprache verständlich zu machen, denn sprechen kann man nicht bei dem Motorenlärm. Er nickt gleichmütig. Worauf ich so stolz bin, ist für ihn, den Isländer, nicht besonders erwähnenswert. Dann sehe ich die Askja! Mein Herz schlägt heftig. Ich bin berauscht vom Fliegen, von dem weiten Blick aus dem Flugzeug und gleichzeitig dem Wissen, dass ich tagelang dort unten herumgewandert bin. Das

Erlebnis des Fliegens verbindet sich mit den Erlebnissen meiner Wanderung. Die Erinnerung und die Gegenwart verstärken sich gegenseitig. Ein großes Glücksgefühl erfasst mich. Ich schaue zu Ómar hinüber, er blickt konzentriert auf die Instrumente und kann nicht ahnen, was in mir vorgeht, was für eine Freude er mir mit diesem Flug bereitet.

Er hat die Richtung zum Gletscher Vatnajökull eingeschlagen. Unter uns liegt ein Teppich sich verzweigender und ineinander verschlungener Wasseradern aus. Ich kann kaum glauben, dass ich in dieser Wasserwildnis einen Pfad zur Askja habe finden können. Golden glitzert das Adergeflecht in der tief stehenden Sonne. Ómar deutet nach vorn, und ich sehe eine Staubwolke wie ein Ungeheuer auf uns zuwirbeln. Er zieht das Flugzeug nach oben. Durch den Staub schimmern nur noch blass die Flussläufe, ein gespenstisches Bild. Der Sturm tobt unter uns, bläst die Vulkanasche in die Luft und verdunkelt die Landschaft – entfesselte Naturgewalt.

Wir sind entkommen. Ómar fliegt jetzt über den Vatnajökull. Scheinbar zum Greifen nah sehe ich seine Spalten, Verwerfungen, Einbrüche und trichterförmigen Vertiefungen. Milchigtürkis schimmert ein Eisloch, daneben leuchtet eine königsblaue Lagune. Das schneeweiße Eis ist verziert mit dunklen Aschespuren, die seltsame Ornamente und Muster bilden. Eingebettet in Gletscherzungen am Nordrand des Vatnajökull leuchtet ein grüner Fleck: das Geothermalgebiet Kverkjökull, eine der ungewöhnlichsten Regionen unserer Erde. Heiße Quellen, Solfataren, Fumarolen künden von vulkanischer Aktivität. Hier prallen Eiseskälte und brodelnde Hitze aufeinander.

Es ist, als kenne Ómar meine Wanderstrecke, denn wir fliegen in einer Schleife über den Dettifoss, den tiefen Canyon des Jökulsá á Fjöllum zur Ásbyrgi-Schlucht und von dort zurück zum Myvatn. Die

Sonne ist tief zum Horizont gesunken und taucht die Seenlandschaft in ein verzauberndes Licht.

»Der Energiereichtum – er ist Segen und Fluch zugleich«, sagt Ómar, nachdem wir wieder auf dem kleinen Flugplatz am Mückensee gelandet sind. »Wir haben die sauberste Energie der Welt: Wasserkraft und Erdwärme! Das lockt energiehungrige Industrie ins Land.«

»Du meinst die Aluminiumwerke?«

»Richtig! Für eine Tonne Aluminium sind rund 14 000 Kilowattstunden nötig. Damit könnte man zum Beispiel dreißig Tonnen Glas herstellen, nur um dir eine ungefähre Vorstellung vom Energieverbrauch zu geben.«

»Aber für Island sind diese Werke eine wichtige Devisenquelle. Wegen der Finanzkrise braucht die Regierung doch Geld, um Schulden zu bezahlen«, gebe ich zu bedenken.

»Puh, dass ich nicht lache! Es sind die ausländischen Investoren, die sich bereichern, angelockt durch die extrem günstigen Energiepreise. Für einen Judaslohn verhökern wir unsere unberührte Natur. Das Kárahujúkar-Wasserkraftwerk hat eine intakte Flusslandschaft zerstört, die sich in ihrer Schönheit und Einzigartigkeit mit dem Grand Canyon messen ließ.«

Ómar übertreibt nicht. Ich bin beeindruckt von dem tief eingeschnittenen Canyon des Kárahujúkar, den ich bei meiner Wanderung durch die Wildnis besichtigt habe. Diese gigantische Schlucht mit ihren schwindelerregenden Steilwänden bietet einen atemberaubenden Anblick. Und genau dort, im Herzen des Hochlandes, zwischen dem nördlichen Rand des Vatnajökull und dem Vulkan Snæfell gelegen, werden die beiden Gletscherflüsse Jökulsá á Brú und Jökulsá í Fljotsdal in drei gigantischen Seen aufgestaut. Der 200 Meter hohe Hauptdamm ist höher als der Drei-Schluchten-

Damm in China. Dafür wurde ein vorher unberührtes Gebiet geflutet. Der Canyon, durch den früher das Wasser strömte, war bei meinem Besuch bereits trocken und leer. Die Befürworter des Staudammprojekts behaupten, es sei ödes Land gewesen, für niemanden nutzbar, aber gerade diese wilde, noch nicht zerstörte Natur ist der wahre Reichtum Islands.

Ómar erklärt mir: »Es musste kein Engpass in der Versorgung der Bevölkerung behoben werden, das Wasserkraftwerk produziert ausschließlich Energie für das Aluminiumwerk an der Ostküste in Reydarfjördur. Dieses Werk frisst so viel Strom, wie ganz Island verbraucht. Ist das nicht krank? Rücksichtslose Gigantomanie ist das!«

»Ómar, du hast gegen den Bau protestiert, hast die Umweltschutzpartei gegründet, bist zum Symbol des Widerstandes gegen den Raubbau der Natur geworden ...«

Ungeduldig fällt er mir ins Wort: »Unsere Umweltschutzpartei hat viele Mitstreiter, auch weltberühmte wie die Sängerin Björk. Sie hat ein Protestkonzert mit der international erfolgreichen Rockband Sigur Rós gegeben und den Kampf gegen die Aluminiumwerke zum Thema gemacht. Unsere ehemalige Staatspräsidentin Vigdís Finnbogadóttir demonstrierte mit uns gegen das Staudammprojekt, marschierte in der ersten Reihe. Widerstand lohnt sich, das zeigte sich am Gullfoss. Eine britische Firma hatte geplant, den Wasserfall durch Turbinen zu jagen. Es war die Bäuerin Sigríður Tómasdóttir, die den Gullfoss gerettet hat, und heute gehört er zu unseren wertvollsten Touristenattraktionen.«

»Ich habe ihren Gedenkstein am Wasserfall gesehen. Aber damals war sie doch ziemlich allein, oder? Als sie den Rechtsstreit verlor, hatte sie damit gedroht, sich in den Wasserfall zu stürzen. Aber obwohl du heute viel mehr Unterstützung in der Bevölkerung bekommst, ist es euch trotzdem nicht gelungen, den Staudamm zu verhindern.«

»Durch die Wirtschaftskrise ist unser Kampf schwieriger geworden, dabei lohnt sich der Ausverkauf der Natur finanziell kaum. Der Betreiber des Aluminiumwerks, der amerikanische Konzern Alcoa, bezahlt weniger, als wir Isländer für Strom berappen müssen. Und dann diese Lüge, dass Arbeitsplätze geschaffen würden! Beim Dammbau wurden billige ausländische Arbeiter, vor allem aus China, eingesetzt, und das Schmelzwerk läuft vorwiegend automatisch.«

»Und trotzdem gilt Island als vorbildlich«, sage ich, »weil ihr fast euren gesamten Energiebedarf aus erneuerbaren Energiequellen deckt, und ...«

Dieser Aspekt regt Ómar besonders auf, und vehement unterbricht er mich: »Das ist ja gerade unser Fluch! Die ganze westliche Welt spricht von nachhaltiger Energienutzung und sogenanntem sauberem Strom. Diese Schlagwörter verschleiern die Wahrheit. Weil das Weltklima gefährdet ist, sollen wir den Energiehunger der Konzerne stillen, mit fatalen Folgen. Die Umwelt anderer Länder wird geschützt, indem wir unsere Umwelt vernichten – das ist paradox! Es gibt Pläne für weitere Staudämme und Aluminiumwerke, und als sei das nicht genug, will man bei uns erzeugte Energie durch einen Tunnel nach England leiten. Oder Wasserstoffgas herstellen und einfrieren, damit es dann in anderen Ländern zu Strom gemacht werden kann.«

Ómar schaut auf sein Handgelenk, er trägt drei Armbanduhren. Als er meinen fragenden Blick bemerkt, lacht er und sagt: »Manchmal bleibt so eine Uhr stehen oder geht falsch. Damit ich es gleich erkenne, habe ich eine zweite dabei. Und damit ich weiß, welche die richtige Zeit anzeigt, benötige ich die dritte Uhr.«

Das Laki-Feuer – die Hölle auf Erden

Meine Haut riecht nach Staub, bitterherb. Mitten im Nichts suche ich meinen Weg durch die Einöde. Kein Laut ist zu vernehmen. Es ist so ruhig, dass ich mein Blut rauschen höre – eine ohrenbetäubende Stille. In der Nacht hatte es geregnet, nun hüllt Nebel die Landschaft ein, erstickt jeden Laut. Vollgesogen mit Wasser leuchten die Moose hellgrün, die einzige Farbe, die den grauen Dunst durchdringt.

Ich bin auf dem Weg zur Lakagigar, der Laki-Spalte, wo sich 1783 eine der größten Katastrophen Islands ereignete, die sogar Einfluss auf das Weltklima hatte. Skaftá-Feuer wird der Vulkanausbruch genannt nach dem Fluss, der in der Feuersbrunst verdampfte. Kupfergolden strömte die Lava aus dem wilden Landesinneren hinab in die fruchtbaren Ebenen. Der Winter war ungewöhnlich mild, das Frühjahr eines der schönsten gewesen. Das Jahr schien gesegnet, die Bauern hofften auf reiche Ernte und wohlgenährtes Vieh. Doch es gab Unheil verkündende Zeichen: Ein Lamm mit zwei Köpfen wurde geboren, und ein Stierkalb mit fünf Beinen kam auf die Welt. Angst beschlich die Menschen, aber sie konnten die Mahnungen nicht deuten und ahnten nicht, was ihnen bevorstand.

Seit gestern wandere ich durch das Meer aus erstarrter Lava. Ein Lavameer so groß wie der Bodensee. Es war der mächtigste Ausbruch in historischer Zeit, der die Südküste der Insel verwüstete. Doppelt so viel Lava wie der Rhein an seiner Mündung Wasser führt, floss tagelang aus der Laki-Spalte, versiegelte die Erde mit einer zwanzig Meter dicken Schicht. Eine totenstarre Sintflut umgibt mich, ein geronnenes Meer mit aufgetürmten Wellen.

Der Busfahrer war erstaunt, als ich ihn bat, bei einem kaum sichtbaren Abzweig anzuhalten. »Da geht es nirgendwohin«, meinte er. Trotzdem hielt er an.

Ich war vom Myvatn auf der Ringstraße entlang der Ostfjorde nach Süden gelangt. Östlich der Ortschaft Kirkjubæjarklaustur – in dem Wort verbergen sich »Kirche« und »Kloster« – beginnt beim Gehöft Þverá ein wenig bekannter Pfad. Vor mir liegt eine fünfzig Kilometer lange Strecke bis zum Vulkan Laki. Sicher werde ich kaum jemandem begegnen, denn die bequemer zu befahrende Piste verläuft westlich der beiden gewaltigen Lavaströme. Der Weg, den ich gewählt habe, führt direkt durch aufgetürmte Lava. Ich staune. Was müssen das für Maschinen gewesen sein, mit denen man ihn durch die Lava gegraben hat. Er ist breit genug, um von Jeeps befahren zu werden; verwehte Spuren beweisen es. Vor allem isländische Jäger und Angler benutzen abgelegene Pisten wie diese. Mein Tagesziel ist die zwanzig Kilometer entfernte Schutzhütte Miklafell.

Mehr als 200 Jahre sind seit dem Ausbruch des Laki vergangen. Seitdem konnten nur wenige Pflanzen diesen Lebensraum für sich erobern, insbesondere Moose schafften es. Dicke Polster des silbergrauen Zackenmützenmooses überziehen die Steine. Hin und wieder kreuze ich einen murmelnden Bach, der die Einöde belebt. Schafe, wie immer zu dritt, erstarren bei meinem Anblick. Sobald sie sich von ihrem Schrecken erholt haben, suchen sie schnell das Weite. Sie erinnern mich an den bald bevorstehenden Schafabtrieb. Leider habe ich noch immer keine Nachricht von Monique, ob ich daran teilnehmen kann. Goldregenpfeifer, Steinschmätzer und Wiesenpieper flattern unruhig in kleinen Trupps umher und stärken sich vor dem Weiterflug mit Insekten, die sie aus dem Moos picken.

Das Unheil hatte sich durch Erdbeben angekündigt. Gewaltige Stöße erschütterten das Land. Eine Woche hätten die Menschen Zeit gehabt, sich in Sicherheit zu bringen, aber wohin auf einer Insel? Dann, am Pfingstsonntag, dem 8. Juni 1783, geschah es. Die Erde spie Feuer! Begleitet von Donnergetöse stiegen Feuersäulen in den Himmel. Ein fast dreißig Kilometer langer Riss tat sich auf, glühende Lava kochte und brodelte in der Feuerspalte, bereit, das Land zu überfluten. Niemand sah dieses furchterregende Spektakel, denn es spielte sich weit entfernt im Hochland ab. Aber die Menschen an der Küste hörten das schreckliche Dröhnen und sahen den Widerschein des Feuers am Himmel. Voller Angst harrten sie des Unglücks, gegen das sie keine Vorsorge treffen konnten. Hilflos hofften sie, dass es nicht gar so schlimm werden würde. Einzig der Glaube an Gott ließ sie nicht verzweifeln. Das Furchtbare brach noch im Laufe des Tages über sie herein. Tiefdunkle Nacht verfinsterte die Sonne, es regnete Asche. Schwarz wie Tinte, stinkend und giftig, kamen die schwarzen Boten des Unheils aus dem Hochland und begruben das frühlingsgrüne Land unter sich. Von den Bergen war ein furchtbares Heulen zu hören, es dröhnte, als würden Hunderte Schmiedehämmer auf Eisen schlagen. Die Erde bebte, Asche und Dampfsäulen stiegen hoch in den Himmel und kündeten davon, dass noch Schlimmeres kommen würde.

Vier Tage dauerte der schwarze Regen, dann schoss mit ungeheurer Geschwindigkeit ein rotglühender Lavastrom das Flusstal der Skaftá entlang. Das Wasser verkochte. Der Fluss hatte sein Bett für immer verloren und verdampfte in der Lava. Alles versengend strömte der Feuerstrom über die Ufer. Der Wald des Klosters verbrannte. Ein Hof nach dem anderen versank im Flammenmeer. Der Feuerteppich drang immer weiter in die bewohnten Gebiete vor, näherte sich dem Ort Kirkjubæjarklaustur. Am 20. Juni, zwölf Tage nach Beginn des Ausbruchs, ließ Pfarrer Jón Steingrímsson die Glocken läuten. Mit einer Messe wollte er den Menschen in ihrer Verzweiflung beistehen.

Aus allen Richtungen strömten sie herbei, bald war die Kirche bis zum letzten Platz gefüllt. Unaufhaltsam wälzte sich die Lava auf die Ortschaft zu, war bereits so nah, dass man das Brodeln, Knistern und Pfeifen, das Schmatzen des herankriechenden Feuerstroms in der Kirche hörten konnte. Das Gotteshaus und mit ihm alle Menschen darin schienen dem Untergang geweiht. Da befahl Pfarrer Jón die Kirchentür zu schließen, die noch offen stand, um den Strom beobachten und vielleicht noch rechtzeitig fliehen zu können. Der Pfarrer aber legte das Leben aller in Gottes Hand und begann zu predigen, wie keiner der Gläubigen jemals eine Predigt gehört hatte. Er wählte die apokalyptische Prophezeiung des Propheten Jesaja als Motto: »Und der Herr wird seine donnernde Stimme erschallen lassen und mit Flammen des verzehrenden Feuers ... «

Der Pfarrer malte ein furchterregendes Schreckensbild des zürnenden Gottes. Die Zuhörer vergaßen die reale Gefahr, beugten sich dem Zorn Gottes, der sie strafte ihrer Sünden wegen. Später ging diese Messe als »Feuerpredigt« in die Geschichte ein. Als nach Stunden die Kirchentür geöffnet wurde, war die Lava zu festem Gestein erstarrt. Für die Menschen ein untrügliches Zeichen, dass Pfarrer Jón mit seiner Feuerpredigt Gott besänftigt hatte und ihnen ihre Sünden verziehen waren.

In Kirkjubæjarklaustur wollte ich die Kirche besichtigen, in der die denkwürdige Predigt gehalten wurde. An das historische Gebäude erinnert nur noch der Umriss der Grundmauern. Die neue Kirche, in unmittelbarer Nähe erbaut, wurde 1974 Jón Steingrímsson zu Ehren geweiht.

Das Wissen um die damaligen Ereignisse vertieft meine Wanderung durch die düstere Lava. Wie das Reich des Todes liegt das Land still vor mir, strahlt Ruhe und Frieden aus. Die silbergrauen Moospolster mildern die Wirkung der zackigen und zerhackten Gesteine und der wild aufgeworfenen Schollen. Die Lava hatte damals vierzehn Höfe überflutet und fruchtbares Land für immer vernichtet. Neun Monate, von Juni bis Februar, dauerte der Ausbruch, bei dem unmittelbar keine Toten zu beklagen waren. Das Elend für die Menschen trat erst danach ein, die indirekten Folgen waren verheerend. Das Gras und das Trinkwasser waren vergiftet, das Vieh verendete; nicht allein im Süden, ganz Island war betroffen. Der Himmel blieb über Jahre von Asche verdunkelt, eine Missernte folgte der anderen. Ein Fünftel der Bevölkerung verhungerte, andere starben an den Spätfolgen der giftigen Gase. Megatonnen von Fluoriden, Chlor- und Schwefelwasserstoffen waren in die Atmosphäre gelangt. *Móðuharðindin,* »Nebelnot«, nannten die Isländer die Naturkatastrophe.

Die Auswirkungen blieben nicht auf Island beschränkt, sie waren global. Auf allen Kontinenten kam es zu einem abrupten Temperatursturz. Mehrere Jahre war die Wirkung zu spüren, denn die in der Atmosphäre fein verteilten Gase und Ascheteilchen hielten das Sonnenlicht zurück. Die Winter waren streng und lang, die Sommer kalt und kurz. In New Orleans verstopfte Eis die Mündung des Mississippi, in Frankreich starben zu dieser Zeit 25 Prozent mehr Menschen als in anderen Jahren. Es kam zu gravierenden Ernteausfällen, weite Teile der französischen Bevölkerung verelendeten. Die bereits vorhandene wirtschaftliche und gesellschaftliche Krise Frankreichs verstärkte sich, wurde zum Zündstoff, der schließlich 1789, sechs Jahre nach dem Vulkanausbruch, zur Französischen Revolution führte. So hat ein isländischer Vulkan mit dazu beigetragen, dass der Feudalismus als überholte Gesellschaftsform gestürzt und die Weichen für ein neues Zeitalter gestellt wurden.

In der Ferne sehe ich eine dunkle Bergkette, der ich mich langsam nähere. Welcher dieser Gipfel wird der Vulkan Laki sein? Graue Wolkenfetzen treiben vorüber. Vulkansand knirscht unter meinen Sohlen, sonst ist kein Laut zu hören. Tiefe Einsamkeit. Keine Tiere sind zu sehen, nicht einmal Schafe. Ein Zaun sperrt sie aus, damit die empfindliche Vegetation, vor allem Moose und Flechten, nicht zerstört wird. Durch ein Gatter bin ich inzwischen in das geschützte Gebiet des Vatnajökull-Nationalparks gelangt. Er ist das größte Schutzgebiet Europas und bedeckt zwölf Prozent der Landesfläche Islands.

Am Abend erreiche ich die Hütte Miklafell, die am westlichen Rand eines erstarrten Lavastroms liegt und sich an einen Berghang schmiegt. Neben der Hütte sprudelt ein Bach, dessen Wasser eine erstaunlich üppige Vegetation gedeihen lässt, ein grüner Fleck in der Lavawüste. Auf der Wiese vor der Hütte baue ich mein Zelt auf. Die Einsamkeit und die Stille passen zu meiner Stimmung. Sie rufen in mir ein Gefühl hervor, als würde mir die Erde gehören. Die Dämmerung beginnt Ende August gegen 21 Uhr, und innerhalb einer Stunde ist es dunkel. Nach Monaten der Helligkeit ist die Nacht mit ihren Sternen und dem Mond für mich ungewohnt.

Am nächsten Morgen führt mich der Weg abseits der Lava an der Westseite eines breiten Bergrückens hinauf ins Hochland. Ich wandere durch eine steinige Berglandschaft, in der ich wie am Tag zuvor kein tierisches Leben entdecken kann, durchquere Geröllhalden, trockene Flussbetten und Schluchten. Die Steine sind mit Flechten verziert, nur selten gedeihen spärliche Moose und Gebirgspflänzchen.

Die Wanderhütte Bugar, die ich am Nachmittag erreiche, ist fest verschlossen. Auf ihrer Terrasse lädt mich eine stabil gezimmerte Holzbank zur Rast ein. Das Wetter hat aufgeklart, die Sonne hat den Nebel besiegt, und der strahlend blaue Himmel ist mit weißen Wolken betupft. Von meinem Rastplatz habe ich einen weiten Rundblick: im Westen auf die umliegenden Berge und sumpfigen Niederungen, im Osten auf die leuchtende Eiskappe des Vatnajökull. Aber den 818 Meter hohen Vulkan Laki zwischen den ähnlich hohen Bergen herauszufinden, gelingt mir nicht, was aber kein Problem ist, denn der Weg führt laut Karte auf ihn zu.

Die dunkelbraune Erhebung, an deren Hang ich schließlich stehe, ist eher unscheinbar. Die Kegelform des Vulkans ist aufgerissen, durch Erosion zerklüftet und zernagt. Dieser jahrtausendealte Berg, der seinen letzten Ausbruch während der Eiszeit hatte, war nicht der Urheber des Höllenfeuers, das vor 200 Jahren so viel Leben vernichtet hat, er liegt nur in der Mitte der Feuerspalte.

Auf einem schmalen Pfad steige ich auf den Laki-Gipfel. Von oben eröffnet sich mir ein ungewöhnliches Panorama. Im Osten und Westen sehe ich viele Minikrater, aufgereiht wie Perlen einer Kette, in deren Mitte sich wie eine dicke Murmel die Laki befindet. Es sind etwa 130 kleine Vulkane, einer neben dem anderen, die aussehen wie aufgeplatzte Pocken. Sie beginnen am Vatnajökull und erstrecken sich in gerader Linie von Nordost nach Südwest. Harmlos wirken sie mit dem gelbgrünen Moos, das ihre Flanken ummantelt. Still und erstarrt liegen sie da, doch man muss nur in ihre dunkelroten Schlünde schauen, in die gezackten Krateröffnungen blicken und sich vorstellen, sie wären wieder aktiv und setzten ihr gewaltiges Vernichtungswerk in Gang. Lava würde unter Donnergetöse hervorquellen, Feuersäulen und Aschewolken stiegen in den von zuckenden Blitzen durchzogenen Himmel, Schwefeldämpfe würden die Atemluft vergiften, Flüsse verdampfen. Jederzeit kann es wieder beginnen, denn in der Tiefe glüht das Magma weiter. Nicht zufällig brach an dieser Stelle die Feuerspalte auf, denn hier befindet sich der *eldhéröð*, der »Feuerherd«, die Nahtstelle zwischen den Kontinentalplatten. Ein Muster von parallel nebeneinanderliegenden Spalten erstreckt sich zwischen den beiden Gletschern

Vatnajökull und Mýrdalsjökull, und nur eine davon ist die Eldgjá-Vulkanspalte, die sich vor 2000 Jahren öffnete.

Rundum lasse ich meinen Blick über diese von Vulkankräften geschaffene Landschaft schweifen. Bizarr und lebensfeindlich verkörpert sie für mich die Urgewalt der Natur. Eine atemberaubende Stille herrscht zwischen Himmel und Erde. Eine geheimnisvolle Zauberwelt von fremdartiger Wildheit, erstarrt und tot, seit Jahrhunderten scheinbar unverändert. Eingebettet in schwarze Schlackehalden und umgeben von rostroten Felszacken liegen in der Ferne zwei silbern glänzende Seen, in denen sich braune Berge spiegeln. Hinter den beiden Seen fließt der Gletscherfluss Skaftá, der am Vatnajökull entspringt, in seinem neu geschaffenen Bett dem Ozean entgegen.

Ein mit schwarzem Lavasand gefüllter Pfad führt mich entlang der Laki-Spalte an den bemoosten Minikratern vorbei zur Hütte Blágil. Dort lerne ich Phil, Tony, Rhys aus England und Stephen aus Irland kennen. Die vier sind freiwillige Helfer, die ohne Bezahlung hier arbeiten. Es sind keine Jugendlichen, wie ich sie beim Schilderbemalen und Wegeausbessern vielerorts in den Nationalparks angetroffen habe, sondern Männer, die ihre Berufstätigkeit hinter sich haben, jedoch sportlich und voller Tatkraft sind. Unter Anleitung der Biologin Anaelle, die aus dem Elsass stammt und schon in der Antarktis geforscht hat, verpflanzen sie Moospolster. Projektleiter Kári Kristjánsson hatte die Idee, die von unachtsamen Wanderern zerstörte Vegetation zu renaturieren. Dazu werden außerhalb des Nationalparks Moospolster entnommen, auf Spanplatten gelegt und sorgsam an den Stellen eingebettet, wo Moose abgestorben sind. Das ist weniger eine optische Korrektur, sondern wichtig, um diese Flächen vor Erosion zu schützen. Zackenmützenmoose reagieren sehr empfindlich auf den Druck durch Tritte von Mensch oder auch Tier. Sind sie verletzt, können sie sich nicht mehr erholen, denn

Moose besitzen keine Wurzeln, aus denen sie neu austreiben könnten. Einmal vorhandene wilde Trittspuren verleiten immer mehr Leute, kreuz und quer durchs Gelände zu laufen. Die freiwilligen Helfer füllen diese Schleichpfade mit Moospolstern auf, und Kári stellt überall Tafeln auf: »Bitte die Wege nicht verlassen«.

Mit dem Team fahre ich am nächsten Tag zu seinem Arbeitsgebiet an der Laki-Spalte. Die schweren Platten durch das unebene Gelände zu tragen, ist anstrengender, als ich gedacht hätte. Sorgsam werden die Moose eingebettet. Stolz und zufrieden betrachten wir am Abend unser Werk. Die Ausbesserungen sind kaum zu sehen, und Kári meint, die Erfahrung habe gezeigt, dass die Moose die Umsetzung gut überstehen.

Ich frage die Männer, ob sie im nächsten Jahr wieder zur freiwilligen Arbeit nach Island kommen.

»Na klar!«, antworten sie einstimmig, und ihre Augen leuchten vor Begeisterung. Phil fügt hinzu: »Was kann es Schöneres geben, als mitzuhelfen, dass die Natur erhalten bleibt.«

All die bunten Pferde

Randver hat einen weißen Stern auf der Stirn und liebt es zu galoppieren. Ich nehme die Zügel leicht an, damit er im Trab bleibt, denn sonst beginnen auch die frei laufenden Pferde zu rennen, und dann kann die ganze Herde durchgehen.

Ich bin auf dem Reiterhof Brekkulækur von Arinbjörn Jóhannsson, genannt Abbi. Der Hof liegt im Nordwesten Islands in der Nähe der Halbinsel Vatnsnes. Es ist Herbst geworden, und die späte Septembersonne vergoldet die Landschaft. Kein Baum stört das überwältigende Panorama aus sanft geschwungenen Hügelketten, die das Flusstal einrahmen. Am Horizont leuchten hohe verschneite Berggipfel. Dahinter versinkt die Sonne und zaubert glühende Farben an den Himmel. Ein berauschendes Gefühl von Weite, Freiheit und Ungebundenheit ergreift mich.

Immer schneller laufen die Pferde; sie wissen, es geht der heimatlichen Weide entgegen. Ihre Hufe wirbeln Staub und Steinchen auf. Ohne zu zögern durchqueren sie den Fluss, dessen Fluten hoch aufspritzen.

Der heutige Tag war ein Proberitt, bevor es morgen ernst wird und wir ins Hochland reiten, um die frei weidenden Pferde und Schafe ins Tal zu treiben. Wir, das sind acht Teilnehmer aus Deutschland, die sich zum herbstlichen Abtrieb angemeldet haben. Im Norden Islands wird die Tradition noch gepflegt, die Schafe mit Pferden zu treiben.

Am nächsten Tag in der Früh sattelt jeder sein Pferd. Ich reite auf Brák, einer dunkelbraunen Stute. Aber zuvor musste die achtzigköpfige Herde von der Weide in den umzäunten Hof getrieben werden. Abbi teilt jedem Teilnehmer drei Pferde zu, vorher hat er nach unserer Reiterfahrung gefragt und hat uns beim Proberitt beobachtet. Erst danach sucht er die Pferde aus, die zum jeweiligen Reiter passen. Mir hat er außer dem Wallach Randver noch die Stuten Mugga und Brák zugewiesen. Jeder bekommt drei Pferde für die Reittour, damit man unterwegs wechseln kann. Sie werden aber nicht an einer Leine geführt, sondern laufen frei mit.

Es heißt, Islandpferde seien klein. Tatsächlich war früher ihr Stockmaß etwa 1,30 Meter, doch durch ausreichende Ernährung und entsprechende Zucht haben sie im Durchschnitt zehn Zentimeter an Größe zugelegt. Für mich sind auch Islandpferde ziemlich hoch, so dass ich jedes Mal froh bin, wenn ich gleich beim ersten Versuch hinauf in den Sattel komme. Im Unterschied zu mir sind die anderen Teilnehmer erfahrene Hobbyreiter. Meine letzte Reiterfahrung liegt schon einige Jahre zurück, als ich reitend in der Mongolei unterwegs war. Dort sind die Pferde ähnlich robust und zeigen auch diese bunte Vielfalt an Fellfarben.

Von Anfang an fühle ich mich wohl mit meinen drei Isländern. Das liegt an ihrem sanften, dem Menschen zugeneigten Wesen. Früher waren Pferde auf Island das einzige Fortbewegungsmittel. Mit ihrer Hilfe konnte man Lasten transportieren und den Bewohnern weit entfernter Farmen die Post zustellen. Sie gingen im Geschirr, wendeten auf den Wiesen das Heu und brachten es heim zu den Scheunen, ohne sie wäre man auf der unwegsamen Insel nicht zurechtgekommen. So entstand eine innige Beziehung zwischen Mensch und Pferd. Willig lassen sie sich das Halfter überstreifen, bleiben beim Satteln ruhig stehen und bocken nicht beim Aufsteigen.

Abbi, der die Tour führt, reitet mit der Hälfte der Reiter voraus, in der Mitte dann die frei laufende Herde. Mich hat er mit drei anderen eingeteilt, hinten zu reiten. Das hört sich einfach an, ist aber eine anspruchsvolle Aufgabe. Wir müssen die Herde treiben und dabei auf gleichmäßiges Tempo achten. Damit die Reiter vorn nicht überholt werden, darf die Herde nicht zu schnell werden, zu langsam aber auch nicht, sonst bleiben einige stehen und beginnen zu grasen. Das Treiben geht am besten durch anfeuernde Rufe, wobei man mindestens eine Pferdelänge Abstand von der Gruppe halten muss. Das bedeutet, das eigene Reitpferd, das sich gern den anderen anschließen will, muss gebremst werden. Auf diese Weise zu reiten, ist für mich eine spannende Erfahrung, die mich fordert und das Zusammenspiel mit dem Reittier vertieft.

Der Anblick der frei laufenden Herde ist faszinierend: Beim Lauf wehen ihre Mähnen, Kraft und Wildheit geht von den Tieren aus. Unterwegs tragen sie ihre Händel aus. Für sie ist es wichtig, wer neben ihnen, wer vor oder hinter ihnen läuft. Abhängig vom Rang, den sie in der Gruppe haben, formieren sie sich. Diese Hierarchie ist nie endgültig. Jedes Individuum bemüht sich, seine Stellung zu verbessern, in der Rangordnung aufzusteigen. Interessiert beobachte ich, wie sie sich beiseiteschubsen, den Weg abschneiden, kurz mal dem anderen in den Nacken beißen und mit den Hinterbeinen auskeilen, alles, während sie voranstürmen. Es gibt Pferde, die miteinander befreundet sind und stets nebeneinander laufen. Andere sind auf diese Verbundenheit eifersüchtig und versuchen, die Freunde zu trennen.

Nie hätte ich für möglich gehalten, dass sich beim Reiten dieses breite Spektrum an Verhaltensweisen so deutlich zeigt. Wenn die Pferde auf einer Weide sind, finden nicht so viele Interaktionen statt, weil sie eine größere Distanz wahren können.

Islandpferde sind bekannt für ihre fünf Gangarten; neben Schritt, Trab und Galopp können sie *tölt*, den schnellen Laufschritt, und *skeið,* den Rennpass. In der Mongolei habe ich bei Wettkämpfen Pferde gesehen, die den Rennpass zeigten, den Tölt konnte ich bei ihnen nicht beobachten. Dabei ist es eine den Pferden angeborene Laufart. Der Reiter kann sein Pferd zum Tölten auffordern, wenn er die Zügel aufnimmt, sich im Sattel zurücklehnt und treibende Schenkelhilfe gibt. Abbi sagt es so: »Tölt reitet man, indem man sein Pferd unter Einsatz von Gewicht, Schenkel- und Zügelhilfe versammelt.« Isländische Pferde beherrschen fast alle den Tölt, für den sie berühmt sind und der für den Reiter besonders angenehm ist. Man wird nicht wie beim Trab durchgeschüttelt, nicht im Sattel auf- und niedergeworfen und kommt doch fast so schnell voran wie beim Galopp. Es ist ein Gefühl, als würde man durch die Landschaft schweben.

Nur wenn griffiger Boden es erlaubt, tölten wir, sonst geht es im Trab entlang des Miðfjördur-Tals über herbstliche Wiesen und sanft geschwungene Hügel. Der Duft der schwitzenden Pferde hüllt uns ein, auch der trockene Staub, den sie mit ihren Hufen aufwirbeln. Wird eine Uferseite zu schmal und unwegsam, reiten wir durch den Fluss zum anderen Ufer. Hoch spritzt das Wasser, manchmal reicht es bis zu den Steigbügeln, doch die Pferde spurten furchtlos durch die kalten, schnell fließenden Fluten.

Gegen Mittag gibt Abbi das Signal für eine Pause. Sobald die Herde steht, müssen alle Reiter absteigen und die Pferde absatteln. Sofort beginnen sie zu grasen. Wir holen unseren Proviant heraus und setzen uns im Kreis auf die Erde. Beim Essen dürfen wir die Herde nicht aus den Augen lassen und passen scharf auf, damit keine Ausreißer davongaloppieren.

»In diesem Tal lebten früher ungefähr sechzig Menschen«, erzählt Abbi. »Wo wir jetzt sitzen, stand ein Bauernhaus. Wenn die Reiter zum Schafabtrieb ins Hochland ritten, legten sie hier immer eine

Rast ein. Auf diesem Hof gab man ihnen zu essen und zu trinken. Die von weither kamen, konnten auch übernachten. Aber seit Langem lebt niemand mehr hier. Trotzdem halten wir an der Tradition fest und rasten stets an diesem Ort.«

Ich schaue mich prüfend um; nur einige Grundmauern sind zu sehen, auch ein Schornstein liegt noch da. Äußere Zeichen verschwinden manchmal schnell, aber das, was gewesen war, bleibt oft noch lange im Bewusstsein der Menschen erhalten, wird durch Erzählungen und Traditionen von einer Generation zur anderen weitergegeben.

»Abbi, wie kam es, dass du diese Reittouren machst?«, frage ich.

»Das hat sich einfach so ergeben. Als Jugendlicher bin ich gern in der Natur herumgestreift und habe gelernt, wie man draußen zurechtkommt. Ich bin hier geboren, das Gästehaus in dem ihr wohnt, war mein Elternhaus. Wir haben es allerdings gründlich renoviert und noch ein neues dazugebaut. Irgendwann habe ich dann begonnen, Touren für Freunde zu organisieren, und das hat sich dann immer mehr erweitert.«

»Und wo hast du so gut Deutsch gelernt?«

Abbi lacht: »Na, wo schon, in Deutschland natürlich. Ich habe in Köln Völkerkunde studiert.«

Am Nachmittag erreichen wir die Hochfläche, wo die Pferde im Sommer frei geweidet haben. Sie stehen beisammen, ihre Fohlen in der Mitte, die Köpfe witternd erhoben, bereit zur Flucht, so wie Pferde es immer tun, wenn Gefahr droht. Wir reiten in sicherem Abstand seitlich an ihnen vorbei, bilden über ihnen eine Treiberkette und reiten auf sie zu. Sobald die Fluchtdistanz überschritten ist, galoppiert die Herde los. Wir folgen ihr, wobei wir uns bemühen, nicht zu nah aufzureiten, damit die an ihre Freiheit gewöhnten Pferde sich in gemäßigtem Tempo bewegen und nicht in Panik ausbrechen. Das ist besonders wichtig, damit die Fohlen, von denen einige erst wenige Tage alt zu sein scheinen, geschont werden.

Abbi ist erstaunt. »Da haben wohl einige Farmer nicht aufgepasst«, sagt er ärgerlich, »denn normalerweise kommen die Fohlen Anfang des Sommers auf die Welt.«

Über Nacht bleibt die Herde in einem Gatter auf einer am Berghang gelegenen Weide und wird erst zwei Tage später zum Aussortieren ins Tal getrieben. Wir reiten zur Farm zurück, wo uns Abbis deutsche Lebensgefährtin Claudia mit einem reichlichen Abendessen überrascht.

Am nächsten Tag wird es anstrengend. Wir müssen nicht nur bis zur gestern erreichten Höhe ins Gebirge reiten, sondern noch weiter hinauf, wo sich die Schafe aufhalten. Von acht Uhr morgens bis neun Uhr am Abend sind wir unterwegs.

Um beim Viehabtrieb zu helfen, sind noch Frauen und Männer der umliegenden Gehöfte ins Gebirge gezogen, wo sie in primitiven Berghütten übernachtet haben. Nun bilden sie eine kilometerlange Treiberkette. Anders als Pferde versammeln sich Schafe nicht von selbst zu einem Verband, sondern stieben in alle Himmelsrichtungen davon, versuchen die Kette zu durchbrechen, verstecken sich hinter Bodenwellen. Durch das Rufen der Treiber und die hektisch flüchtenden Schafe wird mein Reitpferd Mugga immer nervöser. Ich habe Mühe, sie zurückzuhalten, damit sie nicht panisch davongaloppiert. Zäher Morast erschwert das Vorwärtskommen. Ist der Sumpf zu tief, muss ich absteigen, um die Stute von meinem Gewicht zu befreien. Danach ist es für mich schwierig, wieder in den Sattel zu kommen, denn Mugga scharrt ungeduldig mit dem Vorderhuf, will vorwärtsstürmen und wartet nicht, bis ich meinen Fuß im Steigbügel habe. Ich gehe eine Weile neben ihr her, bis sie sich etwas beruhigt hat und ich einen Stein finde, von dessen Erhöhung ich mich leichter in den Sattel schwingen kann. Dabei muss ich darauf achten, in der Treiberkette nicht zurückzubleiben, muss Sichtkontakt mit den beiden Reitern rechts und links von mir halten.

Das Terrain ist unübersichtlich und schwierig zum Reiten, neben den Sümpfen durchziehen vom Frost aufgeworfene kleine Grashügel den Berghang. Immer von Neuem überrascht es mich, wie trittsicher sich mein Reitpferd in diesem schwierigen, buckeligen Sumpfgelände bewegt. Nebel steigt auf, hüllt die Landschaft in grauen Dunst. Ich kann nur noch wenige Meter weit sehen. Ein harter Wind fegt von den Felsen herab und vertreibt wenig später den Nebel. Zuerst nieselt es, dann peitscht mir der Regen ins Gesicht. Nadelspitze Strahlen treffen meine Haut. Hagel prasselt herab. Dann reißt die Wolkendecke auf, die Sonne bricht durch und taucht das Land in ein unwirklich goldenes Licht.

Immer enger drängen wir die Schafe zusammen und treiben sie bergab. Zu einer Herde vereinigt vergessen sie ihren Eigensinn und lassen sich von der Masse mitreißen, stürmen blindlings voran. Wie eine weiße Flut ergießt sich die Schafherde über den Hang. Ihnen ist noch eine Frist vergönnt, erst am nächsten Tag werden sie weiter hinabgetrieben.

Im Tal steht ein riesiges, kreisrundes Holzgehege, das zum Sammeln und Aussortieren der Pferde und Schafe dient. Von einer Art Arena in der Mitte des Gatters gehen einzelne Abteile wie die Speichen eines Rades ab. Jeder Farmer hat sein Abteil mit seinem Namen oder einer Ziffernfolge gekennzeichnet.

Am dritten Tag des Abtriebs reite ich nicht mit in die Berge, sondern beziehe in der Nähe des Korrals Position, um die Ankunft der Tiere zu fotografieren. Zuerst kommen die Pferde. In einem langen Zug trifft die vielfarbige Herde ein, an deren Spitze die Reiter das Tempo bestimmen. Ihnen folgt die halbwilde Herde. Dann kommen wieder Reiter, die darauf achten, dass keine Tiere zurückbleiben oder ausbrechen. Durch ein Tor und einen Gang fädelt sich die Herde in das Gatter ein, bis die Pferde schließlich in der Mitte der Arena angekommen sind. Körper an Körper stehen sie beisammen, drehen sich umeinander, versuchen eine Lücke, eine freie Stelle zu finden. Nervös schnauben sie, wiehern aufgeregt, möchten fliehen, sind aber ringsum von einer Bretterwand umgeben. Mutige Frauen und Männer begeben sich zwischen die wogenden Pferdeleiber. Jeder Züchter kennt seine Tiere; sie sind gekennzeichnet, haben Brandzeichen oder Chips. Ruhig, wie in Zeitlupe, beginnen die Farmer mit dem Aussortieren, indem sie mit deutlicher Körpersprache ihre Pferde in Richtung des eigenen Abteils lenken. Blitzschnell öffnet dann ein Helfer die Tür, die Pferde gehen willig in die Öffnung hinein, froh, der drängenden Enge zu entkommen. Schnell muss die Tür wieder geschlossen werden, damit nicht fremde Pferde nachsetzen. Eine kurze Aufregung: Ein Fohlen wurde unabsichtlich von seiner Mutter getrennt und wiehert jämmerlich. Fürsorglich wird das Kleine zur richtigen Stute gebracht. Das Sortieren dauert bis Mittag.

Nachmittags kommen die Schafe. Wie eine Springflut strömt die weiße Herde von den Bergen herab. Ich versuche, ihre Zahl zu schätzen, es müssen Tausende sein. So viele Schafe habe ich nie zuvor gesehen. Welle auf Welle ergießt sich ins Tal. Ihre Freiheit hat nun ein Ende, für die meisten für immer. Nur die Zuchtschafe bleiben am Leben. Als wüssten sie, was ihnen droht, versucht das eine oder andere Schaf auszubrechen, stemmt sich dem mitreißenden Strom entgegen, will zurück in die Freiheit der Berge. Doch umsonst, Hunde und Treiber verhindern jeden Ausbruch.

Das Sortieren der Pferde verlief in ruhiger und gesammelter Konzentration. Der Gefahr bewusst, die von einem panisch erregten Pferd ausgehen kann und mit der fachmännischen Haltung, die sich die Bauern auf Island in Hunderten von Jahren im Umgang mit Pferden angeeignet haben, werden sie respektvoll behandelt. Anders bei den Schafen. Es sind viele, und man möchte bis zum Abend fertig werden. Jeder darf beim Sortieren helfen. An den Ohrmarken erkennt man, in welches Abteil welches Tier gehört. Sogar Kinder und auch die ausländischen Gäste stehen inmitten der Schafe. Schlimmeres als blaue Flecken kann man sich nicht einhandeln. Nicht nur die Schafböcke haben Hörner, auch die Weibchen und die einjährigen Jungschafe haben welche, an denen man sie gut packen und festhalten kann. Dann klemmt man sich das Tier zwischen die Oberschenkel und zerrt es zum entsprechenden Abteil. Die Pferde sind freiwillig und in kleinen Gruppen in den gewünschten Pferch gegangen, bei den Schafen muss man jedes Tier aus der Menge herausfischen und gewaltsam in das Abteil bugsieren. Die feuchte Wolle der Schafe riecht intensiv nach Lanolin, dem Wollfett. Regen strömt herab, keiner nimmt groß Notiz davon. Ich packe meinen Fotoapparat ein und blicke auf. Ein Regenbogen spannt sich über das Tal, und hoch am Himmel fliegen Wildgänse.

Abschied

Licht und Dunkelheit ringen miteinander, werfen ihr Schattenspiel auf die Berge, lassen das Land in immer neuen Farben aufleuchten. Die Luft ist frisch und klar, trägt den Geruch des Vatnajökull zu mir herab. Unter seinem dicken Eismantel liegen gleich mehrere, noch aktive Vulkane. So gewaltig ist dieser Gletscher, dass er die Insel Mallorca leicht unter sich begraben könnte. Auf allen Seiten strömen Gletscherzungen herab. Ich blicke direkt auf einen der zerrissenen, blau schimmernden Eisbrüche, auf die Gletscherzunge Fláajökull. Über die Endmoräne, eine trostlos wirkende Geröllfläche, bin ich bis an die Abbruchkante der Gletscherzunge vorgedrungen, wo sich das Schmelzwasser in einer trübgrauen Lagune sammelt. Weil die Temperatur am Fuß des Gletschers wärmer ist als im Hochland, schmilzt das Eis. Deshalb hat man schon 1937 mühsam mit Spitzhacke, Schubkarre, Pferdefuhrwerken und ungezählten Helfern einen Damm gebaut, um das Weideland vor Überflutung zu schützen. Da auch in Island die Gletscher immer schneller schmelzen, musste man den Damm im Jahr 2002 erhöhen, diesmal mit modernen Baumaschinen, wobei nur noch zehn Arbeiter zum Einsatz kamen.

Vom Wind getrieben rasen schwarzblaue Wolken heran. In wenigen Minuten ist die Sonne ausgelöscht. Erschreckend düster und kalt ist plötzlich die Welt. Dann öffnet sich die Wolkendecke, und ein Schneesturm bricht über mich herein. An den abrupten Wetterwechsel in Island bin ich längst gewöhnt, auch der Wintereinbruch, jetzt Anfang Oktober, überrascht mich nicht, wo es doch auch im Sommer immer wieder geschneit hat. Wegen des Unwetters muss ich mich diesmal nicht sorgen, denn es sind nur zehn Kilometer zur schützenden Unterkunft, und den Weg kenne ich durch tägliche Ausflüge. Ich bin an der Südküste, etwa dreißig Kilometer westlich vom Hafenort Höfn, und werde als Gast in Lambleiksstaðir erwartet, der Farm von Karin und ihrem Mann Haraldur.

Karin hat mich eingeladen, die Tage bis zum Rückflug bei ihr und ihrer Familie ausklingen zu lassen. Karin, die ursprünglich aus Deutschland stammt, lebt seit über vierzig Jahren in Island und kennt die Insel wie kaum jemand sonst, weil sie jahrelang als Reiseführerin gearbeitet hat. Mit ihren wertvollen Tipps hatte sie mir während meines Aufenthalts sehr geholfen, zuletzt auch den Kontakt zu Abbi hergestellt, damit ich am Schafabtrieb teilnehmen konnte. Bei einem internationalen Jugendtreffen im schottischen Edinburgh hatte sie als junges Mädchen ihren späteren Mann Haraldur kennengelernt. Ein Jahr später lud er sie in seine Heimat ein, sie kam und entschied sich für ihn und sein Land. Als beide noch berufstätig waren, lebten sie in Reykjavík. Mit der Farm erfüllten sie sich einen lang gehegten Wunsch. Trotz des lustigen Namens »Lämmerspielplatz«, wie Lambleiksstaðir übersetzt heißt, züchten sie keine Schafe, stattdessen halten sie Pferde und Gänse und bauen zum Eigenbedarf Kartoffeln und Gemüse an.

Das traditionelle Farmhaus mit seinem blauen Dach und den blau umrandeten Fenstern kann ich trotz des Schneesturms aus der Ferne ausmachen. Bis zu den Knien versinke ich im Schnee. Es ist spät geworden, schnell bricht die Nacht herein. Erschöpft erreiche ich mein Quartier. Karins Tochter betreibt zusammen mit ihrem Mann auf dem Anwesen Ferienhäuschen. In einem der gemütlich eingerichteten Holzbungalows kann ich wohnen. Ich esse etwas zu Abend und lege mich, müde von der anstrengenden Wanderung, schon früh hin. Plötzlich erwache ich aus tiefem Schlaf. Ein seltsames grünes Licht irrlichtert im Raum. Was ist das nur? Ich bin mir nicht sicher, ob ich wirklich wach bin oder noch träume, bis ich durch das Fenster blicke und ein fluoreszierendes Leuchten am Himmel sehe: das Nordlicht, die Aurora Borealis.

Sagen, Märchen und Mythen ranken sich um das geisterhafte Himmelslicht, die wissenschaftliche Erklärung ist eher nüchtern: Es sind Materieteilchen, die von der Sonne ins All geschleudert werden. Wenn diese in die Erdatmosphäre eintreten, stoßen sie mit unserer Lufthülle zusammen und bringen deren Atome zum Leuchten.

Ich gehe nach draußen, will das Nordlicht in seiner ganzen Pracht und Ausdehnung sehen. Ein grünes Band überzieht den Nachthimmel, dehnt sich aus, weht wie ein Schleier, dreht sich in einem Wirbel, bildet immer neue Formen, lässt Fahnen und Spiralen flattern. Schließlich verharrt das Licht bewegungslos, wie festgefroren, spannt sich in einem Bogen von Horizont zu Horizont. Die Intensität des grünen Leuchtens wird immer stärker. Auf einmal fließt gelbe Farbe in das Grün, und schon brennt der Himmel in glühendem Rot. Nach einer halben Stunde verblasst das gespenstische Leuchten, und plötzlich ist es erloschen.

Ich beginne zu zittern und spüre erst jetzt, wie kalt es ist. Eine klirrende Kälte hat sich über das Land gesenkt. Ich bin froh, zurück in die warme Hütte gehen zu können, und liege noch lange wach. Die Bilder meiner Reise ziehen an meinem inneren Auge vorbei. Das Nordlicht zu sehen, war einer der Wünsche gewesen, mit denen ich nach Island reiste, und nun hat sich am Ende meines Aufenthalts dieser Wunsch erfüllt. So endet mit diesem wunderbaren Schauspiel meine Reise, die im Frühling mit dem Vulkanausbruch des Eyjafjallajökull begann und im sich anbahnenden Winter ihren letzten Höhepunkt mit dem Nordlicht fand.

ANHANG

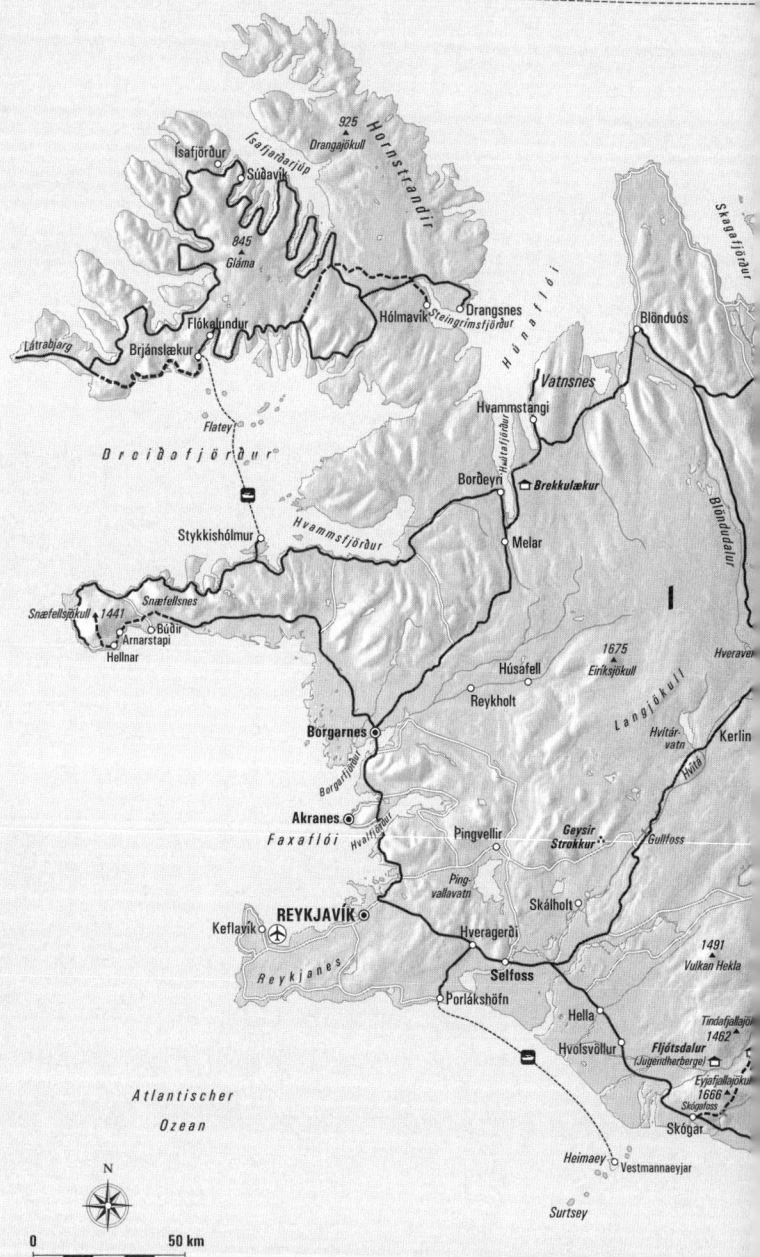

925
Drangajökull

Ísafjörður

Súðavík

Ísafjarðardjúp

Hornstrandir

Skagafjörður

845
Gláma

Drangsnes

Hólmavík Steingrímsfjörður

Húnaflói

Blönduós

Vatnsnes

Flókalundur

Brjánslækur

Látrabjarg

Hvammstangi

Miðfjörður

Blöndudalur

Flatey

Borðeyri Brekkulækur

Breiðafjörður

Hvammsfjörður

Stykkishólmur

Melar

Snæfellsjökull 1441 Snæfellsnes

Búðir

Arnarstapi

Hellnar

Hveraver

1675
Eiríksjökull

Húsafell

Reykholt

Langjökull

Hvítár-
vatn

Kerlin

Borgarnes

Borgarfjörður

Hvítá

Akranes

Faxaflói

Hvalfjörður

Þingvellir

Geysir
Strokkur

Gullfoss

Þing-
vallavatn

Skálholt

REYKJAVÍK

Keflavík

Hveragerði

Reykjanes

Selfoss

1491
Vulkan Hekla

Þorlákshöfn

Hella

Tindafjallajökull
1462

Fljótsdalur
(Jugendherberge)

Hvolsvöllur

Eyjafjallajökull
1666

Skógafoss

Skógar

Atlantischer
Ozean

Heimaey Vestmannaeyjar

Surtsey

N

0   50 km

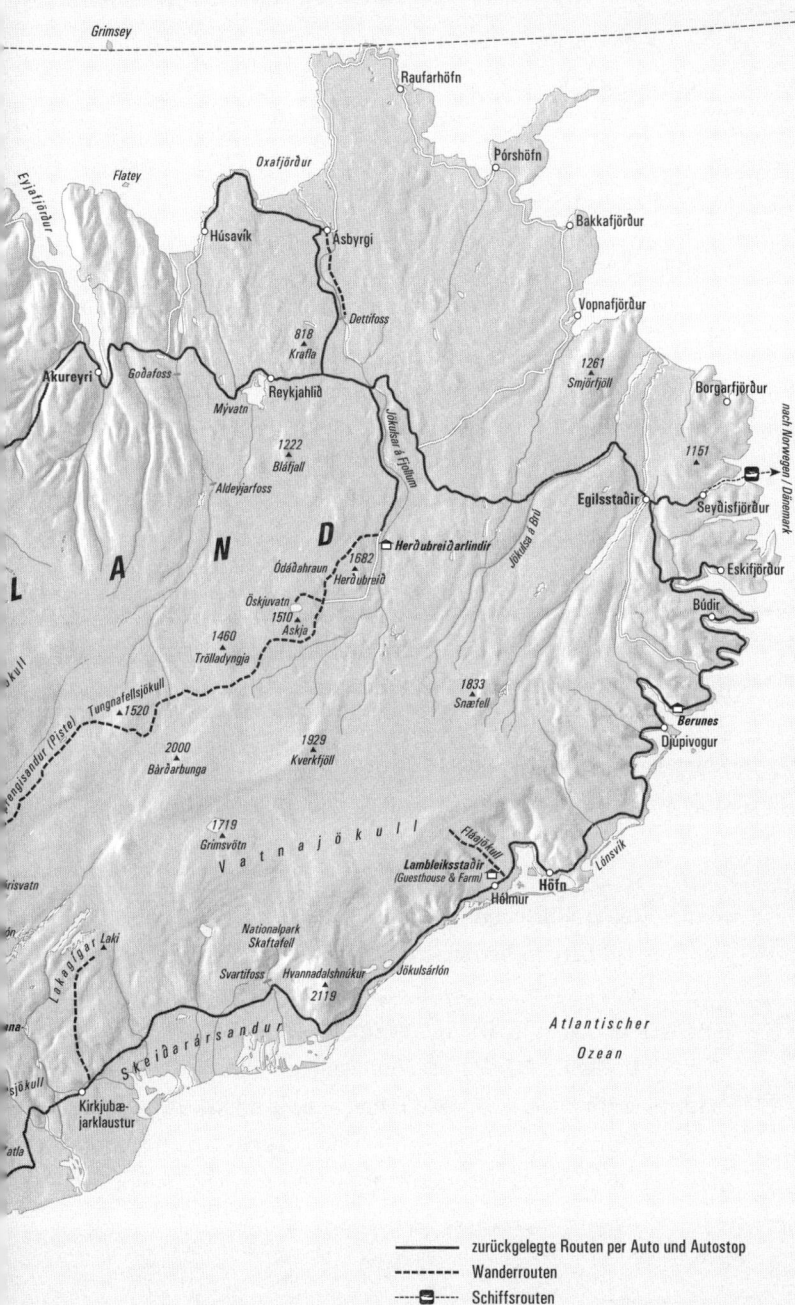

Grimsey

Raufarhöfn

Þórshöfn

Öxafjörður

Flatey

Húsavík   Ásbyrgi   Bakkafjörður

Eyjafjörður   Vopnafjörður

Akureyri   Goðafoss   Dettifoss

                          818   1261
                         Krafla   Smjörfjöll   Borgarfjörður

        Mývatn Reykjahlið   1151
                     1222
                    Bláfjall   nach Norwegen / Dänemark
        Aldeyjarfoss
                                                Egilsstaðir
                                                          Seyðisfjörður
                          1682
                   Herðubreiðarlindir   Eskifjörður
        Ódáðahraun Herðubreið
                                                          Búðir
              Öskjuvatn
                1510
               Askja   1833
         1460   Snæfell
        Trölladyngja
                                                          Berunes
                                                Djúpivogur
        2000   1929
       Bárðarbunga   Kverkfjöll

L A N D

                                         Lónsvík
        1719
       Grímsvötn   Vatnajökull
                              Fláajökull
                         Lambleiksstaðir
                         (Guesthouse & Farm) Höfn
                              Hólmur
               Nationalpark
               Skaftafell
        Laki   Atlantischer
        Svartifoss   Hvannadalshnúkur   Ozean
                        2119   Jökulsárlón

        Skeiðarársandur

    Kirkjubæ-
    jarklaustur

                    —————— zurückgelegte Routen per Auto und Autostop
                    - - - - - Wanderrouten
                    - - -🚢- - - Schiffsrouten

Reisetipps

Ausrüstung

Mit Regenwetter und krassen Wetterstürzen muss immer gerechnet werden. Auch wenn seltene Wärmerekorde von 29° C vorkommen, ist es doch eher windig und kühl. Wind- und regendichte Kleidung ist unbedingt nötig. Mit festen Wanderschuhen ist man gut beraten, selbst wenn man nicht wandern, sondern nur Wasserfälle und andere Sehenswürdigkeiten besichtigen will. Wer in den »heißen« Sommermonaten unterwegs ist, sollte trotzdem Mütze, Handschuhe, Schal, Thermo-Unterwäsche dabei haben, insbesondere wenn man ins Hochland will; nützlich auch auf Fähren und bei Walbeobachtungen. Ebenso nötig sind Sonnencreme, Sonnenbrille, Hut oder Kappe. Wer im Hochland wandert oder Fahrradtouren unternimmt, benötigt für die Flussdurchquerungen Sandalen. Auf keinen Fall den Badeanzug vergessen! Denn was ist eine Islandreise ohne den Besuch der zahlreichen geothermal beheizten Schwimmbäder oder der heißen Quellen.

Klima, Wetter, Reisezeit

Dank des Golfstroms herrscht trotz der nördlichen Lage gemäßigtes Meeresklima mit kühlen Sommern und milden Wintern, im Januar durchschnittlich – 1° C. Die Temperaturen im Sommer überschreiten allerdings selten 15° C, nur bei Sonne und im Windschatten wird es mitunter wärmer als 20° C. Die Temperatur kann jedoch auch unter 0° C fallen, und das selbst in den Monaten Juli und August, insbesondere im Hochland. Das Jahresmittel beträgt + 4° C. Überhaupt zeichnet sich das isländische Wetter durch häufige und abrupte Wechsel aus. Deshalb sagen die Isländer: »Wenn dir das Wetter nicht gefällt, dann warte einen Augenblick.«

In den Sommermonaten ist es fast 24 Stunden hell. Man benötigt also keine Taschenlampe, außer man will Höhlen besichtigen.

Die Hauptsaison erstreckt sich von Juni bis August. Kurz danach schließen die meisten Herbergen. Nur wenige größere Hotels und Gasthäuser haben das ganze Jahr geöffnet. Inzwischen jedoch bemühen sich auch private Gastgeber, den Besuchern außerhalb der Saison Übernachtungen und Aktivitäten, wie Wintertouren mit Nordlichtbeobachtungen, anzubieten. Diese Tendenz scheint zuzunehmen.

Übernachten

Geboten wird ein breites Spektrum von Hotels der Mittel- und Spitzenklasse, Pensionen, Edda-Hotels (das sind Internate, die in der Ferienzeit für Gäste eingerichtet werden), Sommerhäuser, Bungalows, Jugendherbergen mit Einzel- und Mehrfachbetten bis zu Schlafsackunterkünften, Campingplätze, Berg- und Wanderhütten. Beliebt sind Unterkünfte auf den Bauernhöfen.

In der Hauptsaison empfiehlt es sich, im Voraus zu buchen (Kreditkarte!). Zumindest sollte man anrufen und fragen, ob noch Zimmer frei sind (auch in den Jugendherbergen). Frühstück kostet meist extra.

Geld und Kreditkarten

Die isländische Währung ist die *króna* (Krone), abgekürzt ISK.

Kreditkarten sind weit verbreitet. Isländer bezahlen fast nur mit Karte, selbst kleinste Beträge. Will man Übernachtungen reservieren, benötigt man unbedingt eine Kreditkarte, auch beim Mieten eines Wagens ist sie unabdingbar. An zahlreichen Tankstellen bekommt man ohne Kreditkarte und Code kein Benzin.

Banken sind in der Regel mit Geldautomaten ausgestattet.

Ausländischen Besuchern wird die Mehrwertsteuer für in Island erstandene Waren zurückerstattet. Die Summe auf dem Kassenzettel muss allerdings eine bestimmte Höhe aufweisen (4000 ISK).

Trinkgelder sind grundsätzlich in allen Preisen inbegriffen. Extragelder werden nicht erwartet und sind unüblich – ausgenommen für Reiseleiter und Fahrer von Reisegruppen.

Unterwegs in Island

Seit 1974 umrundet die Ringstraße, die *Hringvegur,* die Insel (ca. 1400 Kilometer). Diese Straße mit der Nummer 1 ist Hauptverkehrsroute und Lebensader des Landes, wobei die großen Halbinseln im Westen und die Fjorde im Westen und Osten meist ausgespart oder untertunnelt sind. Zu diesen Gebieten gelangt man dann über Schotterstraßen und schwierige Pisten, während die Ringstraße gut ausgebaut und asphaltiert ist. Sie ist deshalb für alle Fahrzeugtypen geeignet. Will man dagegen in abgelegene Orte in den Westfjorden oder ins Hochland, wobei oft Flüsse zu furten sind, benötigt man ein Fahrzeug mit Vierradantrieb und Geländeerfahrung. Die Hochlandpisten sind im Winter gesperrt und werden erst in den Sommermonaten (oft erst Mitte Juli) freigegeben, wobei sich die Fahrbedingungen je nach Tageszeit und Wetter ständig verändern.

Das Überlandbusnetz ist trotz der dünnen Besiedlung sehr gut ausgebaut. Mit Spezialbussen kann man bequem über die Hochlandrouten fahren, auch wenn sie für Selbstfahrer gesperrt sind. Man muss nicht vorausbuchen, sondern kann seine Reisepläne spontan ändern. Aus- und Einsteigen ist jederzeit möglich, berechnet wird dann der Preis vom oder bis zum nächsten offiziellen Halt. Ein Handzeichen genügt, um ankommende Busse auf freier Strecke zum Halten zu bringen. Es stoppen allerdings nur die Linienbusse, nicht die von einer Reisegesellschaft gecharterten. Im Buszentrum BSI in Reykjavík, in Touristenbüros, meist auch an jeder Tankstelle sind Busfahrpläne ausgehängt oder liegen zum Mitnehmen bereit. Günstig sind Buspässe für bestimmte Strecken oder die Umrundung der Insel, mit und ohne Zeitlimit. Sogar Fahrräder können im Bus mitgenommen werden.

Umgangsformen

Isländer duzen sich ausnahmslos und reden sich mit Vornamen an. Es empfiehlt sich allerdings, deutsch sprechende Isländer zunächst zu siezen. Im Verlauf des Gesprächs oder der Bekanntschaft merkt man, ob und wann man zum Du wechseln kann.

Dem Reisenden begegnen Isländer offen und freundlich, sie sind aber vom Wesen her eher zurückhaltend und drängen sich nie auf. Wer Kontakt will, sollte den ersten Schritt tun und mit *Góðan daginn,* »Guten Tag«, grüßen. So wird er auf Wohlwollen und oft auf überwältigende Gastfreundschaft und Hilfsbereitschaft treffen. Generell sind Isländer flexibel und spontan. Probleme werden nicht als Hindernis gesehen, sondern als Herausforderung, nach Lösungen zu suchen. Das Lebensmotto der Isländer lautet: *þetta reddast,* »das biegen wir schon hin« oder wörtlich übersetzt: »Das lässt sich retten.«

Wird man in Island eingeladen, sollte man pünktlich sein. Der Gastgeber geht davon aus, dass Deutsche nach der Uhr leben. Bei einer Verabredung im umgekehrten Fall aber besser nicht damit rechnen, dass Isländer auf die Zeit achten. An der Wohnungstür zieht man die Schuhe aus. Selbst in Jugendherbergen und Wanderhütten ist dies üblich. Man muss auf Socken gehen oder bringt sich Flip-Flops mit.

In Island wird auf Höflichkeit geachtet. Auch wer die Sprache nicht beherrscht, sollte sich wichtige Sätze einprägen, zum Beispiel: *takk fyrir*, »vielen Dank«.

Für Isländer ist es schwer nachvollziehbar, wenn Gäste sich darüber beklagen, wie teuer Island sei, wo sie selbst mit den hohen Lebenskosten doch auch zurechtkommen müssen und meist weniger verdienen als die Besucher.

Informationen zu Island

Größe des Landes

Nach Großbritannien ist Island die zweitgrößte Insel Europas. Die Nord-Süd-Ausdehnung beträgt rund 300 und die West-Ost-Ausdehnung etwa 500 Kilometer, die Küste umfasst ungefähr 5000 Kilometer. Die Gesamtfläche (inklusive Inseln) von 103 100 Quadratkilometern entspricht etwa der Fläche der neuen Bundesländer oder der von Bayern und Baden-Württemberg zusammen. Über die Hälfte des Landes ist unbewohnt, davon sind fast 12 000 Quadratkilometer mit Gletschern bedeckt, das sind rund elf Prozent der Gesamtfläche. Die Entfernung von Island nach Grönland beträgt 290, nach Schottland 790 und nach Norwegen 970 Kilometer.

Geologie

Island ist geologisch das jüngste europäische Land. Seine Entstehung ist noch nicht zum Abschluss gekommen, und deshalb ist die Insel eine der vulkanisch »heißesten« Zonen der Erde. Vor mehr als 40 Millionen Jahren begannen Vulkane am Meeresgrund des Nordatlantiks Lava zu speien und legten so das Fundament für die spätere Insel. Island liegt auf dem Mittelatlantischen Rücken, der Bruchzone, wo die Eurasische und die Amerikanische Platte auseinanderdriften. Die sich im Durchschnitt jährlich um zwei Zentimeter ausdehnende Spalte wird von dem aus dem Erdinneren aufsteigenden Magma gefüllt, das dann zu Gestein erstarrt. Der Mittelatlantische Rücken ist 15 000 Kilometer lang, 500 bis 2000 Kilometer breit und ragt bis 2500 Meter in die Höhe, erstreckt sich aber unter dem Meeresspiegel. Island, die Azoren und andere kleinere Inseln sind einige der wenigen Spitzen dieses unterseeischen Gebirges, die aus dem Meer herausragen.

Die Landmasse Islands besteht größtenteils aus Basalt. Vulkanische und tektonische Kräfte haben die Insel geschaffen, und geformt wurde sie von Wasser, Eis, Wind, Frost und Hitze. Es sind diese Kräfte im Zusammenwirken mit dem Vulkanismus, die das Land ständig weiter verändern und neu gestalten.

Im Tertiär, vor etwa 14 Millionen Jahren, herrschte wärmeres Klima als heute. Tulpen- und Mammutbäume, Magnolien, Ulmen, Eichen und viele andere Laubbäume wuchsen damals auf Island und sind in fossiler Form in den Braunkohleflözen nachweisbar. Vor allem in den Westfjorden bei Brjanslækur in der Schlucht Surtarbrandsgil sind diese Braunkohleschichten erhalten geblieben und können besichtigt werden.

Während der Eiszeit, die etwa vor einer Million Jahren begann, war Island gänzlich von Gletschern bedeckt, wobei sich Zeiten kalten und warmen Klimas mindestens zehn Mal abwechselten. Vor etwa 8000 Jahren war das Eis so gut wie verschwunden, nur an den höchsten Bergen waren einige Schneereste vorhanden. Die Temperaturen waren höher als heute, und das Land war nahezu von einer geschlossenen Vegetation bedeckt und zum größten Teil bewaldet. Etwa um 500 v. Chr. begannen die Eiskappen auf den Bergen wieder zu wachsen und erreichten ihre größte Dicke während der »kleinen Eiszeit«, die im 16. Jahrhundert einsetzte. Seit dem 19. Jahrhundert gehen die Gletscher allmählich wieder zurück.

Landschaft und Natur

Island ist ein Land der Kontraste. Schon der Landesname weckt Erwartungen an wilde, ungezähmte Natur. Die Markenzeichen der Insel sind Geysire, Vulkane, Wasserfälle, Gletscher, Vogelfelsen und Islandpferde.

Der nutzbare Siedlungsraum befindet sich fast ausschließlich an der Küste, während das wilde Hochland mit seinen Vulkanen, Gletschern, reißenden Flüssen, Ödlandflächen und Wüsten unbewohnbar ist. Doch wird es zunehmend zur Energiegewinnung genutzt (Wasserkraft- und Geothermalkraftwerke). Das Hochland reicht von 500 bis etwas über 1000 Meter Höhe. Nur einige mit Gletschern bedeckte Berggipfel sind knapp über 2000 Meter.

Erst nach dem Ende der Eiszeit vor etwa 10 000 Jahren konnte Island von Tieren und Pflanzen wieder besiedelt werden, nachdem die ursprüngliche Fauna und Flora die totale Vergletscherung nicht überlebt hatte. Da die Entfernung zu den anderen Festländern Europas und Amerikas beträchtlich ist, gelangten nur sehr wenige Arten nach Island. Für alle Amphibien und Reptilien blieb die Insel unerreichbar. Außer für Meeres- und Zugvögel war auch für viele Vogelarten der Weg übers Meer zu weit, dennoch wurden manche von Windströmungen erfasst und verdriftet, wie Zaunkönige und Stare.

Entdeckung und Einwanderung

Island ist nicht nur geologisch gesehen ein junges Land, es ist auch das letzte europäische Land, das besiedelt wurde. Eine prähistorische Periode fehlt völlig, denkbar ist allerdings, dass die Insel bereits in der Antike entdeckt wurde. Der griechische Seefahrer Pytheus von Massalia berichtete 300 v. Chr. von Thule, einer am nördlichen Rand der Welt, nahe am Treibeis gelegenen Insel. Es ist aber nicht bewiesen, dass Thule mit Island identisch ist. Es könnte sich auch um Grönland, Spitzbergen oder andere nordische Inseln gehandelt haben.

Bei Ausgrabungen an der Südküste wurden fünf römische Münzen gefunden aus der Zeit kurz vor 300 n. Chr. Kaum vorstellbar, wie diese Kupfermünzen nach Island gelangt sein könnten. Die Wikinger, die im 9. Jahrhundert Island besiedelten, werden kaum 600 Jahre alte Münzen mitgebracht haben, die schon lange nicht mehr im Umlauf waren. Vielleicht haben seefahrende Völker des römischen Imperiums, am ehesten aus England, das um diese Zeit römische Kolonie war, sie bei einem Besuch an der Küste zurückgelassen. Dieser rätselhafte Münzfund ist kein ausreichender Beweis für eine Besiedlung vor den Wikingern.

Irische Mönche, früh christianisiert, suchten seit dem 5. Jahrhundert nach abgeschiedenen Orten, um sich ganz ihrem Glauben hingeben zu können. In winzigen Booten aus Leder befuhren sie den Atlantik, und es ist verbürgt, dass sie im frühen 8. Jahrhundert nach Island gelangten, fast ein Jahrhundert vor den norwegischen Wikingern. Dauerhafte Niederlassungen sind aber nicht gesichert. Die Mönche waren Einsiedler, sind sporadisch gelandet und unterschiedlich lange geblieben. Mit Einsetzen der Wikingerbesiedlung ab 870 verließen die irischen Mönche die Insel.

Der Begriff Wikinger kann unterschiedlich interpretiert werden und leitet sich wahrscheinlich vom altnordischen *vík* für »Bucht« ab. Demnach waren es »Männer, die aus den Buchten kamen«, womit die norwegischen Fjorde gemeint sein könnten. Die Wikinger waren aber nicht ein einheitliches nordisches Volk, sie gehörten verschiedenen Stämmen skandinavischer Herkunft an, die auf Raubzüge ausgingen und nach ihrer Rückkehr wieder als friedliche Bauern lebten. In den nordischen Ländern des heutigen Dänemarks, Schwedens und Norwegens begann die Epoche der Wikinger fast ein Jahrhundert bevor sie Island besiedelten und dauerte bis zum 11. Jahrhundert an. Das Jahr 793, als das nordenglische Kloster Lindisfarne überfallen und geplündert wurde, wird als Beginn der Wikingerära angesehen. Während dieser Periode überfiel die bäuerliche und zugleich kriegerische nordische Bevölkerung ihre Nachbarn, raubte und mordete, gründete aber auch Wikingerstaaten in Russland, der Ukraine, in England, Schottland und Frankreich. Nach 250 Jahren fanden die Wikingerraubzüge ihr Ende, da sich inzwischen starke Feudalreiche entwickelt hatten.

Der erste Wikinger, der isländischen Boden betrat, war im Jahr 860 der aus Schweden stammende Garðar Svárarsson. Er überwinterte mit seinen Leuten im heutigen Húsavík und kehrte dann in seine Heimat zurück. Als Nächster besuchte der norwegische Wikinger Flóki Vilgerðarson, genannt Raben-Flóki, im Jahr 865 die Insel und blieb mit seiner Mannschaft einen Winter lang. Die eigentliche Besiedlungsepoche begann 874 mit dem norwegischen Wikinger Ingólfur Arnarson, ihm folgten weitere Siedler nach. Diese Einwanderungszeit dauerte bis etwa 930, dann waren die meisten bewohnbaren Gebiete in Besitz genommen. Von Beginn an sind die Namen der Siedler, ihre familiären Hintergründe und wichtige Ereignisse im Landnahmebuch schriftlich festgehalten. Keine andere Nation der Welt besitzt so klare und eindeutige historische Quellen über ihre Herkunft wie die Isländer.

Geschichtliche Ereignisse

Für die Einwanderung der Wikinger nach Island gab es verschiedene Gründe. In ihren Herkunftsländern herrschte Überbevölkerung, freies Land war kaum noch vorhanden. Als Harald Schönhaar sich zum König krönen ließ, die Clans und Stämme erstmals zu einem Reich vereinigte, Steuern erhob und Gesetze erließ, empörten sich die bisher unabhängigen, bäuerlichen Wikinger gegen diese Willkür. Es kam zu heftigen Kämpfen, zu Gewalt und Grausamkeiten. Um weiterhin ein freies Leben führen zu können, wanderten einige Familien nach Island aus, wo sie im Jahr 930 die isländische Republik gründeten und das noch heute amtierende erste Parlament der Welt, das Althing. Während andere Länder Europas noch jahrhundertelang im Feudalismus verharrten, entwickelte sich in Island die erste Demokratie, der isländische Freistaat.

Zur Zeit der Landnahme hingen die Wikinger dem skandinavisch-germanischen Götterglauben an, wobei Odin als oberster Gott über das Göttergeschlecht der Asen herrschte. Überliefert ist dieser Glaube in den Götter- und Heldenliedern der *Edda*. Während in den Nachbarstaaten bereits das Christentum Einzug gehalten hatte, hielten die Isländer an ihrem alten Vielgötterglauben fest. Im Jahr 984 schickte der norwegische König Olaf Missionare nach Island, aber erst im Jahr 1000 wird das Christentum offiziell als neue Religion anerkannt. Doch der Asenglauben verschwand nicht völlig aus dem Bewusstsein der Menschen und hat noch heute seine Anhänger.

Ab 1230 stürzten Kämpfe zwischen rivalisierenden Clans das Land in einen Bürgerkrieg, der vom norwegischen König Hákon durch Intrigen und Auftragsmorde angeheizt wurde. Im Jahr 1262 musste sich Island dem norwegischen Königshaus unterwerfen. Fortan war den Isländern der freie Handel untersagt, und hohe Steuern mussten gezahlt werden. Zudem stürzten Vulkanausbrüche, Pest und andere Seuchen die Isländer in schwere Not.

Im Jahr 1397 erhielt Dänemark durch Heiratspolitik die Herrschaft über Island. Das Handelsmonopol blieb jedoch bestehen, und die Ausplünderung der Bevölkerung ging weiter. 1662 verschärfte Dänemark das Handelsmonopol, indem es Island in vier Wirtschafsdistrikte aufteilte, die keinen Handel untereinander, sondern nur mit Dänemark betreiben durften. Unter Führung von Jón Sigurdsson erreichten die Isländer im Jahr 1848 die Wiedereinsetzung des isländischen Parlaments. Das Althing hatte aber keine Befugnisse, konnte weder Erlasse noch Gesetze verabschieden und blieb von Dänemark abhängig.

Im Zweiten Weltkrieg besetzten britische Truppen die Insel. 1941 lösten Truppen der USA die Briten ab. Im Jahr 1944 wurde die Personalunion mit Dänemark aufgehoben und im gleichen Jahr die Republik Island ausgerufen.

1980 wird Vigdís Finnbogadóttir als erste demokratisch gewählte Frau Staatspräsidentin eines europäischen Landes. Es ist das höchste Amt im Staat und dient repräsentativen Zwecken, wie in Deutschland das Amt des Bundespräsidenten. Viermal wird sie für jeweils eine neue Amtsperiode bestätigt. Nach männlichen Zwischenperioden ist 2009 mit Jóhanna Sigurðardóttir wieder eine Frau in das höchste Staatsamt gewählt worden. Dabei begannen die Frauen Islands spät, um ihre Rechte zu kämpfen. Erst 1976 wurde die Gleichstellung zwischen Mann und Frau gesetzlich verankert. Da es aber an der ernsthaften Umsetzung der Gesetze mangelte, beschlossen die Frauen 1985 einen Generalstreik. Tausende gingen auf die Straße. Sie gründeten eine eigene Partei, die Frauenallianz, die weltweit einzige Partei mit ausschließlich weiblichen Mitgliedern. Gleich beim ersten Wahlgang gelang es ihnen, gewählt zu werden. Durchgängig sechzehn Jahre war die Frauenallianz daraufhin im Parlament vertreten, bis sie 1999 mit der Grünen Partei fusionierte.

Bevölkerung

Die ersten Einwanderer kamen im 9. Jahrhundert aus dem westlichen und südwestlichen Norwegen, aber auch aus anderen nordischen Ländern, wobei der Anteil keltischer Sklaven von den Britischen Inseln besonders hoch war. Anthropologen haben festgestellt, dass mindestens ein Drittel der Neuankömmlinge Kelten gewesen sein müssen. Ihr Einfluss ist noch heute bei der isländischen Bevölkerung sichtbar, zum Beispiel in der mittelgroßen Statur und ihrer überwiegend dunklen Haar- und Augenfarbe. Den blonden, blauäugigen skandinavischen Typus trifft man relativ selten. Aber die Isländer selbst betrachten sich als Nachfahren der Wikinger, also der norwegischen Siedler.

Ende des 19. Jahrhunderts wohnten neunzig Prozent der Isländer auf Einzelhöfen und in Siedlungen mit weniger als 300 Einwohnern. Heute leben nur noch fünf Prozent in ländlichen Regionen. Von einer isolierten Agrargesellschaft hat sich Island nach dem Zweiten Weltkrieg in atemberaubender Geschwindigkeit in ein Land mit hohem Lebensstandard entwickelt. Selbst in abgelegenen Siedlungen und Farmhäusern ist Komfort im Alltag selbstverständlich.

Sprache

Isländisch ist dem Dänischen, Schwedischen, Norwegischen verwandt, hat sich aber im Unterschied zu diesen Sprachen seit der Zeit der Besiedlung im 9. Jahrhundert kaum verändert. Der Grund ist die isolierte Lage auf einer Insel und die besondere Liebe der Isländer zu ihrer Sprache. Sie bemühten sich, sie in ihrer ursprünglichen Form zu erhalten, denn sie ist Zeichen ihrer Identität und außerordentlich reich an Ausdrucksmöglichkeiten, aber wegen der komplizierten Grammatik schwer zu erlernen.

Das isländische Alphabet weist mehr Buchstaben auf als das deutsche. Ehemalige Runenzeichen sind ð und þ. Sie werden wie das stimmhafte und stimmlose englische *th* ausgesprochen. Die Betonung der Wörter liegt immer auf der ersten Silbe. Striche auf Vokalen sind keine Betonungszeichen, sie verändern den Buchstaben, so wird *á* wie *au* gesprochen.

Die Isländer achten darauf, ihre Sprache möglichst frei von Fremdwörtern zu halten und erfinden stattdessen eigene isländische Bezeichnungen. Zu Telefon sagt man *sími*, abgeleitet von *síma* (Draht). Eine Autobatterie ist ein Bernsteinbehälter, *rafhlaða,* denn wenn man Bernstein reibt, entsteht Elektrizität, die dementsprechend als Bernsteinkraft, *rafmagn,* bezeichnet wird. Der Computer, *tölva,* setzt sich zusammen aus *tala* (Zahl) und *völva* (Wahrsagerin). Ein Computer ist also ein Ding, das Zahlen wahrsagen kann. Die Polizei ist der Gesetzesregler, auf Isländisch *lögregla,* und der Reisepass ist ein Wegbrief, *vegabréf.* Das Theater ist das Spielhaus, *leikhús,* und Reklame ist die Augenerleuchtung, *auglýsing,* worüber man geteilter Meinung sein kann. Dialekte gibt es im Isländischen keine. Ein Reisender, der nicht Isländisch beherrscht, kommt recht gut mit Englisch zurecht, das von fast allen Isländern gesprochen und verstanden wird. Überraschend viele Isländer beherrschen auch Deutsch.

Isländische Namen

Familiennamen wie bei uns gibt es in Island nicht. An ihre Stelle tritt der Vorname des Vaters. An ihn wird bei der Tochter -dóttir und beim Sohn -son angehängt. Diesen Nachnamen behält man sein Leben lang, auch bei der Heirat, sodass ein Ehepaar, ebenso wie seine Kinder verschiedene Nachnamen tragen. Konsequenterweise sind die Telefonbücher nach den Vornamen geordnet.

Isländische Küche

Die isländische Küche war früher vom Mangel und von Hungersnöten geprägt. Bis ins 19. Jahrhundert gab es meist nur offene Feuerstellen, ein Herd oder Backofen fehlte. Wenn das Feuer erlosch, war es eine Katastrophe, insbesondere im Winter. Es bedeutete beschwerliche Märsche, um von einer anderen Farm Feuer zu holen und es auf dem Rückweg am Brennen zu halten. Die Nahrung wurde in Wasser oder Molke gekocht, das Braten von Fleisch oder Fisch war bis ins 20. Jahrhundert unbekannt. Gemüse und Obst standen so gut wie nie zur Verfügung. Mehl musste importiert werden und war oft verdorben. Zucker war teuer und kaum zu bekommen. Die Einfuhr von Salz hatte die dänische Obrigkeit verboten, damit die Isländer keine Fische pökeln und exportieren konnten. Deshalb trocknete man Fische auf Holzgerüsten oder legte sie auf die Klippen, um sie haltbar zu machen; so entstanden der Stock- und der Klippfisch.

Die von den Einwanderern aus Norwegen mitgebrachten Hühner, Gänse, Schweine und Ziegen waren nach den schweren Hungerzeiten während der dänischen Herrschaft so gut wie ausgestorben. Auch das Wissen um essbare Pilze war verloren gegangen, dafür sammelte man im Herbst Beeren. Die Menschen ernährten sich im Wesentlichen von vier Produkten: Stockfisch, *skyr* (eine Art Quark), Molke und allen Teilen des Schafes. Man hatte nicht viel, und das, was man hatte, wurde fast mit Haut und Haar verspeist.

Aus dieser entbehrungsreichen Zeit sind der isländischen Küche einige traditionelle Gerichte geblieben, die bei Nichtisländern meist staunende Abscheu hervorrufen. Auch den wenigsten Isländern schmecken sie heute noch, aber um die Tradition zu wahren, werden sie noch immer an Festtagen aufgetischt. Eine Art Mutprobe ist der *hákarl,* fermentierter Hai. Da der Knorpelfisch zwar vier Nieren besitzt, die aber anders als bei Wirbeltieren funktionieren, werden schädliche Stoffwechselprodukte nicht mit dem Urin ausgeschieden und sammeln sich bei diesem Fisch im Körper an. Der Verzehr von Haifleisch kann tödlich enden. Deshalb vergrub man ihn früher mehrere Wochen im Sand oder Kies, bis durch die Verwesung auch das Gift abgebaut war. Heutzutage schneidet man ihn in Stücke und presst sie in großen Behältern zusammen. Der Prozess ist der gleiche: Der Fisch verwest, und die giftigen Stoffe zersetzen sich.

Adressen

Gästehaus Berunes (Anna und Ólafur):
Gästezimmer, Jugendherberge, Camping
Ostküste am Berufjjördur
Eine der schönsten Herbergen in einem Farmhaus mit Flair und
Blick auf den Fjord, Ausgangspunkt für Wanderungen
berunes@hostel.is
www.berunes.is

Gästehaus Brekkulækur (Arinbjörn Jóhannsson):
Reiten, Wandern, Trekking, Erlebnistouren,Winterreisen und
Schafabtrieb
Nahe der Nordwestküste
Farm Brekkulækur, 531 Hvammstangi
brekka@nett.is
www.abbi-island.is

Gästehaus Hreiðrið (Ruth Zohlen und Sigurgeir Scheving):
Gästezimmer, Exkursionen, Vogelbeobachtungen
Auf den Westmännerinseln
Die Besitzer sprechen Englisch und Deutsch.
Heimey, Faxastíg 33
eyjamyndir@isholf.is
http://tourist.eyjar.is

Gästehaus Lambhús (Steinvör Almý Haraldsdóttir):
Ferienhäuser, Camping, Wandern, Vogelbeobachtungen, Ausflüge
An der Südküste 30 km westlich von Höfn, südlich vom Vatnajökull

Die Besitzerin spricht Isländisch, Deutsch, Englisch, Französisch und hat eine Ausbildung als Reiseführerin.
info@lambhus.is
www.lambhus.is

Reykjavík Downtown Hostel
Jugendherberge im Stadtzentrum
Vesturgata 17, 101 Reykjavik
reykjavikdownton@hostel.is
www.hostel.is

Salvation Army Guesthouse
Gästehaus der Heilsarmee, kein Obdachlosenasyl, zentral in der Altstadt gelegen, Niveau wie Jugendherberge
Kirkjustraeti 2, 101 Reykjavík
guesthouse@guesthouse.is
www.guesthouse.is

Reykjavík Bike Tours: Mit dem Fahrrad unterwegs
Organisiert von Ursula und Stefán
Bike@IcelandBike.com
www.icelandbike.com

Deutsche Zentrale für Globetrotter e.V.
vorstand@globetrotter.org
www.globetrotter.org
www.dzg.com

Bücher zum Weiterlesen

Kristín Marja Baldursdóttir: Die Eismalerin. Fischer, Frankfurt 2007.
Die Geschichte einer jungen Frau in Island vor über hundert Jahren.
Man erfährt, wie hart die Lebensumstände waren und wie unberechenbar die Naturgewalten, die von den Menschen mit mutiger Verzweiflung gemeistert werden mussten.

Die Edda, Götterdichtung und Weissagung der Seherin. Übertr. v. Felix Genzmer, Diederichs, Jena 1933.

Ina von Grumbkow: Isafold, Reisebilder aus Island. Hrsg. Marion Malinowski. Literatur Wissenschaft, Marburg 2006.

Arnaldur Indriðason: Kältezone. Bastei Lübbe, Bergisch Gladbach 2007.
Ein spannender Krimi, durch den man Land und Leute kennenlernt. Die Geschichte spielt im heutigen Island und in Leipzig um 1960.

Halldór Laxness: Salka Valka. Huber-Verlag, Frauenfeld 1981.
Dieser Roman des isländischen Nobelpreisträgers handelt vom Leben in einem Fischerdorf in den Westfjorden im frühen 20. Jahrhundert.

Nicola Lecca: Hotel Borg. C. Bertelsmann Verlag, München 2007.
In einer kleinen Kirche im fernen Island soll das letzte Konzert eines berühmten Dirigenten aufgeführt werden, der auf der Höhe des Ruhmes seine Karriere abbrechen will.

Ursula Spitzbart: Zwischen Licht und Dunkel. Abenteuer Alltag in Island. Dryas-Verlag, Mannheim 2010.
Die Autorin beschreibt ihre Wahlheimat mit Humor und Tiefgang. Ein liebenswerter und kenntnisreicher Blick auf Island und seine Menschen.

Christina Sunley: Freyas Geheimnis. Blanvalet, München 2008.
Ein bewegendes Buch vor der faszinierenden Kulisse Islands über eine junge Frau, die in Amerika aufwuchs und sich auf die Suche nach ihren isländischen Wurzeln begibt.

Quellen

Anonym: Gedicht des jungen Bauern über den Wasserfall, aus: Arthúr Björgvin Bollason: Island, ein Reisebegleiter. Insel, Frankfurt 2008, S. 94–95.

Anonym: Njáls-Sagas, aus: Islandsagas. Übertragen und herausgegeben von Rolf Heller. Insel Verlag Leipzig 1982.

Ólafur Egilsson: The Travels of Reverend Ólafur Egilsson, captured by pirates in 1627. Engl. Übersetzung: Karl Smári Hrensson & Adam Nichols. Fjolvi, Reykjavík 2008.

Gunnar Gunnarsson: Advent im Hochgebirge. Stuttgart 2008.
ders.: Schwarze Vögel. Reclam, Stuttgart 2009.

Ina von Grumbkow: Isafold, Reisebilder aus Island. Hrsg. Marion Malinowski. Literatur Wissenschaft, Marburg 2006.

Walter Hansen: Asgard, Entdeckungsfahrt in die germanische Götterwelt. Lübbe, Bergisch Gladbach 1985.

Jón R. Hjálmarsson: Die Geschichte Islands. Forlagid, Reykjavík 2009.

Hans Ulrich Schmid: Sagaspuren, eine Reise ins alte Island. Reiseliteratur-traveldiary, Hamburg 2008.

Frank Schroeder: Die Eisumschlungene, Spurensuche in Island. LundiPress-Verlag, Eichstätt 1995.

Jón Steingrimsson: Fires of the Earth – The Laki Eruption 1783–1784. Engl. Übersetzung: Keneva Kunz. Nordic Volcanological Institute an the University of Iceland Press, Reykjavík 1998.

Jules Verne: Reise zum Mittelpunkt der Erde. Neues Leben, Berlin 1986.

Anna Yates: The Viking discovery of America. Iceland Review, Reykjavík 1993.

Carmen Rohrbach

Inseln aus Feuer und Meer
Galapagos – Archipel der zahmen Tiere

Ein Jahr lang – teilweise völlig
allein auf der unbewohnten
Insel Caamano – erforscht
Carmen Rohrbach das Verhalten der drachenartigen Meerechsen auf Galapagos.

Solange ich atme
Meine dramatische Flucht aus der DDR
und wie sie mein Leben prägte

Sie wollte der DDR über die Ostsee
entkommen ... »Die Geschichte
einer willensstarken Frau, die für
ihren Traum nach fernen Ländern
das eigene Leben riskierte.«
Süddeutsche Zeitung

Unterwegs sein ist mein Leben
Geschichten aus aller Welt

Carmen Rohrbach lebt ihre
unbändige Leidenschaft fürs
Reisen. Dieser reich bebilderte
Band versammelt die schönsten
Momente ihrer Wanderungen
und Expeditionen.

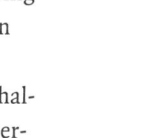

MALIK NATIONAL GEOGRAPHIC

10/1013/04/3s